Vidal-Naquet: Athen · Sparta · Atlantis

Die griechische Demokratie von außen gesehen. Band 1

Pierre Vidal-Naquet

Athen · Sparta · Atlantis

Die griechische Demokratie von außen gesehen
Band 1

Aus dem Französischen
von Andreas Knop

Wilhelm Fink Verlag · München

Erster deutscher Teilband aus:
Pierre Vidal-Naquet: La démocratie grecque vue d'ailleurs

Für Benedetto Bravo

Die Deutsche Bibliothek – CIP-Einheitsaufnahme

Vidal-Naquet, Pierre:
Athen, Sparta, Atlantis: die griechische Demokratie von außen gesehen / Pierre Vidal-Naquet. Aus dem Franz. von Andreas Knop. – München: Fink
Einheitssacht.: La démocratie grecque vue d'ailleurs < dt. >

Bd. 1 (1993)
ISBN 3–7705–2845–X

Gedruckt auf umweltfreundlichem, chlorfrei gebleichtem Papier

ISBN 3-7705-2845-X
1993 Wilhelm Fink Verlag, München
Herstellung: Ferdinand Schöningh GmbH, Paderborn

Inhalt

I. Die platonische Gesellschaft der Dialoge 7

Eduard Munk, George Grote und die Reihenfolge der Dialoge; der *Piccolo mondo antico* des Sokrates: 81 Personen auf der Suche nach einem Autor; Realität und Fiktion; die Athener; Aspasia und Diotima; ein „Handwerker": der Arzt Eryximachos; Bürger, Metöken und Fremde; Athen und die Werte der Polis

II. Platon, die Historie und die Historiker 39

Platon im *Filippo il Macedone;* Sokrates in den *Hellenika;* die *Apologie;* der *Gorgias;* die *Memorabilien;* Theopompos und Platon; Historiker von einst und heute; Platon, die historische Wirklichkeit und Aristoteles; George Grote, die griechische Geschichte und die Gefährten Platons

III. Atlantis und die Nationen 61

Der *Timaios* und der *Kritias:* der Untergang eines Kontinents; Thomas-Henri Martin oder Wissenschaft statt Mythos; zwischen Griechen und Juden; ein Kontinent, der auf den Karten fehlt; die jungen Nationen und ihre Ideologen: Annius von Viterbo, G. B. Gelli, Guillaume Postel, Guy Le Fèvre de La Boderie; Marsilio Ficino, die Interpretation eines Humanisten; Palästina oder Amerika, das biblische oder das atlantische Amerika: Jean de Serres, die zehn Stämme und Manasse ben Israel; Bartolomé de Las Casas; die Synthese Bacons; die *Präadamiten* von La Peyrère; gotischer und atlantischer Mythos in Spanien: Gonzalo Fernandez de Oviedo, J. Van Gorop, Pedro Sarmiento de Gamboa: ein neues auserwähltes Volk; der atlanto-nationale Mythos von Olof Rudbeck; italienische und englische Anwartschaften auf Atlantis; das nationalsozialistische Atlantis.

IV. Die Entstehung des bürgerlichen Athens 95
(zusammen mit Nicole Loraux)

Warum Rom? Fachhistoriker und Ideologen; Jean-Pierre de Bougainville, Zeiten und Räume; Jean-François Melon, der Geist der Eroberung und der Geist des Handels; eine unbewegliche Geschichte; der Abbé Barthélemy; das demokratische Athen von Cornelius De Pauw; Antike und Unterricht, Mirabeau, Condorcet, Le Peletier, Chénier, Lakanal; das *Tableau historique des progès de l'esprit humain;* die Griechen als Wilde bei Volney; der *Essai historique sur les Révolutions,* Sparta, Athen und die Franzosen bei Chateaubriand; Joseph de Maistre und Louis de Bonald; Pierre-Charles Lévesque: „man bewundert Sparta, aber man liebt seinen Rivalen"; Benjamin Constant, Freiheit und Ungleichheit; bürgerliche und politische Freiheit; Victor Duruy und das universitäre Schicksal des bürgerlichen Athens

Nachweise 170

Register 171

Die Platonische Gesellschaft der Dialoge
Eine prosopographische Untersuchung

1857 erschien in Berlin ein Buch von Eduard Munk – der in der Folge vor allem durch populärwissenschaftliche Arbeiten bekannt wurde – mit dem Titel *Die natürliche Ordnung der Platonischen Schriften*[1].

Das Werk knüpfte an den alten Streit um die relative Chronologie der Dialoge an, ein Streit, der hier endlich überwunden und beigelegt werden sollte. Es war damals nicht möglich, dieses Problem zu lösen oder überhaupt richtig zu stellen, da das Werkzeug der sprachstatistischen Beobachtungen noch nicht entdeckt worden war und da der einzige Hinweis, den die Alten uns hinterlassen hatten, der war, der aus den *Gesetzen* das letzte Werk Platons machte, und aus Philipp von Opus, einem Mitarbeiter des Philosophen an der Akademie, den Herausgeber dieses großen Textes[2]. Man versuchte daher, den Denkweg Platons aufgrund eines inneren Entwicklungsprinzips zu rekonstruieren, und der bloße Anblick der Zeittafeln, zu denen man so gelangte, läßt es einem heute kalt den Rücken herunterlaufen.

Das Buch von Munk bemühte sich jedoch, diese Debatte ganz anders anzugehen. Es ging aus von dem Prinzip, daß es eine „dramatische Ordnung" gab, die sich von der chronologischen Ordnung der Dialoge unterscheidet. Munk drängte sich ein Vergleich auf, nämlich der der Dialoge mit den „historischen" Stücken Shakespeares[3]. Von *König Johann* bis *Heinrich VIII.* bilden sie einen kontinuierlichen Zyklus, ohne daß diese Kontinuität die ihrer Abfassung widerspiegelte. Ebenso können die Dialoge, mit eini-

---

1 Berlin 1857.

2 Diogenes Laertios, III, 37.

3 E. Munk, a. a. O., S. 27.

gen wichtigen Ausnahmen[4], als eine dramatisierte Darstellung des Lebens des Sokrates betrachtet werden.

Der *Parmenides,* in dem Sokrates in die Philosophie eingeweiht wird und der um 447/46 spielt, stellt die allgemeine Einführung in den Zyklus dar. Drei Abschnitte lassen sich darin unterscheiden: der des Sokratischen Kampfes gegen das falsche Wissen, ein Komplex der mit dem *Symposion* endet, und zu dem namentlich der *Protagoras,* der *Charmides,* der *Laches* und der *Gorgias* gehören; dann der des Lehrers der Wahrheit, mit so großen Dialogen wie dem *Phaidros,* dem *Euthydemos,* dem *Timaios* und dem *Kritias;* und schließlich der des Märtyrers der Wahrheit mit seinem „natürlichen" Abschluß: der Erzählung vom Tod des Sokrates im *Phaidon,* ein Komplex, dessen apologetische Funktion vor allem im *Theaitetos,* im *Politikos,* im *Euthyphron* und der *Apologie* zum Ausdruck kommt.

Welchen Erfolg hatte diese Theorie? Ich weiß es nicht. Der einzige Autor, der sie ernsthaft erwähnt – und durch ihn habe ich von ihr erfahren – ist George Grote[5] in seinem historischen Überblick, der einzig in seiner Art geblieben ist, über Platon und die übrigen Schüler des Sokrates. Wenn ich Munks Arbeit heute erwähne und meine eigene Untersuchung unter ihr Patronat stelle, so weil sie einen recht glücklichen Kompromiß darstellt zwischen dem allgemeinen Geist des 19. Jahrhunderts – alles in Begriffen einer historischen Entwicklung zu denken – und der Feststellung einer Tatsache, die uns evident zu sein scheint: Platon ist eher mit Shakespeare verwandt als mit einem Historiker des 19. Jahrhunderts. Wer *heute* als Historiker über Platon arbeiten will, muß nicht nur das Abfassungsdatum der Dialoge berücksichtigen, sondern auch die Zeit, wo sie spielen, etwas, das von den Kommentatoren merkwürdigerweise meist vergessen wird. Doch liegt darin nicht gleichwohl ein Hinweis auf den *Sinn,* den Platon seinen Texten gibt?

E. Munk war auf seine Weise moderner als gewisse jüngere Platonausleger. 1911 veröffentlicht John Burnet seine berühmte

---

4 Der *Alkibiades I,* der *Lysis,* der *Hippias minor,* der *Menexenos,* die *Gesetze.*

5 *Plato and the Other Companions of Sokrates,* I, London 1865, S. 181 f.; das Buch von Munk habe ich in der Bodleyanbibliothek in Oxford gelesen.

Ausgabe des *Phaidon*. Er vertritt dort die merkwürdige Theorie – die zum Kennzeichen der „schottischen Schule“ wurde –, daß Platon ein echter Historiker gewesen sein soll, ja ein Stenograph. Die große Mehrzahl der Dialoge wollte nichts anderes sein und war angeblich tatsächlich nichts anderes als die – höchstens leicht apologetisch gefärbte – Niederschrift der Gespräche des Sokrates mit seinen Zeitgenossen. Platon drückte nicht seine eigenen Ansichten aus, er war in erster Linie der Boswell jenes Doktor Johnson alias Sokrates. Platons eigenes Werk ist uns der Hauptsache nach nicht greifbar, nur die Bemerkungen des Aristoteles geben uns eine schwache Vorstellung davon.

Mit Ausnahme natürlich von A. E. Taylor, dem zweiten Haupt der „schottischen Schule“, fand diese Theorie nur wenige Anhänger. Wie J. H. Randall kürzlich schrieb: „Diese Theorie besagt soviel als daß wir Shakespeare keineswegs in seinen Stücken zu suchen haben: In Wahrheit war er ein Katholik, der Polemiken gegen Calvin schrieb, die aber leider allesamt verloren gegangen sind.“[6]

Muß man diese offene Tür noch einmal einrennen? Passen wir jedoch auf, daß wir das Kind nicht mit dem Bade ausschütten. Mit Burnet und Taylor verhält es sich ebenso wie mit Munk und Grote. Die einen wie die anderen haben ein echtes Problem gesehen: was für Beziehungen existieren zwischen der Welt, die in den Dialogen evoziert wird, und der „wirklichen“ Welt Athens – sagen wir, um es zu vereinfachen, derjenigen, die in dem Werk von J. K. Davies, *The Athenian Propertied Families*[7] analysiert wird? Eine solche Art der Problemstellung ist durchaus geläufig, wenn es um andere literarische Gattungen geht, die freilich selber von den sozialen Fragen des Alltags auch sehr weit entfernt sind: so in dem Buch von V. di Benedetto, *Euripide: teatro e società*[8]. Risikolos ist dieses Vorgehen natürlich nicht. Denn ob es um Euripides oder um Platon geht, immer besteht die große Gefahr, das, was die Personen sagen, mit dem zu verwechseln, was der Autor denkt,

---

6 J. H. Randall, *Plato Dramatist of the Life of Reason*, New York London 1970, S. 115.

7 Oxford 1971. J. K. Davies beehrte mich mit seiner Anwesenheit, als ich diese Untersuchung in Oxford vorstellte.

8 Turin 1975; dieses Buch begeht nicht den Fehler, auf den ich im folgenden hinweise.

die Gefahr, „eher zu reduzieren als aufzuhellen“[9]. Bevor wir uns fragen, in welchem Verhältnis Euripides zu seiner Zeit stand, sollten wir uns daher erst fragen, in welchen Beziehungen die Personen seines Werks zueinander stehen, wobei natürlich klar ist, daß diese Analyse nicht unabhängig von dem durchgeführt werden kann, was wir anderswoher über das antike Griechenland wissen.

All das versteht sich vielleicht von selbst, wenn es um Euripides geht, um dasselbe aber für Platon sagen zu können, müßte das Problem überhaupt erst einmal angepackt worden sein. Doch der heutige Forscher versinkt ganz gewiß nicht unter der „Bibliographie“ zu seinem Thema.

Zum Dialog im allgemeinen gibt es ausgezeichnete Bücher, vor allem das von R. Hirzel[10]. Und im Anschluß an I. Bruns[11] hat man Platon als einen Porträtisten untersucht. Aber auch seine Personen, sofern sie eine Gesellschaft bilden? Nur die Sophisten und Philosophen unter ihnen wurden zum Gegenstand einer einigermaßen detaillierten Untersuchung gemacht[12]. Vor kurzem erst hat J. Laborderie ein dickes Buch publiziert, eine Habilitationsschrift über das, was er etwas seltsam *Den Platonischen Dialog der Reife*[13] nennt. Er sieht sehr wohl das Problem, nämlich das der „vollständigen Gesellschaft“ aller Personen, da nun einmal „der Dialog das Leben nachbildet“. Doch diese vollständige Gesellschaft wird nicht einmal ansatzweise analysiert. Die „Personen“ und „Akteure“ werden nicht in Beziehung zueinander gesetzt. Das Thema ist also noch weitgehend unbearbeitet.

Es gibt eine *Welt des Odysseus* (von M. I. Finley, Darmstadt 1968), aber keinen Überblick, der dieses Namens würdig wäre, über die *Welt des Sokrates;* über diesen *Piccolo mondo antico,* den bei Platon Sokrates und seine Gefährten bildeten, gibt es keine zusammen-

---

9 „Reducing rather than illuminating“, Peter Burian, *Arion,* 1976, S. 96.

10 *Der Dialog: Ein literarhistorischer Versuch,* Leipzig 1895; über Platon vgl. S. 174–279.

11 *Das literarische Porträt der Griechen im fünften und vierten Jahrhundert v. Chr.,* Berlin 1896.

12 M.-T. Antonelli, *Figure di Sofisti in Platone,* Turin 1948, und vor allem A. Capizzi, *Socrate e i Personaggi filosofi di Platone,* Rom 1970. Das letztere Buch ist übrigens weniger eine Untersuchung über die Philosophen als Mitglieder der Platonischen Gesellschaft als vielmehr eine Arbeit über Platon als Quelle der vorsokratischen Philosophie.

13 *Le Dialogue platonicien de la maturité,* Paris 1978, vgl. S. 409–422.

hängende Darstellung, außer eben den drei Bänden, die Grote 1865 Platon und den übrigen Gefährten des Sokrates gewidmet hat[14]. Doch selbst Grote bemühte sich, das Platonische Werk zu zerschlagen, um aus ihm positivistisch Informationen herauszuziehen; so können wir heute nicht vorgehen. Der Vergleich mit der *Welt des Odysseus* oder dem Theater von Euripides ist im übrigen nicht ganz passend. Platon ist weder Homer noch Balzac. Er erschafft keine epische Gesellschaft und versucht auch nicht, „dem Einwohnermeldeamt Konkurrenz" zu machen. Und wenn er Euripides tatsächlich Konkurrenz macht, so begibt er sich dabei doch nicht auf dasselbe Terrain.

Ich habe nicht vor, dieses Loch in unserer Forschung auf einmal zu stopfen, sondern will von einigen sehr einfachen Tatsachen ausgehen, um über sie nachzudenken. Es gibt sechsundzwanzig mit Sicherheit authentische Dialoge von Platon, siebenundzwanzig, wenn man die *Epinomis* hinzunimmt, die zweifelhaft ist, achtundzwanzig, wenn man auch die *Apologie des Sokrates* mitzählt, die kein Dialog ist. Diese Dialoge liefern uns unterschiedliche Kategorien von Personen. Da gibt es die, die als Zeugen herbeizitiert werden, dann die „Akteure" und schließlich die eigentlichen „Personen"[15]. Indem ich meine Berechnungen immer wieder überprüft habe, bin ich auf eine Endsumme von einundachtzig Personen gekommen.

Über diese Zahl läßt sich streiten. Man könnte zum Beispiel der Ansicht sein, daß weder Diotima noch Aspasia zu dieser Gesellschaft gehören, da Diotima nur durch den Mund von Sokrates spricht und Aspasia nur aufgrund eines vorgetragenen Textes von ihr vorkommt, nicht aber als Person, die auf dem Schauplatz anwesend ist. Doch wollte man hier wirklich streng sein, müßte man auch all die weglassen, die ebenfalls nicht gleich zu Beginn des Dialogs anwesend sind, angefangen mit Theaitetos, den Gesprächspartnern des Parmenides oder auch mit Sokrates im *Phaidon*.

---

[14] Es ist das oben in Anm. 5 zitierte Werk. Auf der Linie von Grote könnte man das Werk von G. C. Field erwähnen, *Plato and his contemporaries*, London 1930, 2. Aufl. Oxford 1949.

[15] Diese Unterscheidung entnehme ich der Arbeit von Monique Canto, *L'Intrigue philosophique: essai sur l'„Euthydème" de Platon*, Paris 1987.

Man kann die Zahl auch erhöhen, indem man Personen in die Liste aufnimmt, die nur ganz kurz auftreten, wie den anonymen Freund von Sokrates zu Anfang des *Protagoras,* oder, im selben Dialog, den Türsteher von Kallias, ein wütender Eunuch[16], oder auch den *hypêrêtes,* den Diener der Elfmänner im *Phaidon*[17], und diese Hinzunahmen sind im Grunde legitim. Eine andere Art, die Liste zu erweitern, und diesmal beträchtlich, bestände darin, alle in sie aufzunehmen, die zitiert werden: Perikles, Themistokles, Aristeides, Miltiades und noch viele andere. So bekäme man eine wirkliche Platonische Prosopographie. In einigen Fällen ist es erlaubt zu zögern. Soll man den Solon des *Timaios* und seinen Gesprächspartner, den ägyptischen Priester aus Sais, in die Liste aufnehmen? Ich wenigstens habe sie nicht mitgezählt, denn sie stehen letztlich außerhalb der Platonischen Gesellschaft, aber man kann darüber diskutieren.

Diese Personen Platons, im engeren Sinne des Wortes, nämlich die einundachtzig, sind mitunter in der „realen“ Welt anzutreffen: Hippias, Parmenides, Protagoras, Menexenos, Lysis, Anytos: athenische Philosophen, Sophisten, Politiker. Andere wiederum sind, meines Wissens jedenfalls, literarische Erfindungen, so der Kallikles aus dem *Gorgias*[18]. Und ob die beiden Sophisten aus dem *Euthydemos* – der Namensgeber des Dialogs und Dionysodoros[19] – jemals Menschen aus Fleisch und Blut waren, ist durchaus nicht völlig geklärt. Andere bleiben anonym, wie der Fremde aus Elea, der sich im *Sophistes* und im *Politikos* zu Wort meldet. Einige haben einen Namen, aber kein Patronym, so Philebos, Protarchos und Kratylos, wohl aber merkwürdigerweise der Gesprächspartner des letzteren, Hermogenes[20]. Zwischen der „Realität“ und der „Fiktion“ gibt es Zonen des Übergangs. Ist dies nicht der Fall bei dem Syrakusaner Hermokrates aus dem *Timaios* und *Kritias?* Und vor allem bei Kritias selber? Denn man weiß nicht, ob es sich um den

---

[16] *Protagoras,* 314 c.

[17] *Phaidon,* 116 b und ff.

[18] Vgl. jedoch die kurze Bemerkung von E. R. Dodds in seiner Ausgabe dieses Dialogs, Oxford 1959, S. 12–15, der sich ohne ernsthafte Argumente dafür ausspricht, daß diese Person historisch sei.

[19] Auch hier beziehe ich mich auf das Buch von Monique Canto.

[20] Er ist Sohn des Hipponikos *(Kratylos,* 384 a), so daß man ihn einer großen athenischen Familie zurechnen darf, der von Kallias.

athenischen Staatsmann, den Tyrannen von 404 handelt, oder um dessen Großvater – beide Lösungen haben große Schwächen, so große, daß man sich fragen darf, ob Platon diese Schwierigkeit nicht beabsichtigt hat[21].

Die Polis, deren Bürger die Personen sind, wird nicht immer erwähnt. Aber gewöhnlich kann man sich die epigraphische Regel zu eigen machen, die besagt, daß wenn die Poliszugehörigkeit nicht erwähnt wird, diese sich von selbst versteht: es ist die Polis, aus der das epigraphische Dokument stammt. Demnach sind also die meisten Personen Platons Bürger jener Polis, in der der Dialog spielt, d. h. im allgemeinen Athener[22].

Die Beziehung zwischen diesen Personen und der historischen Wirklichkeit wirft manchmal in der Tat erstaunliche Probleme auf.

Der *Charmides* etwa zeichnet uns das Bild eines herrlichen Jünglings. Doch dieses schöne Kind, das Kritias zum Vormund hatte, sollte mit fünfundvierzig Jahren, im Jahre 404, einer der Zehn des Piräus sein, die unter dem beherrschenden Einfluß der Dreißig Tyrannen standen. Sein Verhalten war abscheulich, und er fand während des Bürgerkriegs den Tod, in der Schlacht von Munichia[23]. Platon wußte um so besser, wie seine Person sich entwickeln würde, als diese sein Onkel mütterlicherseits war. Man denkt hier auch an jenen begabten jungen Mann, von dem man zu der Zeit, da der *Phaidros* spielt, noch nicht weiß, was aus ihm werden wird: an Isokrates, der beim Erscheinen des Dialogs etwa achtzig Jahre alt gewesen sein muß. Ein Spiel, das Platon ganz besonders liebt.

Wie soll man dieses *Corpus* untersuchen? Man kann es nicht mit den Mitteln einer direkten soziologischen Analyse behandeln. Platon ist nicht Cicero, und in seinem Werk, selbst wenn man es um die *Briefe* vermehrt, findet man nicht die Bausteine für eine Prosopographie des Athens seiner Zeit. Die „Methode von Münzer“ (ersonnen, um die Geschichte des republikanischen Roms mit Hilfe der Konflikte und Allianzen zwischen Familien zu interpre-

---

21 Eine Bilanz dieser Diskussion findet man in dem kürzlich erschienenen Buch von L. Brisson, *Platon, les mots et les mythes,* Paris 1982, S. 33–38. Die wesentlichen Argumente sind zusammengefaßt in J. K. Davies, *Athenian Propertied Families, 600–300 b. C.,* Oxford 1971, S. 325 f.

22 Ich komme unten auf dieses Problem zurück, S. 14 f.

23 Xenophon, *Hellenika,* II, 4, 19; alle Daten über die Person des Charmides sind zusammengefaßt in J. K. Davies, a. a. O., S. 330 f.

tieren) ist bereits, augurenhaft gesprochen, schlecht anwendbar auf die Geschichte Athens im 5. und 4. Jahrhundert[24], für das Studium der Platonischen Gesellschaft, deren Mitglieder im übrigen in der gewaltigen Mehrzahl der Fälle keine Zeitgenossen Platons sind, gibt sie aber rein gar nichts her. Wenn schon die römischen Friedhöfe, die von den Epigraphikern untersucht werden, uns eine sehr unvollständige Gesellschaft zeigen, in der namentlich die Frauen nicht den Platz haben, der ihnen demographisch gesehen gebührt, was soll man dann erst von der Gesellschaft der Personen Platons sagen? Aber diese Gesellschaft ist ja auch nicht, ebensowenig wie die eines Romanciers, das bleiche Phantom – sagen wir nicht der Reflex – einer realen Gesellschaft.

Was also tun? Die Personen Platons als das nehmen, was sie sind, eine Schöpfung, und diese Schöpfung mit der griechischen Gesellschaft vergleichen, d. h. hier im wesentlichen mit der athenischen Gesellschaft. Ein dorniges Unterfangen, das eigentlich ein großes Buch verlangte. Dies hier ist nur ein vorläufiger Entwurf.

Beginnen wir mit einer sehr einfachen Feststellung: die Personen Platons sind in der Regel Bürger Athens oder Metöken, d. h. immer noch Athener, Athener des 5. Jahrhunderts, versteht sich.

Die Geographie der Dialoge läßt sich daher leicht und schnell abhandeln.

Sizilien ist der einzige Teil der griechischen Welt außerhalb Athens, den Platon einigermaßen gut kannte, und es ist durch einige Personen vertreten: durch Gorgias, Polos und den Syrakusaner Hermokrates. Süditalien, mit dem er Verbindungen unterhielt, stellt auch ein ansehnliches Kontingent mit Parmenides, Timaios, Zenon und natürlich dem Fremden aus Elea, ohne von Euthydemos und Dionysodoros zu sprechen, die von Chios nach Thurioi emigriert waren. Ich spreche absichtlich von Regionen, von Sizilien und Großgriechenland, und nicht von Syrakus, Lokri oder Elea. Ge-

---

[24] Vgl. J. K. Davies, „La Storia di Atene e il metodo di Münzer", ***Rivista storica italiana,*** LXXX, 2, 1968, S. 209–221; die zahlreichen Versuche von G. Daverio Rocchi, bis weit ins 4. Jahrhundert hinein das Gegenteil zu beweisen, haben mich nicht überzeugt; skeptisch bin ich auch gegenüber den Schlußfolgerungen eines Buches wie dem von J. Aurenche, ***Le Groupe d'Alcibiade,*** Paris 1974.

wiß gibt es Personen, die definiert sind durch ihre Poliszugehörigkeit im eigentlichen Sinne des Wortes: Phaidon und Hippias von Elis, Kebes und Simmias von Theben, Eukleides und Terpsion von Megara, Ion von Ephesos, Prodikos von Keos, Protagoras von Abdera, Echekrates von Phleius, Theodoros von Kyrene. Sparta, die große Polis, die mit Athen rivalisierte, und der Platon mit gemischten Gefühlen gegenüberstand, stellt nur ein Klubmitglied: den Megillos der *Gesetze*. Im selben Dialog wird Kleinias zunächst als ein Kreter vorgestellt, und erst am Ende des verklausulierten Satzes wird einem klar, daß er Bürger von Knossos ist[25]. Menon ist Thessalier, und nur indirekt wird angedeutet, daß er aus Larissa stammt[26]. Die Hinweise zur Herkunft der Personen sagen mehr über ihren bürgerlichen Stand aus als über ihre politische Zugehörigkeit, und wenn wir etwas über die Bündnisse und Feindschaften Athens erfahren wollen, helfen uns die hier gemachten geographischen Angaben gewiß nicht weiter.

Die griechische Polis ist eine *koinônia*. Aber diese Gemeinschaft ist zugleich ein stark zerklüftetes politisch-soziales Gebilde mit Teilungen zwischen den Geschlechtern, zwischen den Altersklassen, zwischen Freien und Sklaven, mit Teilungen der Klassen nach arm und reich, mit politischen Teilungen zwischen Bürgern und Fremden und innerhalb der letzten Gruppe noch einmal zwischen Metöken und Fremden im vollen Wortsinn, sowie Teilungen zwischen denen, die einen Beruf ausüben – die Handwerker –, und denen, die über *scholê* verfügen. Über all das müßte man reden. Doch vernachlässigen wir auch nicht die zeitliche Dimension, die Chronologie. Als ehemaliger Schüler von V. Goldschmidt bin ich natürlich überzeugt von der Einheit des Platonischen Denkens. Gleichwohl kann man unmöglich vergessen, daß sich dieses Werk während fast eines halben Jahrhunderts athenischer Geschichte entwickelt hat, ein halbes Jahrhundert, das die Geburt (378/77) und den Zerfall (356/55) des Zweiten Attischen Bundes erlebte. Die Orte, die Zeiten und die sozialen Kategorien können sich zudem überschneiden: man kann gleichzeitg jung und fremd sein, wie Phaidon, Frau und Milesierin, wie Aspasia.

---

25 *Gesetze,* III, 702 c.

26 *Menon,* 70 a–b.

Einige Punkte lassen sich schnell abhaken. Es gibt ein exzellentes Buch über das „Platonische Gesetz der Sklaverei“[27], aber *kein* Sklave bei Platon trägt einen Namen, und dieses Detail unterscheidet den Philosophen beispielsweise von den Autoren der neuen Komödie. Ein paar Sklaven haben dennoch ihren Auftritt, der Türsteher von Kallias etwa[28] oder der Türsteher aus dem *Phaidon,* der wahrscheinlich auch der Spezialist ist, der das Gift reichen muß[29], obwohl explizit nichts darüber gesagt wird. Ein einziger Sklave in den Dialogen ist beinahe ein Charakter, eine Person, der berühmte *pais* aus dem *Menon,* der mit Sokrates' Hilfestellung einen mathematischen Beweis zustande bringt. Doch auch dieser Sklave bleibt anonym. Es ist ein Mann, und er verfügt über ein Gedächtnis, das ist alles.

Das Problem der Frauen ist schon sehr viel komplexer. Wenn wir Xanthippe, die berühmte und (Xenophon zufolge) zänkische Gattin von Sokrates beiseite lassen, die im *Phaidon* in ein der Situation entsprechendes Wehklagen ausbricht[30], so gibt es in Wahrheit nur zwei Frauen, die bei Platon eine zwar indirekte, aber sehr bedeutsame Rolle spielen: Aspasia von Milet und Diotima von Mantineia. Es ist wichtig, darauf zu achten, bei welcher Gelegenheit die beiden auftauchen, was uns im Falle Aspasias dazu zwingen wird, vorgreifend vom natürlichen Gang unserer Darlegung abzuweichen.

Der *Menexenos* zeigt uns einen jungen Mann, der im politischen Leben debütiert[31].

Sokrates wendet sich mit den Worten an ihn: „Du glaubst offenbar, Menexenos, daß du mit deiner Ausbildung fertig bist und, weil du weit genug bist, gedenkst du dich nun zu Höherem zu wenden, [. . .] damit deine Familie uns einmal mehr einen Bera-

---

[27] G. E. R. Morrow, *Plato's Law of Slavery in its Relation to Greek Law,* Urbana 1939.

[28] *Protagoras,* 314 c.

[29] *Phaidon,* 59 e, 117 a.

[30] 60 a; es wird ausdrücklich gesagt, daß Xanthippe hier nur tut, was die Frauen zu tun pflegen.

[31] Für den *Menexenos* verdanke ich viel dem Buch von N. Loraux, *L'Invention d'Athènes;* vgl. besonders S. 268–274. Herangezogen habe ich auch R. Clavaud, *Le „Ménexène“ de Platon et la rhétorique de son temps,* Paris 1980.

ter schenke."[32]. Eine Familientradition also? Aber um welche Familie handelt es sich[33]? Menexenos ist der Sohn des reichen Demophon, eine Person, die uns auch, wenig sympathisch übrigens, in den *Wolken*[34] begegnet. Dieser Demophon ist höchstwahrscheinlich der Sohn von Hippokrates, selber ein Sohn des Ariphron, d. h. eines Bruders von Perikles. So erklärt sich die Anspielung des Sokrates auf die Familientradition. Nach den Hinweisen von Aristophanes, seines Scholiasten, und der komischen Tradition muß man annehmen, daß Demophon im Jahre 412 sehr jung war. Nehmen wir an, er sei um 435 geboren (sein Vater Hippokrates starb 424 in der Schlacht von Delion), so wäre Menexenos, der zu der Zeit, wo der nach ihm benannte Dialog spielt (nämlich frühestens 386, nach dem Antalkidasfrieden[35]), gerade dem Jünglingsalter entwächst, frühestens 412 geboren, spätestens und sehr viel wahrscheinlicher um 406. Sokrates insistiert jedenfalls auf dieser Tatsache: Menexenos als politischer Führer ist ein Junger, die über die Alten herrscht, d. h., man lebt in einer verkehrten Welt[36]: „Du unternimmst, du Wundervoller, über uns Ältere zu herrschen in solcher Jugend."[37] Der *Menexenos,* in dessen Zentrum die modellhafte Leichenrede steht, die Aspasia verfaßt hat, ist eine Art widernatürliche Einführung in das politische Leben.

Welches Problem wird darin verhandelt? Man will wissen, wer dazu bestimmt wird, die Leichenrede auf die Soldaten zu halten, die für Athen gefallen sind, eine Rede, die die Stadt in Kriegszeiten alljährlich dazu nutzt, um sich im besten Licht darzustellen[38]. Sokrates stellt die Frage, und die Antwort ist, daß die Wahl noch nicht getroffen, sondern auf den nächsten Tag verschoben wurde.

---

32 *Menexenos,* 234 a–b.

33 In diesem Punkt lassen sich die Hinweise präzisieren, die J. K. Davies gegeben hat, a. a. O., S. 456 f.

34 *Lysis,* 207 c, *Wolken,* 1001 (und Scholien), Eupolis Fr. 103, in T. Kock, *Comicorum Atticorum Fragmenta.*

35 Zu diesem Punkt vgl. R. Clavaud, a. a. O., S. 158–161; vom Antalkidasfrieden ist die Rede in *Menexenos,* 244 b–245 e.

36 Zum Gegensatz Junge/Alte vgl. mein Buch *Le Chasseur noir,* S. 27 f., 139, 196 f., 214.

37 *Menexenos,* 234 a.

38 Wie Nicole Loraux schön gezeigt hat, in ihrem oben in Anm. 31 erwähnten Buch.

„Ich glaube indes", sagt Menexenos, „Archinos oder Dion wird gewählt werden"[39].

Diese Wahl wirft ein merkwürdiges Problem auf. Archinos ist ein ziemlich bekannter athenischer Politiker, ein gemäßigter Demokrat, der bei der demokratischen Restauration von 403 eine wichtige Rolle spielte und mit dafür sorgte, daß diese nicht zu weit ging[40], alles in allem ein Mitglied jener politischen Gruppierung, die später Sokrates anklagen und verurteilen ließ.

Doch wer ist Dion? Der, wenn ich so sagen darf, einzige Kandidat in der Literatur, und das seit dem Altertum[41], ist ein Mann, der an einer athenischen Gesandtschaft des Jahres 392 teilnahm[42], eine ziemlich unbekannte Gestalt, und es ist schon etwas eigenartig, sie einem Staatsmann ersten Ranges wie Archinos gegenüberzustellen. Wagen wir eine Hypothese. Platon hatte 388 einen Staatsmann kennengelernt, der Dion hieß, sehr viel berühmter als der unbekannte Gesandte von 392. Gewiß, er war kein Bürger Athens, sondern Syrakusaner und hatte keinerlei Anrecht darauf, im Namen Athens für die Toten Athens zu reden. All das ist völlig klar. Aber klar ist auch, daß wir uns in einer Fiktionswelt befinden. Aspasia, eine Frau und Milesierin, ist schließlich genausowenig wie Dion qualifiziert, diese Leichenrede zu verfassen oder gar zu halten.

Zu der Zeit, wo der *Menexenos* spielt, frühestens 386, ist Sokrates tot, Aspasia auch. Der *Menexenos* ist ein Dialog der Toten. Nehmen wir an, es handele sich wirklich um Dion von Syrakus; für Platon bedeutet die Wahl zwischen Archinos und Dion eine Wahl zwischen einem wahrscheinlichen Übel: Archinos, und einem unmöglichen Gut: Dion. Sokrates' Antwort auf dieses Dilemma besteht darin, das unmögliche Übel nahezulegen: Aspasia nämlich, die Frau und Milesierin – Platon läßt es sich angelegen sein, dies ganz am Ende des Dialogs zu betonen[43] –, Aspasia, die Tote. Diese Frau, diese Milesierin, diese Tote ist der wahre Autor der Leichenrede des Perikles und die Lehrerin des athenischen Red-

---

[39] *Menexenos,* 234 b.

[40] Vgl. Aristoteles, *Die Staatsverfassung der Athener,* 40, 1, Aischines, II, 176, III, 187 f., sowie N. Loraux, *L'Invention d'Athènes,* S. 202, und „L'oubli dans la cité", *Le Temps de la réflexion,* 1, 1980, S. 213–242.

[41] Dionysios aus Halikarnassos, *Über die Sprache des Demosthenes,* 23.

[42] Xenophon, *Hellenika,* V, 8, 13.

[43] *Menexenos,* 249 d.

ners[44]. Die Leichenrede, die der *Menexenos* uns mitteilt, arbeitet sie aus, indem sie einiges in jenem berühmten Text „Übriggelassenes zusammenkittet". Heißt das, daß sich Platon im *Menexenos* mit Aspasia als jemandem auseinandersetzt, der sich tatsächlich aktiv an der Politik beteiligt[45]? Eine absurde Hypothese. Ernst aber ist das Problem. Was Aspasia betrifft, so ist sie im *Menexenos* nicht so sehr Politikerin als vielmehr Metapher. Nur metaphorisch kann eine Frau in Athen ins politische Leben eingreifen[46].

Alles in allem spielt Aspasia bei Platon die – metaphorische – Rolle der Frau von unten. Und dieser „Frau von unten" kann man ganz zwanglos eine nicht weniger metaphorische „Frau von oben" gegenüberstellen. Es gibt sie unbestreitbar: sie taucht auf im *Symposion,* um die wahre Liebe zu definieren, und heißt Diotima von Mantineia[47]. Diotima hat die wahre Antwort auf die Frage, um die es in den Reden des *Symposions* geht, genauso wie Aspasia uns das wahre Modell der athenischen Leichenrede schenkt. Diotima, eine Frau aus Mantineia, gehört aber keineswegs zu jener Kategorie von Fremden, die Aspasia verkörpert. Sie greift nicht im gering-

---

[44] Ebd., 236 b, 235 e.

[45] Wie es E. F. Bloedow behauptet hat, „Aspasia and the Mystery of the Menexenos", *Wiener Studien,* 1975, S. 42–48; R. Clavaud, a. a. O., S. 253–256, führt seinerseits eine interessante Parallele ein zur *Aspasia* des Sokratikers Aischines.

[46] Man kann Aspasia anderen metaphorischen Frauen gegenüberstellen: der, mit der Sokrates Hippias vergleicht, als dieser in Sparta ist, *Hippias maior,* 286 a; der, in die sich die Seele des kunstreichen Epeios begibt, am Ende des *Staats* (X, 620 c); zum letztgenannten Text vgl. *Le Chasseur noir,* S. 315 (dt. *Der Schwarze Jäger,* Frankfurt a. M., New York, Paris 1989, der Aufsatz, auf den Vidal-Naquet sich hier bezieht, wurde allerdings in die deutsche Ausgabe nicht aufgenommen), und zur allgemeinen Problematik N. Loraux, *Les Enfants d'Athéna,* S. 119–153, sowie J. Gould, „Law, Custom and Myth: Aspects of the Social Position of Women in Classical Athens", *Journal of Hellenic Studies,* 100, 1980, S. 38–59.

[47] L. Robin hat das ganz richtig gesehen: „Gibt es zwischen Aspasia, der Lehrerin philosophischer Redekunst, und Diotima, der Lehrerin philosophischer Liebe, nicht eine sonderbare Ähnlichkeit?" (Notice du *Banquet,* „Coll. des Universités de France", S. XXV), mit der Einschränkung freilich, daß Aspasias Redekunst nur indirekt philosophisch ist, nämlich als Folie der wahren, und daß die Ähnlichkeit Gegensatz ist.

sten ein in die athenische *Politik*. Sie ist, wenn man so will, ein weiblicher Epimenides. Sie hat die Athener ein Opfer gelehrt, das den Ausbruch der Pest von 430 um zehn Jahre herausgezögert hat[48]. Anders gesagt, sie hat durch ein unpolitisches Mittel die unheilvollen Konsequenzen der Wahl von Perikles fürs erste blockiert. Aspasia stand *unter* dem Niveau der Polis und handelte politisch. Diotima steht *über* dem Niveau der Polis, spricht aber als Frau durch den Mund von Sokrates, ohne am Dialog teilzunehmen oder sich in die Diskussion zu mischen.

Ein merkwürdiger Gegensatz, denkt man an den Platz der Frauen im *Staat*. Gewiß, Platon behauptet zwar, daß die Frauen den Männern nur in der Weberei und der Bereitung des Gebäcks überlegen sind[49], hält es aber durchaus für möglich, sie im Modellstaat als Wächter einzusetzen, ebensogut wie die Männer. Die Frauen sind Bürgerinnen des *Staats*, in der Platonischen Gesellschaft der Dialoge jedoch sind sie unerwünscht.

Und die Handwerker, diese Randgestalten des Platonischen Staats[50]? Das gesamte Denken Platons läßt sich interpretieren als eine Reflexion über die *technê*, über das Tun des Handwerkers. Natürlich gibt es ein Wissen, das höher steht als das technische, aber die *technê* ist die Norm, sie gibt den Maßstab ab, an dem das falsche Wissen gemessen wird, dasjenige, auf das sich die große Mehrzahl von Sokrates' Unterrednern beruft. Also die *technê* ja, aber ihr Träger, der Handwerker? Sind die Handwerker in Platons Dialogen nicht ebenso metaphorisch wie die Frauen? „Platon, schreibt Leo Strauss, zeigt uns kein einziges sokratisches Gespräch zwischen Sokrates und den Leuten des *dêmos*, insbesondere den

---

[48] *Symposion*, 201 d.

[49] *Staat*, V, 455 d; über Platon und den Feminismus, ein Thema, das leider allzuoft wieder aufgewärmt wird, vgl. die Klarstellungen von J. Annas, „Plato's ‚Republic' and Feminism", *Philosophy*, 51, 1976, S. 307–321.

[50] Vgl. *Le Chasseur noir*, S. 289–316. Man wird bemerken, daß ich hier die Altersklassen zunächst einmal beiseite lasse. Das Problem wurde in bezug auf die Alten der *Gesetze* von L. Schaerer behandelt, „L'itinéraire dialectique des ‚Lois' et sa signification philosophique", *Revue philosophique*, 143, 1953, S. 379–412; und erst ganz vor kurzem hat A. Philip, „Récurrences thématiques et topologie dans le ‚Phèdre' de Platon", *Revue de métaphysique et de morale*, 1981, S. 452–476, in der Person des Phaidros sehr richtig einen Epheben gesehen (vgl. S. 464 f.).

Handwerkern."[51] Sehen wir genauer hin. Wenn sich Hippias in Olympia rühmte, alles, was er am Leibe trug, eigenhändig hergestellt zu haben[52], so macht diese technische Fähigkeit keinen Handwerker aus ihm. Er wiederholt damit nur das alte Ideal der Selbstgenügsamkeit. Die Vielkönnerei ist nicht die *technê*. Für Platon – er wiederholt es im *Staat* immer wieder[53] – ist sie sogar deren Gegenteil. Aber dennoch kommt in der Gesellschaft der Dialoge eine Person vor, die ganz unzweifelhaft der Vertreter einer *technê* ist: der Arzt Eryximachos, Sohn des Arztes Akoumenos, und der der Arzt von Athen ist wie Bianchon bei Balzac der von Paris. Als „Techniker" legt er die Regeln des Gastmahls fest, mit dem der Sieg Agathons gefeiert wird, und er ist es auch, der am Ende dieses Dialogs die Rede von Alkibiades verordnet[54]. Vor allem aber ist seine Lobrede auf die Liebe[55] völlig auf die *technê* zentriert, es ist die „technische" Liebe eines Heilkundigen, eine Arzt- oder eine Demiurgenliebe[56]. So also sieht der einzige Handwerker aus – ein Handwerker einer höheren *technê* allerdings –, dem es gelungen ist, die Tür zu diesem äußerst exklusiven Klub aufzustoßen.

---

51 L. Strauss, *The City and Man,* Chicago 1964; 2. Aufl. 1977, S. 57; auch L. Strauss stellt den Vergleich mit den Frauen an. Ich weise hier nur darauf hin, daß am Anfang vom *Parmenides* (127 a) ein anonymer Schmied vorkommt, dem Antiphon, ein Halbbruder Platons, einen Zaum zum ausbessern übergibt. Diese zur *technê* zählende Arbeit ist vielleicht eine Vorwegnahme der „großen Aufgabe", die er erfüllen wird, wenn er das Gespräch zwischen Parmenides und Sokrates wiedergibt. Und noch ein wertvolles Detail: gegenüber dem adligen Alkibiades nennt sich Sokrates einen Nachkommen von Daidalos und Hephaistos, eine ausgesprochene Handwerkerabstammung *(Alkibiades,* 121 a).

52 *Hippias minor,* 368 b–c, und *Suda,* s. v. *Hippias autarkeia;* vgl. J.-P. Vernant, „Remarques sur les formes et les limites de la pensée techniques chez les Grecs", *Mythe et pensée chez les Grecs,* S. 302–322 und Anm. 52 auf S. 322.

53 Zum Beispiel *Staat,* II, 374 a–d; vgl. *Le Chasseur noir,* S. 143 (deutsch S. 100), 292.

54 *Symposion,* 176 c ff. und 214 b ff.

55 Ebd. 185 e–189 e.

56 Das Wort *technê* kommt im Text immer wieder vor; zum Gebrauch von *dêmiourgos* vgl. 189 d. In der Auffassung von der Medizin als einer *technê* ist sich Platon immer treu geblieben; vgl. – unter zwanzig weiteren Beispielen – *Menon,* 90 c.

Betrachten wir nun die Gesellschaft der Dialoge von einer anderen Seite und beschäftigen wir uns mit den Beziehungen, die in Platons Œuvre zwischen Bürgern, Metöken und Fremden im absoluten Sinne des Wortes herrschen.

Beginnen wir mit einigen einfachen Tatsachen. Eine ganze Reihe von Dialogen sind rein athenische: der *Euthypron,* der *Kriton,* der *Charmides,* der *Alkibiades,* der *Lysis* und der *Laches.* Hier treten unter Ausschluß der Metöken nur Bürger auf. All diese Texte, genauso übrigens wie die *Apologie,* eine Rede, die ein Athener an Athener richtet, gehören in die erste Hälfte von Platons Leben. Und nur ein einziger Dialog, der letzte von allen, die *Gesetze,* und natürlich seine Ergänzung, die *Epinomis,* spielt außerhalb von Athen, auf den Ruheplätzen des Weges, der von Knossos zur Zeushöhle führt, zur hochgelegenen idäischen Grotte[57], und hier sind denn auch zwei der drei Gesprächspartner Fremde. Die übrigen Gespräche finden in Athen statt, aber das will nicht viel sagen. Athen ist ein vielschichtiger Raum. Gewiß gibt es Dialoge – etwa den *Philebos,* den *Kratylos* – in denen allein die Anwesenheit von Sokrates garantiert, daß sie in Athen stattfinden, aber es ist nicht gleichgültig, daß das Gespräch um den *Staat* im Piräus stattfand, dem Zentrum des Handels und der Demokratie, nachdem Sokrates zuvor schon wieder nach Athen hinaufgestiegen war. Auch der Spaziergang im *Phaidros* am Ufer des Ilissos, außerhalb der Mauern, ist nicht gleichgültig[58], ebensowenig wie Sokrates' Begegnung mit Euthyphron, mit dem er über die „Frömmigkeit" spricht, in der Nähe des Gerichts, vor dem Sokrates erscheinen soll. Zwei Dialoge sind, was ihren Ort betrifft, übrigens erst in zweiter Linie athenisch. Denn *vorgetragen* wird das Gespräch zwischen Sokrates und seinen Freunden außerhalb von Athen. Dies gilt, ein ganz besonders wichtiger Fall, für den *Phaidon.* Die ursprüngliche Begegnung findet in Phleius statt, unweit von Korinth, zwischen einem Bürger dieser Stadt, Echekrates, und einem anderen Peloponnesier, Phaidon von Elis. Die Erzählung von Athens Mord an Sokrates wird also fern von Athen vorgetragen. Was den *Theaitetos* betrifft, so beginnt er mit einer Diskussion in Megara, zwischen

---

[57] *Gesetze,* I, 625 b.

[58] Ich verweise hier noch einmal auf die oben in Anm. 50 angeführte wichtige Studie von A. Philip, eine gute Einleitung zu einer Topologie der Dialoge, die erst noch geschrieben werden muß.

zwei Megarikern, Eukleides und Terpsion. Doch auch der Ort, aus dem die Gesprächspartner stammen, ist nicht zu vernachlässigen. Im *Parmenides* begegnet ein Bürger aus Klazomenai, Kephalos, auf der *agora* von Athen Adeimantos und Glaukon, Brüdern von Platon, und läßt sich bei einem anderen (Halb-)Bruder Platons einführen, bei Antiphon, der ihnen von dem Gespräch berichtet, das zwischen den beiden Eleaten Parmenides und Zenon sowie drei Athenern, Sokrates, Pythodoros und Aristoteles, stattfand. So trifft in Athen ein Reisender aus Klazomenai, der Heimat von Anaxagoras, den Sokrates im *Phaidon* als seinen ersten Lehrer bezeichnet, auf das Denken des Eleaten Parmenides, auf das jenes „Vaters“, den man im *Sophistes* nicht umhinkommt zu „töten“[59].

Die Fremden fehlen nicht in den Frühdialogen, wo ihre Rolle, wie wir sehen werden, entschieden negativ ist. Eine wesentliche, aber indirekte Rolle fällt ihnen im *Menexenos,* im *Symposion* und im *Phaidros* zu. Und nachdem sie in den sogenannten Dialogen der Reifezeit immer wichtiger geworden sind, spielen sie im Spätwerk schließlich die Hauptrolle. Parmenides, Timaios, der „Fremde aus Elea“ kommen von anderswo.

Wenn es denn nötig sein sollte zu zeigen, daß für Platon, den Bühnenschriftsteller und Regisseur philosophischer Dramen die Frage wirklich entscheidend ist, betrachten wir den Anfang des *Staats*[60]. Sokrates erzählt, er sei gestern in den Piräus hinuntergegangen, um „die Göttin“ anzubeten, und zwar nicht, wie üblich, die Schutzgöttin Athens, sondern die thrakische Bendis, eine Gottheit, deren Kult gerade erst importiert worden war und deren Heiligtum sich naturgemäß in der Nähe des Handelshafens befand. Dort wohnt er einem doppelten Aufzug *(pompê)* bei, dem Festzug der Einheimischen *(epichôrioi)* und dem der Thrakier[61]. Als er nun zusammen mit Glaukon, einem Bruder Platons, wieder zur Stadt aufsteigt, wird er unterwegs von einem jungen Sklaven eingeholt, den Polemarchos, der Sohn des Metöken Kephalos und Bruder des Lysias, geschickt hat. Bald kommt auch dieser selbst hinzu und

---

59 *Phaidon,* 97 b–98 d; *Sophistes,* 241 d–242 a.

60 Der einzige mir bekannte Kommentar, der die Probleme, die mich hier interessieren, einläßlich behandelt, ist der von L. Strauss, a. a. O., S. 62 ff.

61 *Staat,* I, 327 a.

sagt, daß er und seine Freunde eine Mehrheit bilden, die entschlossen ist, Sokrates nicht wegzulassen[62]. Unter Berufung auf das Gesetz der Mehrheit, das charakteristisch ist für die Demokratie, wird so ein Dialog in Gang gebracht[63]. Doch ist diese Demokratie die athenische? Die Zahl erlaubt es nicht, endgültig zu entscheiden. Außer Sokrates gibt es zehn Teilnehmer – soviel wie Phylen im Athen des Kleisthenes – und fünf davon sind Athener: Adeimantos und Glaukon, die Brüder Platons, Nikeratos, der Sohn des Nikias (des besiegten Heerführers der sizilischen Expedition), sowie Charmantides und Kleitophon – wobei die drei letzteren stumm bleiben; vier sind Metöken: Kephalos und seine Söhne Polemarchos, Lysias und Euthydemos – auch hier bleiben die beiden letzten stumm; und einen Fremden gibt es, den Rhetor Thrasymachos aus Chalkedon. Ich komme auf diesen Text noch zurück, doch halten wir hier schon fest, daß Platon, wenn er später im *Timaios* den Inhalt und die Einrichtungen des *Staats* resümiert, diesem Gespräch eine patriotischere Einkleidung gibt, indem er das Fest der Bendis durch das der Göttin par excellence ersetzt, durch die Panathenäen der Athene. Überdies ist in dem elementaren Athen des *Timaios* und *Kritias* für den Piräus kein Platz mehr.

Um zu verstehen, worum es in solchen Textstellen eigentlich geht, müssen wir nun eine Art Typologie des Vorkommens von Fremden in den Dialogen erstellen.

Einen ersten Komplex bilden die Dialoge, in denen der Fremde verglichen mit Sokrates gewissermaßen als Witzfigur dasteht und den flegelhaften Widerling, wenn nicht sogar letztlich den Feind verkörpert. Es sind dies nur zwei Dialoge: der *Ion* und der *Hippias maior.* Und sowohl der Rhapsode als auch der Sophist repräsentieren recht hübsch den Typus des Kosmopoliten.

Ion ist Bürger von Ephesos: er kommt aber nicht direkt aus seiner Heimatstadt, sondern aus Epidauros, wo er den Rhapsodenwettstreit gewonnen hat. Wird er auch bei der athenischen Nationalfeier, den Panathenäen siegen? Ironischerweise wünscht Sokrates sich dies[64]. Die Kunst des Rhapsoden, nämlich das Epos auszulegen, erläutert Ion, beinhaltet, daß man alle Disziplinen beherrscht, in

---

62 Ebd. 327 b.

63 Vgl. L. Strauss, a. a. O., S. 64, dem wir diese Beobachtung verdanken.

64 *Ion,* 530 a–b.

denen Homer als Meister galt, einschließlich der Feldherrenkunst. Warum ist Ion dann Rhapsode und nicht Heerführer? Die Frage ist ebenso abwegig wie die Antworten. Ephesos ist politisch abhängig von Athen. In ganz Griechenland brauchen nur Sparta und Athen Feldherren, und sie werden sich hierfür keinen Ephesier aussuchen: „Unsere Stadt", sagt Ion, „wird ja von euch regiert und beschützt und bedarf keines Heerführers, die eurige aber würde mich nicht zum Heerführer wählen, denn ihr glaubt, euch selbst genug zu sein."[65] Aber Sokrates läßt ihn nicht so leicht davonkommen und wendet ein, daß Athen drei fremde Heerführer in seine Dienste genommen hat: Apollodoros den Kyzikener, Panosthenes von Andros und Herakleides den Klazomenier. Alle drei sind nach Platonischen Wertmaßstäben sinistre Gestalten[66], auf deren Konto der Verrat, bzw. Maßnahmen der puren Demagogie gehen. Hübsche Musterbeispiele, in der Tat.

Hippias macht gleich zu Beginn seines Dialogs mit Sokrates deutlich, daß er sich für einen hervorragenden Bürger von Elis hält. Oft zum Gesandten seiner Heimatstadt gewählt, wickelt er für sie eine Menge schwieriger Geschäfte ab[67]. Sokrates spielt mit dem Gegensatz/der Identität von öffentlichem und privatem Leben, von Dienst an der Polis und Geldverdienen: „Denn du kannst sowohl für dich viel Geld von den jungen Leuten nehmen, wofür du ihnen doch noch mehr leistest als du nimmst, als auch wiederum in öffentlichen Angelegenheiten vermagst du deiner Vaterstadt nützlich zu sein, wie es der muß, der nicht gering geschätzt werden will, sondern in großem Ansehen stehen bei den Leuten."[68] Also, um eine heutige Maxime zu parodieren, was gut für Hippias ist, ist auch gut für Elis. Und um wirklich klarzustellen, daß er hier derbe Späße treibt, nennt Sokrates zwei weitere Sophisten: sowohl Gorgias als auch Prodikos waren als Gesandte ihrer Heimatstädte Leontinoi und Keos in Athen und haben hier als Privatmänner ein Vermögen gemacht. Hippias aber geht sofort in die Falle und hält Gelderwerb für ein Zeichen von Weisheit. Als der große Protagoras, der älter ist als er, sich in Sizilien aufhielt, ging auch

---

65 Ebd. 541 c.

66 Vgl. *Hellenika,* I, 5, 18 f.; Andokides, *Mysterien,* 149; Aristoteles, *Die Staatsverfassung der Athener,* 41, 3.

67 *Hippias maior,* 281 a–b.

68 Ebd., 281 b–c.

er dorthin und profitierte von dessen Alter und Ansehen. „Dort habe ich, der viel Jüngere", so prahlt er, „in ganz kurzer Zeit mehr als 150 Minen verdient, ja in einem einzigen, ganz kleinen Städtchen, Inykos, mehr als 20 Minen."[69] Platon ist hier nicht weit entfernt vom ganz normalen athenischen Chauvinismus[70].

Eine Variante dieses Modells ist der *agôn* zwischen Sokrates und einem Fremden um die Seele eines jungen Mannes. Drei Dialoge gehören zu diesem Typ: der *Hippias minor,* der *Protagoras* und der *Euthydemos.*

Sokrates und Hippias wetteifern miteinander vor dem jungen Eudikos. Sokrates betont die Jugend des letzteren, indem er andeutet, daß er mit dessen Vater Apemantos freundschaftlichen Umgang pflegt[71]. Daraufhin mischt sich Eudikos ins Gespräch und nötigt Hippias dazu, auf Sokrates' Fragen zu antworten[72]. Das gleiche Schema, aber deutlicher noch, im *Protagoras.* Dieser ist eine Art Zugvogel[73]. Er ist gerade in Athen angekommen, als der junge Hippokrates frühmorgens zu Sokrates eilt, um ihn zu wecken. Der ganze Dialog dreht sich um die Frage, wer diesen jungen Vertreter[74] der athenischen *gentry*[75] erziehen wird, der fremde Sophist oder der athenische Philosoph. Die Szene spielt im Hause des reichen Atheners Kallias. Protagoras ist umgeben von Akteuren, die teils Vertreter der größten Familien Athens sind – darunter allein zwei Söhne des Perikles –, teils Sophisten von sowohl fremder als auch athenischer Provenienz. Der Chor, der die Akteure begleitet, besteht ebenfalls aus Athenern und Fremden, doch Platon legt den Akzent auf letztere[76]. Protagoras ist wie Orpheus,

---

69 Ebd. 282 d–e.

70 Er verfällt ihm allerdings nicht ganz. Der Geldgier von Hippias stellt Sokrates die Uneigennützigkeit von Anaxagoras entgegen *(Hippias maior,* 283 a). Es gibt trotz allem auch gute Fremde.

71 *Hippias minor,* 363 b.

72 Ebd. 363 c.

73 Gleich zu Beginn des Dialogs betont Platon, daß es sich um einen Fremden aus Abdera handelt (*Protagoras,* 309 c).

74 Uns sonst freilich unbekannt.

75 Denn er hat einen Sklaven, der ihm entlaufen ist. Nachdem er ihm erst nachsetzen wollte, verzichtet er dann doch darauf, was bedeutet, daß er mehrere hat (*Protagoras,* 310 a).

76 „Die übrigen [. . .] waren größtenteils Fremde", 315 a.

er betört seine Zuhörer und bringt sie mit „aus allen Städten, die er durchzieht“[77].

Im selben Dialog liefert ein anderer Fremder, Hippias, gleich noch die Theorie für eine solche gemischte Gesellschaft: „Ich denke, ihr versammelten Männer, daß wir Verwandte *(syngeneis)*, Hausgenossen *(oikeioi)* und Mitbürger *(politai)* von Natur sind, nicht durch das Gesetz.“[78] Hier haben wir das genaue Gegenteil zur Polis, zum Stadtstaat.

Man könnte sagen, daß der *Euthydemos* das ganze Schema verdoppelt. Kriton steht dem Sokrates zur Seite, und auch die jungen Leute, um deren Erziehung es geht, sind zwei: Kritobulos, der Sohn des Kriton, und Kleinias, der Sohn von Axiochos und Vetter von Alkibiades. Kritobulos ist zwar auf dem Schauplatz nicht zugegen, dafür aber wird Kleinias von seinem Liebhaber begleitet, von Ktesippos. Und zu guter Letzt sind der Sophisten nicht bloß zwei – Euthydemos und Dionysodoros –, sondern diese stammen auch noch gewissermaßen aus zwei Heimatstädten: geboren in Chios, sind sie Bürger von Thurioi geworden, von wo sie aber vertrieben worden sind, so daß sie nun umherwandern von Stadt zu Stadt[79]. Daher der Ausruf des Ktesippos, der sie mit Proteus vergleicht: „Wunderliche Dinge redet ihr thurischen Männer oder chiischen, oder woher und wie ihr sonst am liebsten genannt werden mögt.“[80] Ihr Beispiel ist jedenfalls abstoßend genug, damit wenigstens der abwesende Kritobulos von seinem Vater zur wahren Philosophie angehalten wird[81].

Analysieren wir nun das Modell, das uns eine zweite Reihe von Dialogen liefert. Wie in allen Texten Platons geht es in ihnen um einen Streit um Werte. Doch sind es diesmal durchaus nicht die Fremden, die die falschen Werte verkörpern. In der Politik nämlich sind die falschen Werte, genauer gesprochen die, die Platon dafür hält, typisch athenische. Ein Beipiel dafür lieferte uns schon der *Menexenos,* doch in diesem Dialog erwählte sich Platons Iro-

---

77 Ebd., 315 b.
78 Ebd., 337 c.
79 *Euthydemos,* 271 c. Vgl. Monique Canto, *L'Intrigue philosophique.*
80 Ebd., 288 a–b.
81 Ebd., 306 d–307 c.

nie eine Fremde, Aspasia, um in ihr die athenischen Werte gleichzeitig zu verkörpern und zu karikieren.

Nehmen wir nun das Beispiel des *Menon*. Plutarch zufolge war Menon ein Sophist[82]. Aber man kann kaum sagen, daß Platon stark darauf insistiert. Gewiß, zu Beginn des Dialogs macht sich Sokrates mit der ihm eigenen Ironie über die merkwürdige Verwandlung der Thessalier lustig. Sie waren reiche Pferdebesitzer, und nun, nach dem Durchzug von Gorgias durch Larissa, hat sich bei ihnen jene Weisheit niedergelassen, die Athen dafür verlassen hat[83]. Menon indes ist völlig stumpfsinnig und spielt ganz ausgezeichnet die Rolle des dummen Reichen, die Platon ihm zuteilt. Ist er wirklich *die* gefährliche Person? Menon ist der *xenos,* der Gastfreund von Anytos[84]; dessen plötzliches Auftreten legt sogar nahe, daß der Dialog in seinem Hause spielt. Zugleich ist Anytos der athenische Politiker, der für den Prozeß und den Tod des Sokrates verantwortlich ist. Das wird im Dialog nicht gesagt, wird aber offensichtlich als bekannt vorausgesetzt.

Das Thema des *Menon* ist dasselbe wie im *Protagoras:* ist die Tugend lehrbar? Die Antwort von Anytos ist klar: er haßt die Sophisten, diese Pseudo-Lehrer der Tugend, diese angeblich tüchtigen Männer, die nichts produzieren[85], und zu denen der Aristophanes der *Wolken* und der historische Anytos auch den Sokrates zählten. Gleichwohl gibt es, sagt Anytos, Lehrer der Tugend. Jeder angesehene Athener, jeder *kalos kagathos* ist imstande, einen solchen Unterricht zu geben, ganz so wie auch er selbst ihn einst genossen hat[86]. Sieht man etwas näher hin, ist Platons ganze Gedankenführung reichlich verdreht. Im *Protagoras,* ich erwähnte es, dreht sich der *agôn* zwischen dem Athener Sokrates und dem Abderiten Protagoras um die Erziehung des jungen Hippokrates. Im *Kriton,* einem anderen Jugendwerk, erinnern die Gesetze Athens den Sokrates daran, daß sie es waren, die ihn „zur Welt gebracht, auferzogen und unterrichtet haben“[87]. Die Gesetze Athens, nicht die Gesetze einer anderen Polis oder der allgemeinen Moral. Im

[82] *Über die vielen Freunde,* 93 a–b.
[83] *Menon,* 70 a–71 b.
[84] Ebd., 90 b.
[85] Ebd., 91 a–92 a.
[86] Ebd., 93 a–b.
[87] *Kriton,* 51 c.

Protagoras versucht der große Sophist zu zeigen, daß die Polis im allgemeinen ein Erziehungsunternehmen ist und daß die bürgerliche Erziehung die Demokratie ermöglicht und legitimiert[88]. Was im *Menon* gesagt wird, das, was man ohne Ironie die Eloge auf den Vater von Anytos genannt hat[89], ist von ganz anderer Art.

Sokrates verweist darauf, daß Anytos der Sohn eines „ebenso reichen wie rührigen" Mannes ist, der sein Vermögen weder dem Erbe noch dem Zufall, sondern allein seinem Arbeitseifer verdankt. Seinen Sohn hat er so trefflich erzogen, daß dieser zu einem der Günstlinge der Demokratie geworden ist[90]. Ganz offensichtlich ist es diese überaus exzellente Erziehung, die den Sohn eines *self-made man* zum Ankläger und legalen Mörder von Sokrates werden läßt.

Ähnliche Überlegungen lassen sich für den *Gorgias* anstellen. Die Anwesenheit zweier Fremder, die von Gorgias und Polos, darf einen nicht täuschen. Der Krieg, der in diesem Dialog ausgetragen wird, ist ein Bürgerkrieg zwischen Sokrates und Kallikles. Wer ist Kallikles? Eine Fiktion, gewiß, aber diese Fiktion liebt das athenische Volk[91], sie bewundert Perikles[92] und trägt ein Demotikon, das den athenischen Bürger näher identifiziert. Kallikles von Acharnai liegt im Krieg mit Sokrates von Alopeka[93]. Die beiden Männer haben völlig verschiedene Wertvorstellungen. Am Ende des Dialogs behauptet Sokrates, der vorher immer wieder erklärt hat, warum er das Spiel der demokratischen Polis unmöglich mitspielen kann, daß gerade er der eigentliche Staatsmann ist; was die Maxime betrifft, die das Verhalten seines Gegners leitet, so ist „sie nichts wert, oh Kallikles"[94].

Die fröhlichen Zecher, die den triumphierenden Agathon umgeben, sind allesamt Athener, aber es ist die Rede der nicht anwesenden Diotima von Mantineia, die das Wesen der Liebe definiert. Die Männer, die den sterbenden Sokrates umgeben, sind zum

---

[88] *Protagoras,* 320 c–328 d.

[89] J. K. Davies, a. a. O., S. 401.

[90] *Menon,* 90 a–b.

[91] *Gorgias,* 481 d und 513, was man vergleiche mit *Alkibiades,* 132 a, wo der Demagoge *dêmerastês,* Volksfreund genannt wird.

[92] Ebd., 503 c, 515 a.

[93] Ebd., 495 d.

[94] Ebd., 527 e.

größten Teil Athener, von denen neun namentlich genannt werden. Ihnen stehen sieben Fremde gegenüber – Thebaner, Megarer, Peloponnesier[95]. Doch die Athener sind stumme Zuhörer der Diskussion über die Unsterblichkeit der Seele, an der außer Sokrates nur die Thebaner Kebes und Simmias aktiv beteiligt sind, abgesehen von dem einmaligen Beitrag eines anonymen Gesprächsteilnehmers[96]. Nur Kriton, der Diener der Elf und der Spezialist fürs Gift ergreifen am Ende des Berichts das Wort, allerdings in überaus praktischen Fragen. Echekrates, der anfängliche Gesprächspartner des Phaidon von Elis, er selber stammt aus Phleius, ergreift mehrmals das Wort[97]. Und am Ende seines Berichts begrüßt Phaidon das Schicksal des Sokrates als das seines *hetairos*. Eine *hetaireia* also, die polisübergreifend ist.

Im *Phaidros* wird eine Rede des Metöken Lysias, die ein lächerliches Loblied auf die Liebe singt, außerhalb der Stadt von einem Athener vorgetragen. Doch bevor er die wahre Lobrede hält, gibt Sokrates dem Lysias eine Replik in der gleichen Tonlage. Es scheint also nicht, daß die Trennung zwischen Metöken und Athenern in diesem Dialog von Bedeutung ist.

In diesem Komplex, der alles in allem dem sogenannten Mittelwerk entspricht, nimmt ein Text jedoch eine ausgeprägte Sonderstellung ein, der *Staat*. Wie im *Phaidon* gibt es eine Disproportion zwischen Anwesenden und Redenden. Gesprächspartner des Sokrates sind: die Metöken Kephalos und Polemarchos, der Fremde Thrasymachos, die Athener Kleitophon, Adeimantos und Glaukon, wobei letzterer – wie Adeimantos ein Bruder Platons – den Sokrates bereits auf seinem Weg in den Piräus und auf dem begonnenen Weg zurück begleitet hat. Drei gegen drei also. Doch wichtig sind die jeweiligen Redebeiträge. Der Metöke Kephalos trägt die traditionellen Ansichten über die Gerechtigkeit vor und wird darin abgelöst von seinem Sohn Polemarchos. Zwischen der Diskussion mit dem Vater und dem Sohn und derjenigen, an der die athenischen Brüder beteiligt sind – Kleitophon hat nur eine

---

95 Nach der Poliszugehörigkeit der Anwesenden wird explizit gefragt in *Phaidon,* 59 b–c; ich habe zu der an dieser Stelle gegebenen Liste den Namen Phaidons hinzugefügt und komme so auf eine Zahl von sieben Fremden.

96 *Phaidon,* 103 a.

97 Vgl. vor allem ebd., 102 a ff.

ganz winzige Rolle –, interveniert der Fremde Thrasymachos „wie ein wildes Tier"[98], um die Gerechtigkeit als das dem Stärkeren Zuträgliche zu definieren. Der Gegensatz ist evident[99]. Er ist um so schroffer, als ab Beginn des II. Buches das ganze Gespräch um die Konstruktion des Musterstaates allein von Sokrates, Adeimantos und Glaukon bestritten wird. Der lange Wiederaufstieg aus den Niederungen der Werte des Piräus erfolgt ausschließlich mit Bürgern Athens. Zwischen Athen und der von Platon erdachten Polis gibt es daher eine mehr als nur geheime Verbindung.

Bleibt noch eine letzte Gruppe von Dialogen. Man entdeckt hier, stärker ausgeprägt jedoch, gewisse Züge wieder, die sich in der vorigen Gruppe schon andeuteten. Der Fremde siegt als Sprachrohr der Wahrheit über den Athener. In mehreren Dialogen siegt er sogar über Sokrates.

Beginnen wir mit dem *Theaitetos*. Der Anfang dieses Dialogs wird oft mit dem des *Charmides* verglichen. Sokrates bemerkt einen sehr jungen, vielversprechenden Mann, der aber – anders als Charmides – nicht besonders schön ist, und er gerät mit ihm in eine Diskussion über das Wesen der Erkenntnis. Doch der *Charmides* ist ein rein athenischer Dialog, während der Prolog zum *Theaitetos* wie der zum *Phaidon* ein Dialog zwischen Fremden ist, der in Megara geführt wird. Zwei Bürger dieses Stadt, Eukleides und Terpsion – beide waren auch zugegen, als Sokrates auf den Schierlingsbecher wartete – haben soeben erfahren, daß ein athenischer Soldat, Theaitetos, im Sterben liegt. Er hat tapfer bei Korinth gekämpft und will nun zu Hause sterben. Doch was Theaitetos letztlich niederstreckt, ist keine Wunde fürs Vaterland, sondern – weniger ruhmreich – die Ruhr[100].

Der eigentliche Dialog selber erinnert im Aufbau an den *Hippias maior*, den *Protagoras* oder auch den *Euthydemos*: da ist ein junger Athener, der von Sokrates und einem Fremden in die Erkenntnis eingeweiht wird. Dieser Fremde, der Mathematiker Theodoros von Kyrene, ist, ganz wie Protagoras, von vielen Schülern umgeben, doch er verkörpert ein wirkliches Wissen. Zwischen Theodoros

---

98 *Staat*, I, 336 b.

99 Vgl. L. Strauss, a. a. O., S. 65–78.

100 *Theaitetos*, 142 b.

und Sokrates gibt es nicht die geringste Rivalität, im Gegenteil, man kooperiert. Nicht, daß Sokrates die Sache Athens vernachlässigte. Gleich eingangs betont er Theodoros gegenüber, daß ihn die jungen Leute von Kyrene weniger interessieren als die von Athen und daß er sie weniger liebt[101]. Gewissermaßen teilen die beiden Männer sich diesen brillanten Zögling. Platon weist scherzend darauf hin. So kennt Theodoros zwar den Namen von Theaitetos und weiß, daß er durch seine Vormünder um sein Vermögen gebracht worden ist, kennt aber nicht seinen Vater. Sokrates wiederum sieht sofort, daß dieser junge Mann, dessen Namen er nicht kennt, der Sohn seines alten Freundes Euphronios von Sunion ist[102]. Sich nun an Theaitetos wendend, der ihm wie aus dem Gesicht geschnitten ist, unterstreicht Sokrates zum einen das Lob, das Theodoros dem jungen Mann gespendet hat, indem er ihn über alle, „Fremde sowohl als Bürger" stellt[103], betont aber zugleich die Wichtigkeit der Lehrer-Schüler-Beziehung, die Verpflichtung zu gehorchen. Ist denn Theodoros etwa nicht sowohl ein Weiser als auch ein alter Mann[104]?

Im *Parmenides* schaltet der erste Teil die Sokratischen „Ideen" aus, und der zweite zerstört das Parmenideische Eine, doch geleitet wird die Diskussion von der Person des Parmenides, während es sich für Sokrates um eine Initiationserfahrung handelt, vielleicht, wie Eduard Munk vermutet hat, um die des Epheben.

Im *Politikos* und im *Sophistes* leitet ein Fremder aus Elea die Diskussion und versucht sich über den Trümmern des *Parmenides* an einer Neukonstruktion. Sein Status eines *theios anêr,* eines göttlichen Mannes, wird in einem erstaunlichen Passus des *Sophistes* wie folgt präzisiert: „Solltest du etwa", fragt Sokrates, „dir unbewußt nicht einen Fremdling, sondern einen Gott mitbringen nach der Rede des Homeros?" Worauf Theodoros antwortet: „Es dünkt mich der Mann ein Gott zwar keineswegs zu sein, göttlich aber gewiß; denn alle Philosophen möchte ich so benennen."[105] Und diesem göttlichen Wesen wird Sokrates, der zu diesem Zweck im *Politikos* übrigens doppelt auftritt, als er selbst und als „junger So-

[101] Ebd., 143 c–d.
[102] Ebd., 144 b–c.
[103] Ebd., 145 b.
[104] Ebd., 146 b–c.
[105] *Sophistes,* 216 b–c.

krates", nun so Rede und Antwort stehen wie die anderen einst ihm.

Sokrates, Kritias, Timaios, Hermokrates: zwei Athener, ein Lokrer aus Großgriechenland und ein Syrakusaner – doch der *Hermokrates,* wenn er denn geplant war, ist nie geschrieben worden. Von den Dialogen dieser Gruppe, die ebenfalls zu Platons Spätwerk gehört[106], ist nur der *Timaios* fertig geworden, der *Kritias* blieb Fragment. Die patriotischen Absichten sind offenkundig, denn der Prolog des *Timaios* bezieht sich auf entsprechende Ausführungen im *Staat,* ersetzt dabei aber, erinnern wir daran, die Bendidien durch die Panathenäen – und Athen, das vorsintflutliche Athen, ist es denn auch, das zum Modell der perfekten Polis wird, ein Athen, von dessen Ruhm ein ägyptischer Priester dem Solon gekündet hat, über den die Kunde hernach zu Kritias gelangte[107].

Gleichwohl ein seltsamer Ruhmesbote, dieser Kritias der Tyrann (wenn wirklich er der Gesprächspartner des Sokrates sein sollte[108]), und ein seltsames Athen auch, das vom Seeleben nichts weiß, aber gegen das Seefahrervolk von Atlantis zu kämpfen hat wie einst Sparta gegen Athen[109]. Wenn es Atlantis bekämpft, bekämpft das Urathen, Platons Modellstaat, in Wirklichkeit das historische Athen, das demokratische und imperiale Athen des 5. Jahrhunderts – ein Moment der Geschichte, mit dem sich Platon sein Leben lang auseinandersetzte[110] und in dem er fast alle bei ihm auftauchenden Personen situiert hat.

---

[106] Die Diskussion zwischen G. E. L. Owen, der für ein viel früheres Datum plädiert hatte, und H. Cherniss scheint mir die Frage erledigt zu haben. Nachzulesen ist sie in R. E. Allen (Hrsg.), *Studies in Plato's Metaphysics,* London 1965, S. 313–378.

[107] Was diese Überlieferung und ihre Bedeutung für Platon betrifft, der hier Herodot imitiert, vgl. L. Brisson, *Platon, les mots et les mythes.*

[108] Zur Diskussion vgl. L. Brisson in der oben in Anm. 21 genannten Arbeit und J. K. Davies, a. a. O., S. 325 f.

[109] Vgl. Ch. Gill, „The Origin of the Atlantis Myth", *Trivium,* 2, 1976, S. 1–11, besonders S. 8: *„By this curious conversion primeval Athens becomes more fertile, but also – in this as in other respects – more like Sparta."* Vgl. unten, S. 61–94: „Atlantis und die Nationen".

[110] Für einen detaillierten Nachweis vgl. *Le Chasseur noir,* S. 335–360, dt. S. 216–232, sowie die kommentierte Ausgabe von Ch. Gill, *Plato: The Atlantis Story; „Timaeus", 17–27, „Kritias",* Bristol 1980.

Die *Gesetze,* Platons letzte Schrift, die rund ein Fünftel seines Gesamtwerks ausmachen, bilden eine Kategorie für sich. Nur eine einzige Altersklasse kommt darin vor, die der Alten, und auch nur eine einzige Lehre, der sich nichts anderes entgegenstellt als die Gewohnheit und der gesunde Menschenverstand. Es ist ein kretischer Dialog mit drei Teilnehmern, von denen nur einer, nämlich der, der das Gespräch leitet, Fremder genannt wird, doch ist dieser Fremde ein Athener. Und auch der Lakedaimonier Megillos ist traditionell athenfreundlich gesinnt, da seine Familie es ist, die in seiner Polis den Proxenos Athens stellt. Athen, so sagt er, ist seine zweite Vaterstadt. Seit seiner Kindheit ist er es gewohnt, Dinge zu hören wie: „eure Lieblingsstadt, o Megillos, ist schön oder nichtschön gegen uns verfahren", und dieser „Lakedaimonier" singt das berühmte Lob der Athener: „Athener, die wacker sind, sind es in ausgezeichnetem Grade."[111] Worauf der Kreter Kleinias anmerkt, daß auch er besondere Verbindungen zu den Athenern hat und daß seine Voreltern den Athenern einst einen Dienst erwiesen haben[112], aber die Worte eines Kreters haben freilich nicht das gleiche Gewicht wie die eines Spartaners.

Die *Gesetze* sind eine Erzählung, die davon berichtet, wie ein Kreter, dem ein Lakedaimonier dabei zur Seite steht, eine Kolonie gründen will, die wiederum auf einer Philosophie basiert, die spezifisch athenisch ist. Ausgangspunkt ist das verführerische Bild Spartas, bzw. das der Dorier insgesamt, da es ja Kreta ist, das den schon etwas fahl gewordenen Reden der Spartaapologeten neues Leben einhaucht. Dieses trügerische Bild indes wird schon auf den ersten Seiten des Dialogs in Frage gestellt, in seiner Reichweite begrenzt und jenes militärischen Geistes entkleidet, der sein ideologisches Substrat ausmachte. Vor allem aber ist die Gesetzgebung, die vom Bild zur Wirklichkeit führen soll, buchstäblich gespickt mit athenischem Recht[113].

Natürlich ist die „Stadt der Magneten" deshalb nicht Athen. Denn wenn das Detail der Gesetzgebung, und teils sogar der Verfassung, auch oft stark von Athen beeinflußt ist, so handelt es sich

---

[111] *Gesetze,* I, 642 b–d.

[112] Ebd., 642 d–e.

[113] Das ist zum Beispiel in aller Ausführlichkeit gezeigt worden von L. Gernet in seiner Einleitung zur Ausgabe der *Gesetze* in der „Coll. des Universités de France", „Les ‚Lois' et le droit positif".

doch um etwas ganz anderes: um einen Staat, der von Göttern und Priestern regiert wird, also das genaue Gegenteil von dem, was Athen erschaffen hat. So ist diese Erzählung, die ein Fremder in Kreta vorträgt, zugleich athenisch und im höchsten Maße antiathenisch, und wir stehen einmal mehr vor dem Platonischen Paradox.

Greifen wir nun zum Abschluß unsere Probleme noch einmal im ganzen und in ihrer historischen Abfolge auf. Es ist klar, daß sich von den Personen der Platonischen Gesellschaft der Dialoge nur die Fremden einer ernsthaften diachronischen Analyse unterziehen lassen. Für die Sklaven, die Frauen und die Handwerker reicht das Material ganz einfach nicht aus[114]. Bei den Fremden aber gibt es unbestreitbar eine Entwicklung und Veränderung. Vom bedrohlichen Fremden, der die Jugend verdirbt, zum Fremden, der für den Sinn bürgt, findet eine Verwandlung statt, und wir haben versucht, ihre Stufen nachzuzeichnen.

Wie soll man sie sich erklären? Handelt es sich um eine Weiterentwicklung im Platonischen Denken, soweit dieses die allgemeine Stellung der Fremden in der Polis betrifft? Doch weit gefehlt sind die Reglementierungen im Stadtstaat der *Gesetze* drakonisch. Zwar dürfen Fremde sich niederlassen, wenn sie ein Handwerk ausüben. Sie sind nicht, wie in Athen, zum Militärdienst verpflichtet (was ihre Integration allerdings erschwert) und brauchen kein *metoikion* zu zahlen, aber dafür ist ihr Bleiberecht auf zwanzig Jahre begrenzt, gute Führung immer vorausgesetzt. Nur einige Euergeten, d. h. solche, die sich um den Staat besonders verdient gemacht haben, können ganz ausnahmsweise das Recht erlangen, bis zu ihrem Tod zu bleiben. Was die Kinder von Metöken betrifft, vorausgesetzt auch sie beherrschen ein Handwerk, so rechnet man die zwanzig Jahre bei ihnen ab dem fünfzehnten Lebensjahr[115].

---

[114] Ich behalte mir vor, auf andere Probleme zurückzukommen, insbesondere auf das der Altersklassen.

[115] Vgl. vor allem *Gesetze*, VIII, 850 a–d, und die Schlußfolgerungen von D. Whitehead, *The Ideology of the Athenian Metic*, Proceedings of the Cambridge Philological Society, Suppl. 4, 1977.

Ganz offensichtlich also sind es keine doktrinalen Gründe, die Platon dazu bewegt haben, die Fremden verstärkt ins Register seiner Personen aufzunehmen. Es sind aber auch keine biographischen[116]. Gewiß, Platon hat in Sizilien erfahren müssen, was es heißt, das Leben eines Fremden zu führen, doch nach seinem ersten Aufenthalt auf dieser Insel wäre er ja auch fast zum Sklaven geworden, und das hat nicht einem Sklaven mehr Zutritt in die Gesellschaft der Dialoge verschafft.

Die Hauptursache dieser Entwicklung scheint mir anderswo zu liegen: nämlich in der Existenz der Akademie als eines internationalen Zentrums für Forschung und Wissenschaft. So wenig wir auch wissen[117], wir wissen doch, daß Eudoxos von Knidos nach Athen kam und dort stark die Platonische Mathematik beeinflußte, und wir glauben zu wissen, daß Aristoteles, ein Metöke, in der Akademie Rhetorik lehrte. Und auf Platon folgte als Haupt dieser Institution zwar sein Neffe Speusippos, auf diesen aber Xenokrates von Chalkedon; nach den Athenern Polemon und Krates kamen Fremde: Krantor von Soloi und Arkesilaos von Pintane. Es ist völlig klar, daß diese Entwicklung schon zu Platons Lebzeiten eingeleitet wurde.

Aber ist das wirklich alles? Gibt es in der Entwicklung der Platonischen Gesellschaft nicht auch so etwas wie einen unbewußten Reflex der Entwicklung der athenischen Gesellschaft? Vor allem durch die Euergesie und Proxenie erlangt der Fremde im 4. athenischen Jahrhundert eine massive Präsenz, was uns die Epigraphie bezeugt, vor allem wenn sie Dekrete vorweisen kann, die bestimmten Fremden das Recht zubilligen, Stücke attischen Bodens zu kaufen[118]. Natürlich sind diese Maßnahmen für das einfache Einwanderervolk bedeutungslos – obwohl auch ihm neue Kultstätten eingeräumt werden –, aber die Personen, die man in der Akademie oder in der Gesellschaft der Dialoge antrifft, sind schließlich auch keine kleinen Metöken. In seinen *Poroi* (die wir meist *Das Buch von den Einkünften* nennen) von 354 hat Xenophon eine ganze Reihe von Maßnahmen zugunsten reicher fremder Kaufleute

[116] Wie H. van Effenterre mir gegenüber andeutete, als ich einen Vortrag über das hier Dargelegte hielt.

[117] Vgl. H. Cherniss, *The Riddle of the Early Academy,* Berkeley 1945.

[118] Vgl. J. Pečirka, *The Formula for the Grant of „Enktèsis" in Attic Inscriptions,* Prag 1966.

vorgesehen, um sie anzulocken oder zum Bleiben zu bewegen: das Recht auf Besitz, Ehrenplätze im Theater usw. Gewiß – Philippe Gauthier hat zu Recht darauf hingewiesen[119] –, diese Maßnahmen verstoßen nicht gegen hergebrachte Ansichten, sie entsprechen ganz dem Geist der klassischen Polis. Es geht nicht darum, Fremde in der Polis zuzulassen, sondern darum, es den Bürgern zu erlauben, für das Gemeinwohl zu arbeiten. Indes sind die Ansichten Xenophons eine Sache, die Gegebenheiten, auf die er reagiert, eine andere. Und eine dieser Gegebenheiten ist eben die Präsenz von Fremden.

Abschließend könnte ich daher auch sagen, daß es Platon zwar freistand, das Aufenthaltsrecht der Metöken in seinem Stadtstaat auf zwanzig Jahre zu begrenzen, daß es ihm aber unmöglich wurde, die Fremden aus seinen Dialogen zu verbannen.

---

[119] *Un commentaire historique des „Poroi" de Xénophon*, insbesondere S. 238–253.

Platon, die Historie und die Historiker

Der Titel, den ich diesem Kapitel gegeben habe, ist so allgemein, daß ich ihn lieber gleich eingangs präzisieren möchte. Ich bin kein Philosoph, ich bin Historiker. Anders gesagt, wenn ich das Denken Platons untersuche, dann begreife ich es nicht als eine zeitlose Lehre, selbst wenn dieses Denken unbestreitbar die Voraussetzungen seiner Entstehung überdauert hat[1]. „Man philosophiert in dem Maße, wie man platonisiert." Diese Maxime von Louis Lavelle war groß in Mode, als ich Student war. Aber ein solcher Platonismus tangiert mich nur wenig. Der Platon, von dem ich sprechen will, ist ein Zeuge der Veränderungen, oder wie einige sagen der Krise, die die griechische Polis im 4. Jahrhundert v. Chr. durchmachte. Ein Zeuge, der gerne Akteur gewesen wäre, darauf aber im wesentlichen verzichten mußte.

Das scheint sich von selbst zu verstehen. Was sich aber nicht von selbst versteht, das ist die Natur meines Platonischen *corpus*. Anders gesagt, in welchen Texten Platons finde ich, ein Historiker der griechischen Welt, wenn schon nicht den unmittelbaren Stoff für meine Analysen, so doch wenigstens meine *exempla?*

Um diese Frage zu beantworten, empfiehlt es sich natürlich, zunächst zu untersuchen, wie meine Vorgänger sie beantwortet haben. Schlagen wir also ein Buch auf, das den kulturellen Konflikten des 4. Jahrhunderts breiten Raum gewährt und eines der ersten Bücher eines großen zeitgenössischen Historikers war, ich meine den *Filippo il Macedone* von Arnaldo Momigliano[2]. Ein

---

1 Vgl. in V. Goldschmidt, *Platonisme et pensée contemporaine,* Paris 1970, den Aufsatz „Les querelles sur le platonisme".

2 Florenz 1934, Neuaufl. mit einer ergänzten Bibliographie, Mailand 1987. Eine Leseerfahrung, die für mich wirklich überraschend war. Das Buch von Momigliano konzentriert sich naturgemäß auf Philipp, und Platon stirbt 346, zu einer Zeit, wo der Sieg des Königs noch lange nicht

wenig erstaunt stellt man fest, daß Isokrates ein „Recht" auf neunzehn Okkurenzen hat, die sich zum Teil über mehrere Seiten des Buches erstrecken, während das Register nur viermal auf Platon verweist[3].

Der erste Hinweis betrifft in Wahrheit gar nicht Platon, sondern den unbekannten Autor des 5. Briefs, der an Perdikkas von Makedonien adressiert ist: „Platon wurde für sein Vaterland zu spät geboren; er fand das Volk bereits in einem vorgerückten Lebensalter und von den Früherlebenden daran gewöhnt, gar manches zu tun, was seinen Maximen widersprach."[4]

Die zweite Stelle: Momigliano spricht von Archelaos von Makedonien, der von 413 bis 399 regierte, und erinnert bei dieser Gelegenheit an eine Überlieferung, die Karystios von Pergamon[5] uns aufbehalten hat. Ihr zufolge soll Platon (geboren 428/27) in seiner Jugend mit Archelaos in Verbindung gestanden haben.

Dritte Okkurenz: Diesmal handelt es sich um den berühmten Brief, den Speusippos, der Neffe und Nachfolger Platons als Haupt der Akademie, an Philipp von Makedonien geschickt haben soll. Ein, falls er echt ist, wirklich ganz wesentlicher Text, wenn es darum geht, über die gesellschaftliche Funktion des Philosophen und des Historikers im 4. Jahrhundert nachzudenken[6]: Speusippos erklärt darin, daß Platon, und zwar besser als Isokrates, Philipp geholfen hat, die Rechtmäßigkeit seiner Eroberung bei Amphipolis zu begründen; ein, selbst wenn er nicht echt ist, immer noch wichtiger Text, der einem zumindest hilft zu verstehen, wie man sich die Verbindungen eines Philosophen mit dem Königshof vorstellte[7].

---

sicher ist; Momigliano legt sich in seinem Werk also keineswegs auf eine strikt chronologische Auffassung des kulturellen Konflikts fest, den er untersucht.

3 Und zwar mit den S. 36 n.1, 25, 36, 132, Stellen, die ich in dieser Reihenfolge durchgehen werde.

4 *5. Brief,* 322 a. Hier haben wir wahrscheinlich die Quelle für den berühmten Vers, den Musset seinem Rolla in den Mund legt: „Je suis venu trop tard dans un siècle trop vieux."

5 Müller, *Fragmenta Graecorum Historicorum,* IV, S. 356.

6 Vgl. M. M. Markle, „Support of Athenians Intellectuals for Philip", *Journal of Hellenic Studies,* 96, 1976, S. 80–99.

7 Für die Echtheit dieses Briefs sprachen sich E. Bikerman und J. Sykutris mit Argumenten aus, die allgemein überzeugt haben; vgl. ihre kommentierte Ausgabe dieses Textes, Leipzig 1928. Gegen die traditionelle

Beim vierten und letzten Mal verweist uns Momigliano noch einmal auf eben diesen Text. Und das ist dann schon alles.

Wenn ich von *Filippo il Macedone* ausgegangen bin und von dem recht schmalen Raum, der darin Platon gegeben wird, so nicht um des etwas anrüchigen Vergnügens willen, einem großen zeitgenössischen Gelehrten Versäumnisse vorzurechnen, noch dazu solche eines Jugendwerks. Sondern deshalb, weil gerade Momigliano uns immer wieder gelehrt hat, die moderne Historiographie der Antike in ihren Beziehungen zur antiken Historiographie zu betrachten, und genau das ist das Problem, das mich hier beschäftigt.

Vor kurzem erst hat auch Nicole Loraux dieses Problem zum Thema einer Debatte gemacht, indem sie erklärte: „Thukydides ist kein Kollege"[8]. „In Frankreich [. . .] teilen sich auf dem Gebiet der griechischen Studien Historiker und Philologen das Terrain, ohne daß es in jenem Sperrgebiet, wo der Verlauf der Grenze unklar ist, zu Streitigkeiten käme." Natürlich wird Thukydides so gut von den einen wie von den anderen „gelesen". Doch von den Herausgebern der Texte einmal abgesehen, welcher Philologe liest schon Diodoros oder Polybios? Welcher Historiker liest Erinna, die Dichter der *Anthologie* oder die Texte der Tragiker? Geht man zu den philosophischen Texten über, so ist die Situation noch schlimmer, d. h., die Teilung ist noch deutlicher. Nehmen wir den Platon, der in jener Reihe ediert wird, die unter dem Patronat der Association Guillaume-Budé steht; da gibt es einen Platon für Philologen, den der sokratischen Dialoge, ein Platon, der von den Brüdern Croiset und von L. Méridier übersetzt worden ist, und es gibt einen Platon für Philosophen, für den A. Diès und Léon Robin verantwortlich zeichnen. Die Historiker sind nicht mit von der Partie, es sei denn, man wollte hier Louis Gernet annektieren, der Soziologe, Jurist und Philologe war und Autor

Datierung (343/42) und gegen die Echtheit vgl. L. Bertelli, *Atti Accad. di Torino, Cl. sc. mor. stor. e fil.*, 110, 1976, S. 275–300, und 111, 1977, S. 76–115.

[8] „Thucydide n'est pas un collègue", Titel eines Aufsatzes, der erschienen ist in den *Quaderni di Storia,* 12, Juli–Dezember 1980, S. 55–81. Das Zitat ist von S. 57. V. Goldschmidt verweist auf diese Studie in dem letzten Aufsatz, den ich von ihm erhalten habe: „Remarques sur la méthode structurale en histoire de la philosophie", *Mélanges F. Brunner,* Neuchâtel 1981, S. 223.

einer meisterhaften komparatistischen Einführung zum Text der *Gesetze*. Soll man wirklich glauben, daß unsere universitären Zäsuren epistemologischen Grenzen entsprechen?

Die Erfahrung zeigt jedoch, daß ein Fach wie das unsere nur Fortschritte macht, wenn es die Grenzen beseitigt. Intellektuelle Umwälzungen verdanken sich auf unserem Gebiet weniger der Entdeckung neuer Dokumente wie der *Staatsverfassung der Athener* oder dem Archiv des Zenon von Kaunos als vielmehr einer Neueinstufung der Quellen. Dies springt in die Augen, sowie man etwas Abstand gewinnt und sich fragt, wie eine Periode vor einem oder zwei Jahrhunderten behandelt wurde. Wenn man heute die Philosophie als solche mit in die Geschichte hineinnimmt, so eröffnet das der Alten Geschichte vielleicht neue Perspektiven. Ich sage mit Bedacht: die Philosophie als solche. Denn im Zeitalter der Aufklärung wurden verschiedene Platontexte – angefangen mit dem *Kritias* – einfach als „historische" Quellen benutzt, ganz so wie Herodot, Thukydides, Diodoros oder Polybios, und da ging dann natürlich einiges durcheinander[9].

Bevor wir nun aber auf die heutige Historie zurückkommen, wollen wir uns fragen, wie die Alten selber mit jenem intellektuellen Problem umgegangen sind, das die Gegenwart des Philosophen und der Philosophie in der Historie darstellt.

Schlagen wir ein historiographisches Werk auf, das sogar das erste seiner Art ist, das vollständig auf uns gekommen ist, ein Buch aus der Produktion des 4. Jahrhunderts, ich meine die *Hellenika* des Xenophon. Man wird kaum erwarten, dort auf den Namen Platons zu stoßen, der Xenophons Rivale in der sokratischen Tradition war. Wie aber sieht es mit Sokrates selber aus? Der Name des Philosophen fällt nur ein einziges Mal[10]. Es geht um den Arginusenprozeß aus dem Jahre 406 und um den berühmten Antrag des Kallixenos, der darauf abzielte, die Strategen in einem summarischen Verfahren zu verurteilen, durch eine *diapsêphisis,*

---

[9] Vgl. meinen Aufsatz „Hérodote et l'Atlantide: entre les Grecs et les Juifs. Réflexions sur l'historiographie du siècle des Lumières", *Quaderni di Storia,* 16, Juli–Dezember 1982, S. 3–76, sowie unten S. 61–94: „Atlantis und die Nationen".

[10] *Hellenika,* I, 7, 14 f.

eine En-bloc-Abstimmung, in der es nur „ja" oder „nein" gab: „Von den Prytanen aber weigerten sich einige, die Abstimmung gegen das Gesetz vorzunehmen, bis Kallixenos zum zweiten Male auf das Rednerpult stieg und gegen sie dieselbe Anklage erhob. Da schrie das Volk wieder, man müsse diejenigen, die sich weigerten, vor Gericht ziehen. Die Prytanen ließen sich einschüchtern und willigten nun alle ein, die Abstimmung vorzunehmen, bis auf Sokrates, den Sohn des Sophroniskos; dieser erklärte, er werde nichts tun, was nicht mit dem Gesetz in Einklang stehe." Warum meldet sich Sokrates hier zu Wort, hier, *im Text* von Xenophon? Der Ausdruck ist mir wichtig. Denn wie die Wortmeldung von Sokrates in der Prytanenversammlung genau aussah, wir werden es nie wissen. Wer meldete sich vor ihm, wer nach ihm zu Wort, welcher Manöver bediente man sich in dieser aller Wahrscheinlichkeit nach von Tumulten begleiteten Sitzung – all das bleibt völlig im dunkeln. Denn immer noch ist Xenophon, der Xenophon der *Hellenika,* hier unsere bei weitem beste „Quelle". Wenn Sokrates sich hier *im Text* zu Wort meldet, so nicht als Philosoph, nicht als der Lehrer von Xenophon, sondern weil die Geschichte nach Xenophons Ansicht nur verständlich wird, wenn man die staatsbürgerlichen Zusammenhänge genau im Auge behält. Sokrates tritt hier deshalb auf, weil er als Prytane einer von denen ist, die im Prytaneion, am „heiligen Staatsherd", eine der fünfzig Personen verkörpern, die die staatliche Macht repräsentieren.

Diese einmalige Erwähnung der politischen Rolle des Sokrates in den *Hellenika* wirft für sich schon ein ganzes Bündel von Fragen auf. Doch erwähnt wird die fragliche Episode nicht nur in den *Hellenika,* auch Platon spielt mehrmals darauf an. Und zwar in der *Apologie,* d. h. in dem einzigen Platontext – außer den *Briefen,* wenn es denn echte gibt –, der kein Dialog ist, weder ein sokratischer noch ein außersokratischer. Sokrates soll wie folgt gesprochen haben[11]: „Ich nämlich, ihr Athener, habe niemals irgendein anderes Amt im Staate bekleidet, nur zu Rate bin ich gesessen *(ebouleusa).*" Sokrates fügt hinzu, daß sein Stamm, der antiochische, die Prytanie innehatte, „als ihr den Anschlag faßtet, die zehn Heerführer, welche die in der Seeschlacht Gebliebenen nicht begraben hatten, sämtlich zu verurteilen (en bloc – *hathroous),* ganz gesetzwidrig, wie es späterhin euch allen dünkte." Die Fort-

---

[11] *Apologie,* 32 b.

setzung gleicht dem Bericht von Xenophon. Sokrates allein bleibt standhaft, auch wenn Gefängnis oder Tod drohen.

Eine *Apologie,* wie Platon sie dem Sokrates in den Mund legt, ist keine historiographische Arbeit in dem Sinne, wie Thukydides und Xenophon sie praktizierten, eine Arbeit, die auf der radikalen Trennung zwischen dem *Privaten* und dem *Öffentlichen* basiert, zwischen dem Philosophen in seiner Stube und dem Bürger in der Versammlung. In diesem Punkt war Xenophon, wie es Schülern allgemein zu ergehen pflegt, sogar noch strenger als das Thukydideische Vorbild. Wenn es jemanden gibt, der für Thukydides in etwa eine ähnliche Rolle spielte wie Sokrates für Xenophon, so ist dies der berühmte Sophist und Redner Antiphon. Er spricht ihm ein großes Lob aus, wenn er feststellt, daß dieser nie vor dem Volk oder in einer Debatte *(agôn)* sprach, wenn er nicht dazu gezwungen war. Wie soll man sich dann aber das öffentliche Handeln eines Mannes erklären, der keine Person des öffentlichen Lebens sein wollte? Thukydides klärt die Frage – anläßlich des oligarchischen Umsturzversuches von 411 – in der Weise, daß er feststellt, daß Antiphon zwar nicht den Antrag zur Abschaffung der Demokratie gestellt hat, aber gleichwohl „die treibende Kraft in dieser Angelegenheit war" (ὁ μέντοι ἅπαν τὸ πρᾶγμα ξυνθείς). Thukydides benutzt auch noch eine andere Technik, wenn er einen Gesandten Athens in Lakedaimonien sagen läßt, Antiphon sei neben Peisandros eines der Häupter der Oligarchie[12].

Doch kehren wir zur *Apologie* zurück, ein Text, dessen Funktion ganz offensichtlich nicht darin besteht, uns die öffentlichen Handlungen öffentlicher Personen aufzulisten. Es gibt in diesem Bericht ein Detail, das wirklich verblüfft. Platon resümiert den Antrag, über den die Versammlung hinsichtlich der Arginusenheerführer abstimmen sollte, wie folgt: ὑμεῖς τοὺς δέκα στρατηγοὺς τοὺς οὐκ ἀνελομένους τοὺς ἐκ τῆς ναυμαχίας ἐβούλεσθε ἀθρόους κρίνειν παρανόμως („ihr faßtet den Anschlag, die zehn Heerführer, welche die in der Seeschlacht Gebliebenen nicht begraben hatten, *sämtlich* zu verurteilen, ganz gesetzwidrig.") Halten wir nun den Bericht von Xenophon dagegen. Er hat gewiß seine dunklen Stellen, aber man sieht doch leicht, daß Xenophon sorgfältig anzugeben versucht, wer verurteilt wird und wer nicht. Nur acht Heerführer nahmen überhaupt teil an der Schlacht. Konon, einer der

---

[12] *Thukydides,* VIII, 68, 1; 90, 12.

beiden Fehlenden, war nicht dabei, weil er im Hafen von Mytilene eingeschlossen war. Und von den acht kommen nur sechs nach Athen zurück und werden tatsächlich verurteilt und hingerichtet. Konon wurde natürlich nicht verurteilt[13].

Warum dann bei Platon eine Verurteilung in Bausch und Bogen? Weil die narrative Genauigkeit in einer *Apologie* des Sokrates nichts zu suchen hat, wenn es auch stimmt, daß kein erzählender Bericht unschuldig ist[14]. Ob Platon die Wahrheit kannte oder nicht, wissen wir natürlich nicht. Das Schlüsselwort seines eigenen Berichts ist ohne Zweifel hathroous, „sämtlich", „en bloc". Dies Wort konnotiert automatisch die normale, reguläre Zahl von zehn Heerführern, ohne daß dies Platon irgendwie zu beunruhigen scheint. Eine ganze Institution des Kleisthenischen Athens, die Polis der zehn Phylen, wird so – en bloc – in Frage gestellt. Merkwürdigerweise übernimmt Aristoteles diese Zahl von zehn Strategen, um dann aber in einem absurden Gedankengang darzulegen, daß sie nicht alle anwesend waren (*Die Staatsverfassung der Athener,* 34,1). Dennoch versteht es sich wohl von selbst, daß ein Historiker, der hier zwischen Platon und Aristoteles einerseits und Xenophon andererseits schwankte, ein ziemlich sonderbarer Historiker wäre.

Das ist aber nicht alles. Platon kommt noch einmal auf diese Angelegenheit zurück, diesmal in einem Dialog, dem *Gorgias*[15]. Sokrates erklärt dem Polos ironisch, daß er nicht zu den Politikern gehört (οὐκ εἰμὶ τῶν πολιτικῶν): „Ja, im Vorjahr *(perysi),* als das Los mich traf, im Rat zu sitzen, und [. . .] ich die Stimmen einsammeln sollte, bereitete ich mir Gelächter und verstand gar nicht, über

---

[13] *Hellenika,* I, 5–7. Die gleiche Zahl von sechs Heerführern gibt Philochoros an, Nr. 328 bei Jacoby, Fr. 142; ich will hier nicht im einzelnen von dieser Debatte handeln, deren Geschichte man etwa nachlesen kann in dem Buch von W. P. Henry: *Greek Historical Writing. A Historiographical Essay Based on Xenophon's „Hellenica",* Chicago 1967, S. 100–107, ein Buch, dessen Schlußfolgerungen ich übrigens keineswegs teile; die mit dem Bericht zusammenhängenden institutionellen Fragen behandelt am überzeugendsten die Studie von G. Giannatoni über die „Prytanie des Sokrates", *Rivista critica di storia della filosofia,* 17, 1962, S. 3–25, doch selbst in diesem Aufsatz fehlt eine differenzierte Bewertung der Quellen.

[14] Vgl. L. Marin, *Le récit est un piège,* Paris 1978.

[15] 473 e–474 a.

etwas abstimmen zu lassen (καὶ οὐκ ἠπιστάμην ἐπιψηφίζειν)". In diesem Text wird auf den Kampf von Sokrates für die Gesetzmäßigkeit überhaupt nicht mehr angespielt. Was ist geschehen? Nicht nur gegenüber dem Text aus den *Hellenika,* sondern zum Teil auch gegenüber dem aus der *Apologie* haben sich zwei Dinge verlagert. Die eine Verlagerung ist institutioneller Natur: vom einfachen Prytanen steigt Sokrates zu ihrem Vorsitzenden auf, zum Epistates – „der, der über etwas abstimmen läßt" bezeichnet als terminus technicus den Epistates der Prytanen[16]; die andere Verlagerung findet auf der persönlichen Ebene statt und deutet sich bereits in der *Apologie* an, wo Platon den einmaligen Charakter von Sokrates' politischer Erfahrung betont – eine Verlagerung also von der politischen Aktivität zur Nichtaktivität, etwas, was Platon später durch die berühmte Episode von Thales illustrieren wird, der in den Brunnen fiel, weil er die Sterne betrachtete[17]. Nur weil Sokrates kein Staatsmann ist, kann er am Ende des *Gorgias* als der einzige wahre Staatsmann definiert werden. Doch dazu ist noch mehr zu sagen. Der sokratische Dialog wird bei Platon ausdrücklich der demokratischen Debatte entgegengesetzt. Man hat den Sokrates von Platon „das Gegengift zur Leichenrede" genannt[18]; vom Dialog muß man sagen, daß er das Gegengift zur Diskussion in der Versammlung ist. Lesen wir, was unserer Textstelle aus dem *Gorgias* unmittelbar vorangeht, und das, was auf sie folgt: „Frage doch einen von denen, die hier sind", sagt Polos. Sokrates tut so, als hätte man ihn dadurch aufgefordert, die Anwesenden abstimmen zu lassen, wovon bei Polos überhaupt nicht die Rede ist. „Fordere mich nicht auf, die Anwesenden abstimmen zu lassen [. . .].

---

[16] Meine Behauptung geht hier gewiß ein wenig über die Textgrundlage hinaus: den einzigen klaren, aber immer noch indirekten Hinweis in diese Richtung liefert uns der Scholiast des *Gorgias* (473 e), s. v. ἐπιψηφίζειν (S. 146, Greene), zusammen mit dem Text von Xenophon, der unten mit der Anm. 28 zitiert wird. Das ganze Problem müßte noch einmal auf der Basis eines differenzierenden Quellenstudiums neu behandelt werden; als abschreckendes Beispiel ist hier zu nennen P. J. Rhodes, *The Athenian Boule,* Oxford 1972, S. 22–24 und 62, Anm. 1, der es gerade umgekehrt macht und munter die disparatesten Hinweise durcheinandermischt.

[17] *Theaitetos,* 174 a.

[18] „Socrate contrepoison de l'oraison funèbre", Titel eines Aufsatzes von N. Loraux, *L'Antiquité classique,* 1974, S. 172–211.

Nämlich ich verstehe für das, was ich sage, nur einen Zeugen aufzustellen, den, mit dem ich jedesmal rede"[19]. Die kollektive Debatte wird ersetzt durchs individuelle Gespräch, das zwar gewiß unter Gleichberechtigten stattfinden soll, aber doch ein Lehrer-Schüler-Verhältnis impliziert. Die demokratische Debatte ist nicht das einzige Opfer dieser Operation. Gemeinsam mit ihr wird auch der historische Bericht im Sinne von Thukydides und Xenophon, der auf der Abfolge der Jahre und Magistrate beruht, in aller Seelenruhe ad acta gelegt. Sokrates sagt uns nämlich, daß diese Episode „im Vorjahr" stattfand. Das liefert uns automatisch die Zeit, wo der Dialog spielt: im Jahre 405. Doch anderswo im selben Dialog[20] wird uns gesagt, daß Perikles erst kürzlich *(neôsti)* gestorben sei. Da Perikles 429 starb, müssen wir dann doch wohl als inneres Datum das Jahr 427 ansetzen, denn damals befand sich Gorgias als Gesandter in Athen. Doch ebenfalls im *Gorgias*[21] wird von Archelaos von Makedonien als von einem lebenden König gesprochen, und dieser regierte von 413 bis 399; demnach müssen wir das innere Datum des Textes wieder später ansetzen[22]. Die Phantasie eines Philosophen? Sie ist aber nicht größer und genauso signifikant wie die, die im *Menexenos* Sokrates mit Aspasia reden läßt, nachdem beide längst gestorben sind[23]. Hier liegt, denke ich, ein ganz bewußter Wille vor, den chronologischen Rahmen der Polis zu sprengen. Heerführer, Ratsmitglied, Archont ist man für ein Amtsjahr, und die bürgerliche Zeit, die der Prytanien, ist eine der Grundgegebenheiten der von Kleisthenes reformierten Polis. Doch dem Platonischen Dialog kommt es eben bei der Zeit genausowenig auf klare Konturen an wie bei der Polis.

Worum genau geht es im *Gorgias?* Worauf wollen diese chronologischen Phantasien hinaus? Platon nimmt – und das ist eine Konstante seines Denkens – das 5. Jahrhundert als einen Block, ohne ins Detail zu gehen, ohne zu differenzieren zwischen Themistokles und Miltiades, Themistokles und Perikles oder Perikles

---

19 *Gorgias,* 474 a.

20 Ebd., 503 c.

21 Ebd., 470 d.

22 Ich verzichte hier darauf, die Schlußfolgerungen zusammenzufassen, die man aus diesen Hinweisen gezogen hat.

23 Vgl. N. Loraux, *L'Invention d'Athènes,* S. 471.

und Hyperbolos. Mehr noch, Platon weigert sich, überhaupt zu unterscheiden zwischen der großen Zeit, die den Rednern des 4. Jahrhunderts und den Historikern von heute so teuer ist, und der Zeit des Niedergangs. Platon spricht sich hierüber im *Gorgias* sehr deutlich aus[24]. Perikles und Kimon, Miltiades und Themistokles – absichtlich stellt Platon politische Kontrahenten nebeneinander – waren zweifellos bessere Diener *(diakonoi)* des Staates als ihre Nachfolger, sofern sie geschickter waren als die jetzigen, den Staat mit Schiffen, Mauern und Werften auszurüsten, d. h. mit all dem, was Platon ablehnt und seinem eigenen Staat verweigert. Wenn es aber um das geht, was nach Platon die eigentliche Aufgabe der Politik ist, nämlich die Gelüste des Staates umzustimmen (μεταβιβάζειν τὰς ἐπιθυμίας), ihnen nicht nachzugeben, „sondern durch Überredung und Gewalt ihn zu dem zu bewegen, wodurch die Bürger besser werden“[25], so gibt es keinen Unterschied zwischen gestern und heute. Mehr noch, im *Gorgias* gibt es darüber hinaus eine einigermaßen erstaunliche Stelle, die erklärt, warum Sokrates an seine Rolle im Arginusenprozeß nur in seltsamen Andeutungen erinnert. All diese großen Männer, sagt er in bezug auf die politischen Führer des 5. Jahrhunderts – von denen einer freilich signifikanterweise nicht genannt wird, nämlich Aristeides –, wurden von den Athenern verurteilt. „Den Miltiades aber, den Sieger bei Marathon, hatten sie schon beschlossen, in der Grube *(barathron)* umkommen zu lassen, und wäre nicht der Vorsteher der Prytanen gewesen, so würde er auch hineingekommen sein“[26]. Sokrates sagt natürlich nicht, daß eine solche Entscheidung gerecht gewesen wäre. Doch er denkt, daß sie normal gewesen wäre. Der Funktionsablauf der demokratischen Polis wird hier en bloc abgelehnt. Sokrates – oder der mit ihm geistesverwandte Prytane, der den Tod von Miltiades verhinderte – ist eine Ausnahme, und zwar die Ausnahme von einer gefährlichen Regel.

---

24 *Gorgias,* 515 c–516 d.

25 Ebd., 517 b.

26 Ebd., 516 d–e. Der Autor des unechten *Axiochos* (368 d) bedient sich dieser Stelle aus dem *Gorgias,* wenn er seinerseits auf den Arginusenprozeß anspielt; er achtet jedoch darauf, zwischen die Weigerung des Sokrates und die Verurteilung der Strategen eine eintägige Frist zu legen.

Haben wir es hier mit einer Maxime zu tun, die nur für den sokratischen Dialog, wie Platon ihn geschrieben hat, typisch ist? Keineswegs. Werfen wir noch einmal einen Blick auf Xenophon, der so sorgfältig und genau ist, selbst wenn er sich in den *Hellenika* einmal irrt. In den *Erinnerungen an Sokrates* kommt Xenophon gleich zweimal auf den Arginusenprozeß zu sprechen und die Rolle, die Sokrates in ihm gespielt hat. Zunächst im Vorwort[27]: „Als er nämlich einst Mitglied des Rates war und den Ratsherrneid abgelegt hatte, wonach er nur entsprechend den Gesetzen im Rat mitwirken werde, da wünschte das Volk, als er gerade einmal Epistates in der Versammlung war, wider die Gesetze durch eine einzige Abstimmung neun Feldherrn, nämlich Thrasyllos und Erasinides und ihre Gefährten, allesamt zum Tode zu verurteilen; er aber wollte nicht abstimmen lassen, obwohl ihm das Volk zürnte und viele Mächtige ihm drohten." Was hat sich hier gegenüber unserem Basisbericht aus den *Hellenika* verschoben? Da ist zunächst natürlich das Problem der Anzahl: neun Heerführer statt der sechs tatsächlich anwesenden, und auf die abwesenden wird nicht angespielt. Aber auf der Ebene, die die des historischen Berichts ist und wo eine Folge von Ereignissen gemäß bestimmten, in diesem Falle institutionellen Regeln konsistent zusammenhängt, ist dieser Bericht, wie der aus der *Apologie* und aus dem *Gorgias,* schlichtweg absurd. Wenn Sokrates der Epistates der Prytanen gewesen wäre und über den gesetzwidrigen Antrag nicht hätte abstimmen lassen, dann wäre er nicht verabschiedet worden. Man kann eine Verschiebung vom Kollektiven zum Individuellen beobachten.

Und hier die zweite Stelle[28]: „Nachdem er Epistates geworden war, gestattete er dem Volke nicht, einen Beschluß wider die Gesetze zu fassen." Diesmal ist die Lesart des historischen Faktums fast schon monarchisch. Sie ist ganz auf die Person des Sokrates zentriert, und zwar nicht auf einen öffentlichen Sokrates in jenen Grenzen, in denen er dies tatsächlich war, sondern auf einen Sokrates, der die Transparenz des öffentlichen Lebens völlig in sich versammelt: „Auch wie er über das Gerechte dachte, darin verhehlte er seine Meinung nicht, und schon durch sein Tun (ἔργῳ) zeigte er dies; sowohl im Privatleben (ἰδίᾳ) verkehrte er mit

---

27 *Erinnerungen an Sokrates,* I, 1, 18.
28 Ebd., IV, 4,2.

allen in durchaus rechtschaffener Weise und zu ihrem Nutzen, und auch im öffentlichen Leben leistete er den Behörden Gehorsam in dem, was die Gesetze vorschreiben mochten, sowohl als Bürger wie auch im Kriegsdienst. Durch seine vorbildliche Gewissenhaftigkeit war er so für alle klar durchschaubar *(diadêlos)*."[29]

Führen wir nun jedoch unser Spiel, den Dialog zwischen dem Historiker von einst und dem von heute weiter. Waren antike Historiker in der Lage, den strengen chronologischen Rahmen der Jahreszeiten, Magistrate und Eponymien zu verlassen? Die Frage ist komplex, und die Antwort wird es zwangsläufig auch sein.

Auf einer ganzen Reihe von Gebieten macht sich die Beständigkeit literarischer Gattungen geltend. So ist der Philosoph, nicht die Philosophie, eine Person der Komödie, längst bevor er zu einer Person der Historie wird. Sokrates als Philosoph tauchte bei Aristophanes auf und nicht bei Thukydides, von dem man sich schlecht vorstellen kann, daß er sich unterbricht, um zu sagen: Damals gab es einen gewissen Sokrates, so wie sich Flavius Josephus in seiner *Jüdischen Altertumskunde* unterbrochen haben soll – die Stelle ist wahrscheinlich interpoliert –, um zu schreiben: Damals hat Jesus [. . .][30].

Platon ist eine Person der mittleren Komödie[31], bevor er zu einer Person der Historie wird. Aristoteles hat zwar paradoxerweise im 1. Buch der *Metaphysik* in gewisser Hinsicht – und zur Verwirrung vieler Generationen – die Geschichte der Philosophie begründet, aber er denkt nicht im Traum daran, diese angebliche Geschichte in seinen Bericht über die Geschichte Athens aufzunehmen, der in der einzigen seiner *Politeiai* enthalten ist, die auf

---

29 Die Transparenz geht vom *dêmos* aufs Individuum über; hier haben wir einen Forschungsgegenstand, der einmal mit den Begriffen bearbeitet werden sollte, die M. Richir und N. Loraux entwickelt haben: Vgl. M. Richir, „Révolution et transparence sociale", Vorwort zu J. G. Fichte, *Considérations sur la Révolution française,* Paris 1974, S. 7–74, und N. Loraux, „Aux origines de la démocratie. Sur la ‚transparence' démocratique", *Raison présente,* 49, 1979, S. 3–13.

30 *Jüdische Altertümer,* XVIII, 63 f., XX, 200.

31 Vgl. die berühmte Zweiteilung des Kürbisses beim Komödiendichter Epikrates, in *Athenaios,* II, 59 d.

uns gekommen ist. Es stimmt allerdings, daß die Geschichte für Aristoteles keine ernsthafte Disziplin war.

In dem Maße also, wie sich die historische Erzählung weiter am Modell von Xenophon und Thukydides orientiert, das selbst in weiten Teilen von Herodot herstammt[32], bleiben die alten Ausschließungsmechanismen in Kraft. Theopompos etwa hat sie, soweit man weiß, in seinen eigenen *Hellenika* respektiert. Und doch scheinen die Dinge bei diesem Historiker, der um 378/77 geboren wurde und über den wir etwas mehr wissen als über seine Zeitgenossen (vor allem seit dem schönen Buch von W. Robert Connor[33]), in Bewegung zu geraten. Dionysios von Halikarnassos sagt über Theopompos und seine Ausbildung als Historiker folgendes[34]: „Er war Augenzeuge *(autoptês)* vieler Ereignisse und nahm zwecks Ausarbeitung seiner Geschichte Kontakt zu den wichtigsten Personen seiner Zeit auf: zu Heerführern und Staatsmännern ebenso wie zu Philosophen" (στρατηγοῖς δημαγωγοῖς τε καὶ φιλοσόφοις). Das sagt Dionysios, es ist kein Auszug aus einer Autobiographie von Theopompos. Doch der Historiker von Chios ist ganz gewiß der erste Historiker, über den etwas derartiges gesagt wurde.

Und im vorliegenden Fall ist das Urteil von Dionysios nicht absurd. Theopompos hat, wie wir aus Athenaios und aus einer Inschrift von Rhodos wissen, gegen Platon polemisiert. Er hat ihn der Lüge und des Plagiats bezichtigt[35]. Seine eigene *Meropia,* eine Erzählung über zwei mythische rivalisierende Städte, die Silenos in den Mund gelegt wird, ist ganz offensichtlich ein Pastiche des Platonischen Kampfes zwischen Athen und Atlantis[36]. Eine noch interessantere Tatsache, die die Aussage von Dionysios zu bestätigen scheint, ist die, daß Theopompos das Leben Platons zu dem

---

[32] Vgl. zuletzt L. Canfora, „Tucidide Erodoteo", *Quaderni di Storia,* 16, Juli–Dezember 1982, S. 77–84.

[33] *Theopompos and Fifth Century Athens,* Washington (DC) Cambridge (Mass.) 1968. Vgl. auch die Studie von L. Canfora, in L. Firpo (Hrsg.), *Storia delle idee politiche, economiche et sociali,* I, Turin 1982, S. 399–406, sowie die Bibliographie, S. 418 f.

[34] *Brief an Pompeius,* 6; es handelt sich um das Zeugnis 20 im Corpus von Jacoby, wo Theopompos die Nr. 115 hat.

[35] *Athenaios,* XI, 508 c–d, Fr. 259 Jacoby.

[36] Fr. 75 Jacoby.

von Philipp in Beziehung gesetzt hat. Durch ihn wissen wir davon, daß Platon, der im dreizehnten Jahr von Philipps Herrschaft gestorben ist, von diesem posthum geehrt wurde[37]. Eine solche Angabe bedeutet in der Tat, daß die Philosophen nun ebenso wie die Könige und Heerführer zu den Personen des öffentlichen Lebens zählen. Vielleicht darf man sogar sagen, daß die Historiker sich um so mehr für Philosophen und Könige interessieren, je weniger die traditionellen Magistrate der Städte imstande sind, ihren früheren Platz zu behaupten.

Aber das Leben eines Philosophen ist nicht seine Philosophie. Im 3. Jahrhundert wird jemand wie Philochoros, einer der Begründer der „antiquarischen" Geschichte[38], die Geschichte der Akademie als ein interessantes Element des athenischen Altertums behandeln. Ein Fragment von Philochoros ist uns durch den „Index von Herculaneum" bekannt, und wir wissen, daß der Historiker Gefallen daran fand, dem Metöken Aristoteles Platon gegenüberzustellen, den Athener und Freund von Chabrias und Timotheos[39]. Derselbe Historiker hat sich auch für Speusippos interessiert[40], doch man kann nicht sagen, daß solche Hinweise schon bedeuten, daß sich ein Historiker eindringlich mit der Philosophiegeschichte auseinandergesetzt hat. Auch Polybios, der im 6. Buch seiner Geschichte[41] sagt, er sei von der Platonischen historischen Methode beeinflußt, ist kein Philosophiehistoriker, bei weitem nicht.

Der „Mamor von Paros" schließlich nimmt die Siege der Komödien- und Tragödiendichter in die athenische Chronik auf, von den Philosophen weiß er nichts. Es stimmt allerdings, daß diese keine Siege davontrugen, was sich in einer agonistischen Historiographie wie der griechischen zwangsläufig niederschlagen mußte.

Wir sind nicht mehr Historiker des 3. Jahrhunderts v. Chr. Als Historiker des 20. Jahrhunderts sind wir die Enkel von Vico, Hegel

---

37 Diogenes Laertios, III, 40.

38 Vgl. A. Momigliano, „Ancient History and the Antiquarian", ***Studies in Historiography,*** 1950; Neuaufl. New York 1966, S. 1–39. Vgl. auch ***Problèmes d'historiographie ancienne et moderne,*** Paris 1983, S. 244–293.

39 Fr. 59 Jacoby (Philochorus hat in dieser Sammlung die Nr. 328).

40 Fr. 224.

41 *Polybios,* VI, 5,1.

und Marx, die Söhne von Bloch, Febvre, Braudel und Vilar. Ist das Buch von Momigliano, das mir als Vorwand für diese Untersuchung über Platon und die Historiker diente, etwas anderes als eine Jugendsünde, etwas, das sein Autor so nicht noch einmal schreiben würde? Mag sein, doch schauen wir in unsere nähere zeitliche Umgebung. *La Fin de la démocratie athénienne* von Claude Mossé ist eine Doktorarbeit, die 1962 publiziert wurde. Das Buch hat ein Quellenregister, dem sich entnehmen läßt, welche Textstellen die Autorin für ihr Thema für wichtig hielt – natürlich wird auch noch auf viele andere Texte Bezug genommen. Vierundzwanzig dieser Stellen sind Platontexte: sie sind weniger zahlreich als die Aristoteleszitate (fünfzig), aber vergleichbar mit den Hinweisen auf Isokrates (neunundzwanzig). Platon wird in diesem Buch häufig herangezogen, um Tatsachen zu belegen, doch das meiste, was Claude Mossé über Platon zu sagen hat, findet man naheliegenderweise in einem Kapitel, das überschrieben ist: „Die Theoretiker und die politische Krise"[42] und das mit den deutlich pessimistischen Worten schließt: „Ihre Kritiken [die der Philosophen] und die Heilmittel, die sie vorschlagen, sind letztlich wirkungslos. Auf das Schicksal Athens und der griechischen Polis haben die Philosophen keinerlei Einfluß. Ihr Beitrag zur Schaffung einer neuen Form von Zivilisation wird erst wirksam, nachdem die athenische Demokratie militärisch und politisch längst besiegt worden ist."[43] Ich halte diese Formulierung nicht grundsätzlich für falsch, bin aber der Meinung, daß eine Philosophie wie die Platons, auch wenn sie zur Lösung der Krise nichts beiträgt, doch zumindest ein Zeugnis für sie ist[44]. Man kann, wie mir scheint, in dieser Angelegenheit von einem Historiker verlangen, daß er das gesamte Material zur Kenntnis nimmt. Doch von den vierundzwanzig Platonzitaten stammen vierzehn aus dem *Staat,* drei aus den *Gesetzen,* drei aus dem *Politikos,* zwei aus dem *7. Brief,* je einer aus dem ersten *Alkibiades* und aus dem *Gorgias.* Das bedeutet, daß die großen metaphysischen Spätdialoge Platons *(Parmenides, Theai-*

---

[42] Cl. Mossé, *La Fin de la démocratie athénienne,* Paris 1962, S. 348 f.; Neuaufl. New York 1979.

[43] A. a. O., S. 398 f.

[44] Zu diesem Punkt vgl. die Ausführungen über Platon in meinem Buch *Le Chasseur noir* sowie oben, S. 7–37: „Die Platonische Gesellschaft der Dialoge".

tetos, Sophistes) allesamt fehlen. Es fehlen auch der *Timaios* und der *Kritias*. Es fehlen die großen Dialoge des Mittelwerks, der *Phaidon,* der *Phaidros* und das *Symposion.* Es fehlen, bis auf eine Ausnahme, die sogenannten „sokratischen“ Dialoge. Es fehlt schließlich der *Menexenos*[45], obwohl gerade er uns so gut über die philosophische Kritik an der Polis informiert[46]. Und wer würde zu behaupten wagen, daß der *Parmenides* für einen Historiker der „Krise“ des 4. Jahrhunderts v. Chr. nicht von Interesse sei[47]?

Will man ein noch neueres Beispiel? G. E. M. de Sainte-Croix hat seine seit langem erwartete Untersuchung über den Klassenkampf im griechischen Altertum veröffentlicht[48]. Sein Platonisches *corpus,* das sich dank eines sehr guten Registers leicht ermitteln läßt, unterscheidet sich nicht wesentlich von dem von Claude Mossé: es besteht fast ausschließlich aus dem *Staat* (vor allem aus dem 8. und 9. Buch) und aus den *Gesetzen*[49]. Das Verdienst von Sainte-Croix ist es, daß er sich über die willentliche Auswahl seiner Quellen im klaren ist und sich nicht selbst betrügt: „Daß ich Aristoteles als die große Gestalt des sozialen und politischen Denkens des Altertums ins Zentrum stelle und Platon gegenüber recht gleichgültig bin, wird nur die überraschen, die wenig oder nichts von den Quellen der griechischen Geschichte des 4. Jahrhunderts wissen und das wenige, was sie wissen, aus neueren Arbeiten haben, die fast immer unter einem zu großen Respekt vor Platon

---

45 Nähme man das Buch von Cl. Mossé etwas genauer unter die Lupe, könnte man sicherlich auch einige Hinweise auf den *Kritias,* den *Phaidros,* den *Phaidon* oder den *Theaitetos* entdecken, aber an der Proportion ändert sich dadurch nicht viel.

46 Vgl. die bereits zitierten Arbeiten von R. Clavaud, *Le „Ménèxene“ de Platon et la rhétorique de son temps,* Paris 1980, und vor allem von Nicole Loraux, *L'Invention d'Athènes.*

47 Mir ist wenigstens ein Versuch bekannt, der des norwegischen Philosophen Wyller, die Zersetzung des Einen im *Parmenides* zurückzubeziehen auf die des Musterstaats in der *Politeia;* vgl. E. A. Wyller, *Platons „Parmenides“ in seinem Zusammenhang mit „Symposion“ und „Politeia“,* Oslo 1960, und kürzer: „Zerfall und Verfall nach Platon. ‚Politeia' VIII, 3–IX, 3 und ‚Parmenides', 3–9 hypothesis“, *Dialogos. Mélanges H. Patzl,* Wiesbaden 1975, S. 67–78.

48 *The Class Struggle in the Ancient Greek World,* London 1981.

49 Unter den Ausnahmen: der *Gorgias,* S. 271, der *Euthyphron,* S. 185, der *Menexenos,* S. 416.

leiden[50]. Aristoteles entfernt sich in seiner *Politik* nur selten vom zeitgenössischen historischen Prozeß, während Platon in seinen Werken für gewöhnlich mit der historischen Wirklichkeit, mit dem, ‚was sich in der Geschichte ereignet', nichts Rechtes anzufangen weiß, es sei denn, gewisse Themen haben irgendwie seine Aufmerksamkeit gefesselt, die sich sonst eher nach innen wendet."[51] Dieser nur zufällig wirklichkeitsnahe Platon, für den Sainte-Croix sich interessiert, wird folglich im wesentlichen der sein, der den Gegensatz zwischen der Polis der Reichen und der der Armen akzentuiert hat[52].

Diese wenigen und scheinbar so klaren Aussagen verlangen einige Anmerkungen und Überlegungen, die ich hier nur skizzieren kann. Sainte-Croix, der Historiker des Klassenkampfes, stellt Platon dem Aristoteles gegenüber. H.-I. Marrou, der Historiker der Erziehung und der Kultur, bemühte sich um ein Gleichgewicht zwischen Platon und Isokrates, den Lehrern zweier unterschiedlicher Erziehungsmodelle, die noch bis zum späten Kaiserreich miteinander konkurrieren sollten[53]. Sainte-Croix stellt Aristoteles als den, der uns etwas über den wirklichen historischen Prozeß sagt, Platon gegenüber als dem, dessen Werk ohne Bezug zur historischen Wirklichkeit ist. Aristoteles würde uns demnach wie Marx die hi-

---

50 Sainte-Croix sagt leider nicht, auf wen er hier anspielt. Auf Karl Popper? Er nennt ihn nicht.

51 Sainte-Croix, a. a. O., S. 70.

52 *Staat*, VIII, 550 c–552 e. Sainte-Croix verweist auf zwei zusammenhängende Studien von H. Fuks: „Plato and the Social Question: the Problem of Poverty and Riches in the ‚Republic'" und „Plato and the Social Question: the Problem of Poverty and Riches in the ‚Laws'", *Social Conflicts in Ancient Greece*, Leiden 1984, S. 80–114, 126–171; zu dieser Frage sollte man auch den alten Aufsatz von L. Robin heranziehen, „Platon et la science sociale", *Revue de métaphysique et de morale*, 1913, wiederabgedruckt in *La Pensée hellénique des origines à Épicure*, Paris 1942, S. 177–230. Es fällt auf, daß Sainte-Croix überhaupt keinen Gebrauch von dem Buch des Soziologen A. W. Gouldner macht, *Enter Plato. Classical Greece and the Origins of Social Theory*, New York, London 1965.

53 Vgl. die *Histoire de l'éducation dans l'Antiquité*, 1. Aufl. Paris 1948. Marrou warf W. Jaeger vor, in seiner *Paideia* Isokrates dem Platon geopfert zu haben; vgl. „Le siècle de Platon, à propos d'un livre récent", *Revue historique*, 196, 1946, S. 142–149.

storische Wahrheit enthüllen, die dem Schein entgegengesetzt ist. Aristoteles war jedoch der Schüler von Platon, also genau jenes Philosophen, der den Schein der Wirklichkeit entgegensetzte. Hat er Platon „umgedreht", so wie Marx behauptete, er habe Hegel auf die Füße gestellt? Kann man Aristoteles ohne Platon, Marx ohne Hegel verstehen[54]?

Hat das Denken, auch ein noch so abstraktes, mit der historischen Wirklichkeit nichts zu tun? Gibt es überhaupt etwas, was ohne Bezug zur historischen Wirklichkeit ist? Gewiß gibt es unterschiedliche *Stufen* oder, wenn man so will, Grade von Wirklichkeit, aber wie sollte ein Denken, selbst ein reaktionäres, ohne jeden Bezug zur historischen Wirklichkeit sein?

Müssen wir uns, um die Beziehungen zwischen den Werken des Geistes und den sozialen Realitäten zu studieren, allein an das halten, was diese Werke explizit sagen? Ist es zum Beispiel nicht gefährlich zu glauben, Aristoteles drücke *unmittelbar,* ohne unser geistiges Zutun, die *verborgene* Wirklichkeit seiner Zeit aus? Kann man nicht im Gegenteil gerade bei Platon, wie es Lucien Goldmann bei Racine, Pascal und der jansenistischen Bewegung tat, nach einem ideologischen Ausdruck für die sozialen Spannungen seiner Epoche suchen[55]? Und muß man nicht zu diesem Zweck *alle* Dialoge lesen?

Schließlich sei angemerkt, daß es doch eine ganze historiographische Strömung gibt, die zwar gewiß nicht die *gesamte* historische Forschung unserer Tage repräsentiert, aber lebendig und fruchtbar ist und die unablässig über die Geschichte als Diskurs nachdenkt, über das Spiel der Signifikanten und Signifikate, über die vielfältigen Facetten der historischen Sprache. Müßte Platon für sie nicht ein Denker sein, der sich nur schwer ignorieren läßt[56]? Wie auch immer, dieser im wesentlichen auf den *Staat* und die *Gesetze* limitierte Platon ist nun einmal der Platon der heutigen

---

[54] Hegel kommt in der Arbeit von Sainte-Croix so gut wie nie vor; Anspielungen gibt es auf den S. 26, 55, 56.

[55] Vgl. zum Beispiel den Gebrauch, den Y. Garlan von Platon macht, in *Les Esclaves en Grèce ancienne,* Paris 1982, S. 135–145, wie auch in *Guerre et Économie,* S. 24–26.

[56] Hierüber führte ich im Juli 1981 eine für mich denkwürdig gebliebene Radiodiskussion mit Philippe Gauthier, wie Sainte-Croix ein Aristoteliker.

Historiker[57]. Das ganze übrige Werk, oder fast das ganze, ist für sie eine *terra incognita*. Besonders merkwürdig ist, daß man auf eine ähnliche, wenn auch weniger stark ausgeprägte Dichotomie in der Arbeit des Soziologen A. W. Gouldner stößt, die sich ausdrücklich die Aufgabe stellt, Platon als den Begründer der Gesellschaftstheorie im Kontext der griechischen Welt zu untersuchen[58]. Das Buch hat zwei Teile: „The Hellenic World" und „Enter Plato". Im ersten fehlt Platon fast völlig[59]. Im zweiten wird das Terrain zum ganz überwiegenden Teil vom *Staat* und den *Gesetzen* besetzt gehalten. Eine griechische Welt ohne Platon und ein Platon, aus dem man nur das herausliest, was zu der gängigen Vorstellung paßt, die man sich von einem historiographischen Werk macht, das ist eine Begegnung, deren Fruchtbarkeit wohl nur begrenzt sein dürfte. Selbst noch jene Philosophen und Erkenntnistheoretiker, die sich ihren eigenen Angaben zufolge für die Geschichte interessieren, haben in Wahrheit, vielleicht mit Ausnahme von K. R. Popper[60], nicht viel mehr zu bieten. So stellt F. Châtelet in seinem Buch *Naissance de l'histoire*[61] Platon einfach neben eine Geschichte ohne Platon, nämlich neben die von G. Glotz, und scheitert so bei dem Versuch, Platon wirklich in die Geschichte hineinzunehmen. Fast möchte man sagen, daß der Armut dessen, was die Historiker über die Philosophie schreiben, nur die Bedeutungslosigkeit dessen gleichkommt, was die Philosophen über das historische Milieu schreiben, in dem die von ihnen untersuchten Werke entstanden sind.

Diese Kluft, die den historischen Diskurs, der auch und vor allem ein Diskurs über frühere Historiker ist, von dem Diskurs über die Philosophen trennt, wurde gleichwohl schon vor mehr als einem Jahrhundert als Herausforderung empfunden, und zwar von einem

---

57 Ich spreche hier hauptsächlich von Sozialhistorikern; daß es Nuancen und Ausnahmen gibt, versteht sich von selbst.

58 A. W. Gouldner, a. a. O., oben Anm. 52.

59 Erst in der Konklusion kommt er vor, S. 156–158.

60 K. R. Popper, *Die offene Gesellschaft und ihre Feinde*, I, *Der Zauber Platons*, Bern 1957, fr. Übers. Paris 1979. Ich will mich hier nicht über dieses – wenn auch selten von Historikern – leidenschaftlich diskutierte Buch äußern, dessen französische Übersetzung dreißig Jahre nach dem englischen Original erschienen ist.

61 Paris 1962.

der größten Historiker der griechischen Welt, von George Grote[62]. Nachdem er eine *Griechische Geschichte* abgeschlossen hatte, die von Platon übrigens einen sehr reichen Gebrauch gemacht hatte, aber dennoch eine politische Geschichte blieb, die auf dem politischen Diskurs der Historiker basierte, hatte Grote das Gefühl, daß seine Aufgabe noch nicht erfüllt war. Er veröffentlichte 1865 drei Bände über „Platon und die übrigen Gefährten des Sokrates", die er selbst charakterisiert als *„Sequel and supplement to my history of Greece"*, weil er, wie er sagt, *„the history speculative as well as active of the Hellenic race"* schreiben wollte. Im weiteren stellt Grote dann den Gegenstand dieser „spekulativen" Geschichte: bedeutende Individuen, die forschen, theoretisieren, argumentieren und widerlegen, demjenigen der „aktiven" Geschichte gegenüber, die sich auf „jene kollektiven Prozesse in Politik und Gesellschaft gründet, die den Inhalt der Geschichte ausmachen, und über die sich die neueren Schriftsteller bei Herodot, Thukydides und Xenophon informieren"[63]. Man könnte gar nicht klarer sein. Aber die Frage bleibt doch: handelt es sich um eine einzige Geschichte, und ist es möglich, diese beiden erzählenden Berichte, die Grote zu schreiben wußte, aber jeweils für sich, miteinander zu verschmelzen?

Wenn die Aufgabe tatsächlich die ist, sie zu verschmelzen, so freilich nicht, indem man die Unterschiede aufhebt. Kann zum Beispiel die Tragödie dem Historiker zu etwas dienen, wenn sie aufhört, die Tragödie zu sein? Alles hängt davon ab, was man unter „dienen" versteht. Natürlich gibt es Dinge, die man positivistisch aus den Texten herausbrechen kann, ohne deren Gattung zu berücksichtigen. So wird sich ein Bericht über Salamis sowohl auf Herodot wie auch auf Aischylos gründen. Der Gebrauch, den man auf dieser Ebene von philosophischen Texten machen kann, ist zwar nicht besonders groß, aber es gibt ihn. Dem *Protagoras,* ja selbst dem *Parmenides* kann man Hinweise entnehmen über das gesellschaftliche Leben in Athen, von bestimmten chronologischen Angaben ganz zu schweigen. Doch die Neutestamentler haben uns seit mehreren Jahrzehnten schon gelehrt, daß es auch eine andere Geschichte gibt, eine, die als irreduzible Gegebenheit die Form

---

62 Zu Grote vgl. die klassische Studie von A. Momigliano, „George Grote and the Study of Greek History", *Studies in Historiography,* S. 56–74, und *Problèmes d'historiographie,* S. 361–382.

63 G. Grote, *Plato and the Other Companions of Sokrates,* I, S. XII.

der Texte berücksichtigt. Eine dieser Gegebenheiten ist die „Form" der Dialoge Platons, so wie vor allem Victor Goldschmidt sie zu bestimmen geholfen hat.

Als ein Historiker Geschichte der Philosophie zu treiben heißt, sich auf das schwierige, aber unvermeidliche Spiel einzulassen, das darin besteht, mit den Philosophen Philosoph zu sein und den Text gemäß seiner inneren Gliederung zu zerlegen – wie ein guter Fleischer *(mageiros)*, sagt Platon im *Phaidros*[64]. Doch darf man dabei natürlich nicht stehenbleiben: nun gilt es zu vergleichen, was noch nicht verglichen worden ist, neue Zusammenhänge herzustellen, die ideologische Zerbrechlichkeit dessen zu zeigen, was einmal als festes Wissen konzipiert worden war, allzu forsche Gewißheiten zu zerschlagen und die Hintergründe aufzudecken, kurz die Rolle zu spielen, die schon immer die des Historikers war, die des Verräters[65].

PS. Eine italienische Fassung dieses Textes, erschienen in den *Quaderni di Storia,* 18, 1983, S. 61–77, veranlaßte A. Momigliano zu einer Antwort in der *Rivista storica italiana,* XCV, 2, 1983, S. 447–450, wiederabgedruckt in *Ottavo contributo,* Rom 1987, S. 427–430. Ich will hier nicht auf die polemischen Spitzen seiner Stellungnahme reagieren, sondern begnüge mich mit dem Hinweis, daß Momigliano darin hervorhebt, daß die italienische historische Schule eher an einem Übermaß an Philosophie als an einem Mangel gelitten habe und daß er daher mit voller Absicht den Akzent auf Isokrates und nicht auf Platon gelegt habe. Das sei ihm gerne zugestanden.

---

64 *Phaidros,* 265 e–266 a.

65 Unter den Arbeiten, die mir in die richtige Richtung zu gehen scheinen, erwähne ich, außer den schon zitierten von Nicole Loraux, auf „philosophischer" Seite die Studien von I. Labriola, „Tucidide e Platone sulla democrazia ateniese", *Quaderni di Storia,* 11, Januar–Juni 1980, S. 207–229, „Atene fra tradizione e progetto (sul ‚Menesseno' di Platone)", *Rivista critica di storia della filosofia,* 3, 1981, S. 235–252, und allgemeiner das Buch von G. Cambiano, *La filosofia in Grecia e a Roma,* Bari 1983; auf „historischer" Seite gehen die zahlreichen Arbeiten von S. Dušanič, zuletzt „Plato's Atlantis", *Antiquité classique,* 51, 1982, S. 25–32, zwar über das von den Quellen Abgesicherte hinaus, stellen aber eine echte Neuerung dar.

Atlantis und die Nationen

Es ist eine merkwürdige Geschichte[1]. Sie beginnt um 355 v. Chr. mit dem *Timaios* und dem *Kritias* von Platon. Ich sage bewußt: sie beginnt, denn trotz zahlreicher Versuche hat nie bewiesen werden können, daß dieser Mythos je erzählt worden ist, bevor Platon so detailliert von ihm berichtet. Der Bericht selber ist wohlbekannt, und es ist kaum nötig, daß ich das Wesentliche zusammenfasse. Platon stellt ihn uns vor als eine Fabel, als einen *Mythos,* den ein alter Priester der Göttin Neith aus Saïs in Ägypten dem athenischen Gesetzgeber und Dichter Solon mitgeteilt hat, „dem weisesten der sieben Weisen"[2]. Solon hat soeben erzählt, was er für die ältesten Geschichten der griechischen Menschheit hält, aber der Priester kennt etwas Besseres: „Solon, Solon! Ihr Hellenen bleibt doch immer Kinder, und einen alten Hellenen gibt es nicht."[3] Die Athener kennen ihre eigene Geschichte nicht, wie sie in den Archiven Ägyptens aufgezeichnet ist. Diese existieren schon seit achttausend Jahren, aber noch früher, nämlich neuntausend Jahre vor Solon[4], ist Athen ein Modellstaat gewesen, d. h. aufgebaut nach den Prinzipien Platons. Als ein perfekter Staat zu Lande und folglich hoplitischer Staat mußte sich Athen mit einem Gegenmodell auseinandersetzen, und zwar mit der riesigen Macht Atlantis, die zwar eine Insel ist, aber „größer als Asien und Libyen zusammen"[5]. Dieses ständig in Entwicklung begriffene König-

---

1 Es gibt eine Anzahl gemeinsamer Punkte zwischen dem vorliegenden Text und dem, den ich veröffentlicht habe unter dem Titel „Hérodote et l'Atlantide; entre les Grecs et les Juifs. Réflexions sur l'historiographie du siècle des Lumières", *Quaderni di Storia,* 16, Juli–Dezember 1982, S. 3–76.

2 *Timaios,* 20 d.

3 Ebd., 22 b.

4 Ebd., 23 d.

5 Ebd., 24 e.

reich, das Poseidon gegründet hat, um den Kindern, die er mit der Nymphe Kleito gezeugt hatte, eine Heimat zu geben, wird zugleich zu einem Reich des Meeres und zu einem Reich des Bösen, für Platon zwei verwandte, ja fast schon identische Begriffe[6]. Atlantis ist seiner Natur nach eine imperiale Macht, die, auch wenn sie aus dem Westen stammt, gleichwohl an das Persien der Perserkriege erinnert. Mit seinen Schiffen und Soldaten setzt es zum Angriff auf das Mittelmeer an und trifft auf die Armee Athens. Diese gewinnt, aber eine Sintflut begräbt sowohl Sieger wie Besiegte. Atlantis versinkt in dem Ozean, der noch heute seinen Namen trägt. Es existiert nur noch in den Archiven und im Gedächtnis der Ägypter. Athen hat zwar überlebt, aber von dem einstigen Staat ist nur noch das Skelett geblieben. Dank des Priesters von Saïs kann Solon dessen heldenhafte Geschichte wieder ins Vaterland zurückbringen, wo sie von ihm dem damals noch jungen Kritias überliefert wird und durch ihn dann dessen Nachkommen, unter denen Platon einer der bekanntesten ist.

Ich will hier nicht allzusehr auf dem *Sinn* dieser Geschichte insistieren. Ich erwähne nur zwei wesentliche Punkte. Platon präsentiert uns diese Fabel nicht als eine Fiktion, sondern als die Wahrheit, als „eine gar seltsame, aber durchaus wahre Geschichte“[7]. Diese

---

6 Zu weiteren Einzelheiten vgl. meinen Aufsatz „Athènes et l'Atlantide. Structure et signification d'un mythe platonicien“, *Revue des études grecques,* 77, 1964, S. 420–442, eine Untersuchung, die aufgenommen und ergänzt wurde in *Le Chasseur noir,* S. 335–360, deutsch S. 216–232. Entsprechende oder ergänzende Ausführungen und Hinweise findet man insbesondere bei Luc Brisson, „De la philosophie politique à l'épopée. Le ‚Critias' de Platon“, *Revue de métaphysique et de morale,* 75, 1970, S. 402–438, und *Platon, les mots et les mythes,* sowie bei Ch. Gill, „The Origin of the Atlantis Myth“, *Trivium,* 11, 1976, S. 1–11; „The Genre of the Atlantis Story“, *Classical Philology,* 72, 1977, S. 287–304, und *Plato: The Atlantis Story; „Timaeus“ 17–27, „Critias“.* In diesen Arbeiten und in meiner in Anm. 1 zitierten Studie findet man eine sehr ausführliche Bibliographie. Man kann das Fortschreiten der zumeist abwegigen Untersuchungen über diesen Gegenstand dank der Bibliographien zur Platonliteratur verfolgen, die H. Cherniss und L. Brisson in der Zeitschrift *Lustrum* veröffentlicht haben; um ein Beispiel für den sagenhaften Ernst einiger dieser Arbeiten zu geben, vgl. Barbara Pischel, *Die Atlantische Lehre,* Frankfurt, Bern 1982.

7 Λόγου μάλα μὲν ἀτόπου, παντάπασι γε μὴν ἀληθοῦς *(Timaios,* 20 d).

Worte sollten in alle Sprachen der Welt übersetzt werden und mußten all die abwegigen Versuche rechtfertigen, diesen Text als Tatsachenbericht zu lesen. Diese sind freilich insofern verständlich, als die Platonische Erzählung ja tatsächlich etwas Neues einführt[8]: sie bringt Fiktives vor, präsentiert es aber als etwas Reales. Mit einer Verschlagenheit, die ihm einen immensen Erfolg einbringen sollte, hat Platon den historischen Roman begründet, d. h. den Roman, der in Zeit und Raum fest situiert ist[9]. Wir haben uns allmählich an historische Romane gewöhnt und wissen, daß in jedem Krimi irgendwann der Moment kommt, wo der Detektiv erklärt: das Leben hat mit dem, was in Kriminalromanen passiert, nur wenig Ähnlichkeit; es ist irgendwie viel komplizierter. So war es aber noch nicht im 4. Jahrhundert vor unserer Zeit, und Platons Worte wurden in den Jahrhunderten, die ihn von uns trennen, ernstgenommen – zwar nicht von allen, aber von vielen. Und man braucht nur die Augen offenzuhalten, um zu sehen, daß dergleichen auch heute noch möglich ist.

Was nun den wirklichen Sinn betrifft, so habe ich nach den Vorarbeiten anderer und mit anderen[10] zu zeigen versucht, daß er im wesentlichen auf der Hand lag. Atlantis und Athen sind die beiden Seiten von Platons Athen. Das erste, das Ur-Athen, ist so beschaffen, wie Platon sich den Staat gewünscht hätte, dessen Bürger er war, das zweite ist das, wozu Athen im Jahrhundert von Perikles und Kleon wurde, eine imperialistische Seemacht, deren bloße Existenz eine Bedrohung für die griechischen Städte war[11].

Das also ist der Ausgangspunkt. Gibt es einen Endpunkt? Das Zeitunglesen, diese „Art von realistischem Morgensegen" (Hegel),

---

[8] Als Vorläufer könnte man vielleicht nennen: die ***Kyrou Paideia*** von Xenophon, die etwa zur gleichen Zeit wie der ***Staat*** geschrieben wurde (um 380 v. Chr.), oder, woran Sally Humphreys mich erinnert hat, die Diskussion der persischen Führer über die beste Verfassungsform bei Herodot, auf deren Authentizität der Historiker großen Wert legt (III, 80, und VI, 43).

[9] Vgl. vor allem das Buch von L. Brisson (oben in Anm. 6), das zeigt, wie sorgfältig Platon seine Erzählung situiert hat.

[10] Vgl. die oben in Anm. 6 zitierten Untersuchungen.

[11] Der piemontesische Gelehrte G. Bartoli ist, soweit ich sehe, als erster darauf gekommen, den Mythos so zu erklären: vgl. seinen ***Essai sur l'explication historique que Platon a donnée de sa „République" et de son Atlantide et qu'on n'a pas considérée jusqu'à maintenant,*** Stockholm Paris 1779.

zeigt, daß dem nicht so ist. Erst im September 1984 gab eine sowjetische U-Boot-Flottille es auf, vor der Küste von Gibraltar nach Atlantis zu suchen[12]. Gewisse Erkundungsfahrten vor Schweden hätten, wie wir noch sehen werden, ähnlich begründet werden können. Und in noch jüngerer Zeit lokalisierte ein Genter Forscher die Hauptstadt der Atlanter in der Umgebung von Sens, wo er nach Überresten der Wikinger gesucht hatte. Diese Entdeckung bescherte ihm ein lautes Lob seiner Verschwiegenheit[13].

Ich werde diese Wege jedoch nicht weiter erkunden, sie sind einfach zu zahlreich und verschlungen. Wann also haben die Wissenschaftler, jedenfalls die, die wir als solche erachten, aufgehört, nach Atlantis zu suchen? 1841 veröffentlichte ein französischer Philosoph, Schüler von Victor Cousin und Lehrer in Rennes, Thomas-Henri Martin, in Paris seine *Études sur le „Timée" de Platon,* die, wie man so sagt, Epoche machten. Darin befand sich eine lange und aufregende „Abhandlung über Atlantis"[14], in der der Autor geduldig alle oder doch fast alle Identifizierungen verzeichnete, die man für den von Platon beschriebenen Kontinent vorgeschlagen hatte, und ihr Vergleich zeigte für Martin deutlich genug, daß keiner der „Kandidaten" entscheidende Vorzüge besaß. Martin schloß wie folgt: „Man glaubte es [Atlantis] in der Neuen Welt wiedergefunden zu haben. Nein: es gehört zu einer *anderen Welt,* die nicht im Gebiet des Raums, sondern in dem des Denkens angesiedelt ist."[15] Natürlich bedeutete das Jahr 1841 nicht das Ende der Suche[16], nicht einmal eine vorübergehende Unterbrechung,

---

[12] Vgl. den *International Herald Tribune* vom 20. September 1984; einige nähere Hinweise, für die ich J. Svenbro danke, findet man in der *International Defense Review,* 11, 1984, S. 1601. Dort erfährt man insbesondere, daß diese „archäologischen" Untersuchungen von 1973 bis 1984 durchgeführt wurden.

[13] Man vergleiche, was hierzu im *Courrier de Gand* vom 22. Februar 1985 steht: „Das gigantische Werk von M. Mestdagh, das in einem Klima der Verschwiegenheit und exemplarischer wissenschaftlicher Strenge heranreifte, zeigt, wenn dies denn noch nötig wäre, daß es Genter gibt, die ihrem Land und dem des Nachbarn Ehre machen." Diesen Zeitungsausschnitt verdanke ich Yvon Garlan.

[14] S. 257–332.

[15] Ebd. S. 332.

[16] Was sich noch im Jahr zuvor zeigte, als man Atlantis mit Italien identifizierte, vgl. unten Anm. 77.

aber für die Historiker der „realen Welt“ handelt es sich gewiß um einen entscheidenden Schritt.

Dieses Datum, 1841, ist auch noch in anderer Hinsicht interessant. Denn zwischen 1830 und 1840 kommt es zum Triumph einer neuen Form von Geschichte, die die Archive zu ihrer Arbeitsgrundlage macht. Die Heranziehung von Archivmaterial wird für die Historiker zum Nachweis von Wissenschaftlichkeit[17]. Gewiß, der Mythos verschwindet nicht, solange nach Ursprüngen gesucht wird, was gerade zu jener Zeit so lebhaft geschieht, wo die neu entstehenden Nationen – von Finnland bis zum Balkan – versuchen, ihre eigene *Ilias* zu finden. Aber Mythos und Nationalgeschichte gehen jetzt getrennte Wege. Waren die Archive bis dahin ein Instrument der Regierung, so werden sie jetzt zum „Labor“ des Historikers.

Martin sprach vom „Gebiet des Denkens“. Wir würden heute eher von jenem Reich der Phantasie sprechen, das selber auch seine Geschichte hat, eine Geschichte, die nicht nur aus „Fakten“, sondern ebensosehr aus „Interpretationen“ besteht[18]. Für sie mag Martin vielleicht das Prinzip aufgestellt haben, zur zugehörigen Praxis aber ist er nicht vorgedrungen. Es ist frappant, daß er in seinem Katalog nicht das Bedürfnis verspürt, die Identifizierungen des Ortes von den Interpretationen des Textes zu unterscheiden. Ihm genügt es zu zeigen, daß es kein Atlantis gegeben hat, das man in eine Karte einzeichnen könnte, wie man es so oft zu tun versucht hat. Was aber mit all dem Aufwand an Phantasie in Atlantis hineininterpretiert worden ist, das muß erst noch aufgearbeitet werden[19]. Natürlich kann ich dieses Problem hier nicht er-

---

[17] Vgl. P. Nora, „Archives et construction d'une histoire nationale: le cas français“, in J. Berque et D. Chevallier (Hrsg.), *Les Arabes par leurs archives,* CNRS, 1979, S. 321–332. Vgl. auch die schöne Studie von M. Gauchet über „Les ‚Lettres sur l'histoire de France' d'Augustin Thierry“ in dem Sammelband *Les Lieux de mémoire,* Pierre Nora (Hrsg.), II, 1 (La nation), Paris 1986, S. 247–316.

[18] Hier war ein großer Gelehrter vom Schlage der Generalisten, Alexander von Humboldt, zwar weniger radikal in seiner Kritik als Martin, zeigte aber mehr wissenschaftliche Einbildungskraft, was die „mythische Geographie“ der Hellenen angeht; vgl. sein *Examen critique de l'histoire de la géographie du Nouveau Continent,* 5 Bd., Paris 1836–1839, S. 112–115, 167–180.

[19] Seit einiger Zeit findet man diesbezügliche Neuansätze: so vor allem

schöpfend behandeln und beschränke mich daher auf ein einziges Thema: auf das, was ich die „nationale" Seite an der Geschichte von Atlantis nennen möchte.

Lassen wir jetzt also den Gelehrtenstreit beiseite, der auf die Publikation des *Timaios* und des *Kritias* folgte: Muß man Platons Beschreibung und Bericht buchstäblich nehmen oder nicht? Aristoteles und Eratosthenes etwa blieben skeptisch. Der Streit teilte sogar die Akademie selber, wie wir aus dem detaillierten *Kommentar* des Proklos zum *Timaios* wissen.

Als unser Ausgangspunkt hat eine Reihe völlig unvorhersehbarer Ereignisse zu gelten, selbst wenn Theologen und Historiker, letztere unter der Führung der ersteren, hartnäckig versucht haben, eine darin waltende Vernunft zu entdecken. Im 2. und 3. Jahrhundert unserer Zeitrechnung beginnt die Mittelmeerwelt christlich zu werden. Das bedeutet, namentlich für jene Intellektuellen, die sich diese Veränderung zu ihrer eigenen Aufgabe machen, daß sie ihre Mythologie und Geschichte, vom Kampf der Giganten bis zum Krieg von Troja, ersetzen müssen durch die Mythologie und Geschichte der Hebräer und der Juden, von Adam bis zu Christi Geburt.

Natürlich liegen die Dinge nicht ganz so einfach. Denn wie die älteren Teile der *Sibyllinischen Orakel* zeigen, gab es bereits seit dem 2. Jahrhundert unserer Zeitrechnung erste Ansätze zu einem Kompromiß zwischen der jüdischen und der griechischen Chronologie. Damals suchten die Juden nach einer Übereinkunft, so daß sie es waren, die sich den griechischen Systemen anpassen mußten. Als dann aber die christliche Kirche begann, Ansprüche auf die Herrschaft zu erheben, und unter Konstantin und Theodosius sogar die Herrschaftsinstrumente in die Hand bekam, waren es die in ihrer Mitte wirkenden griechischen Intellektuellen, wie Clemens von Alexandrien oder Eusebios von Cäsarea, die ihrerseits an einem Kompromiß arbeiten mußten[20]. Zwar erkann-

---

in dem – nicht immer zuverlässigen – Buch von P. Sprague de Camp, *Lost Continents: the Atlantis Theme in History and Literature,* New York 1954, sowie in dem von E. Ramage (Hrsg.), *Atlantis, Fact or Fiction?,* Bloomington London 1978, dessen Titel jedoch gegen die elementarsten Forderungen der Vernunft verstößt.

20 Vgl. etwa J. Sirinelli, *Les Vues historiques d'Eusèbe de Césarée durant la période prénicéenne,* Dakkar 1961.

ten sie Platons Größe und die Existenz des Trojanischen Krieges an, aber fundamental für sie war, daß Platon ein Schüler von Moses gewesen sein soll und daß der hebräische Gesetzgeber schon vor der Zeit Achills gelebt habe. Dieser „Eusebiische Kompromiß" erwies sich als recht zäh und überlebte im Kern bis ins 17. Jahrhundert hinein.

Welche Konsequenzen hatte diese kolossale Umgestaltung für Atlantis? Platons Bericht wird mitunter von jüdischen oder christlichen Autoren als ein *exemplum* zitiert[21], aber der einzig wirklich bedeutsame Text findet sich in der *Topographia Christiana* von Kosmas Indikopleustes, der wahrscheinlich ein orientalischer Mönch war und von sich behauptete, er habe eine Reise gen Osten gemacht, im 6. Jahrhundert unserer Zeit. Die Geschichte von Atlantis wird darin zugleich als eine griechische Fiktion und als eine orientalische Wahrheit präsentiert. Moses und nach ihm die Chaldäer sind ihre ursprünglichen Autoren. Der Westen wurde „an die Stelle des Ostens" gesetzt, und in Wahrheit ist es nicht Solon, der von einem ägyptischen Priester unterrichtet wird, sondern Platon bekommt von einem Ägypter, der, merkwürdig genug, Solomon heißt, den berühmten Ausspruch zu hören: „Ihr Hellenen bleibt doch immer Kinder."[22] Unterstreichen wir nachdrücklich dieses Datum: es ist die erste, aber nicht die letzte Begegnung von Atlantis mit den Juden.

Eigentlich könnte ich jetzt mehr als neun Jahrhunderte überspringen und gleich zu dem Ereignis kommen, das allein etwas wirklich Neues gebracht hat: zur Entdeckung Amerikas. Aber zuvor will ich ein wenig das Terrain meiner Untersuchung abstecken.

Wir, die europäischen Nationen, haben uns an den Gedanken gewöhnt, daß diese Nationen da beginnen, wo das Römische Reich im Westen zusammenbricht. *Des Goths à la nation gothique. Les origines de l'idée de nation en Occident du Ve au VIIe siècle* lautet der Titel eines kürzlich erschienenen Buches[23]. In ihm geht es um die „gotische Nation" Spanien, und doch gibt es zumindest eine weitere europäische Nation, Schweden, die ihre „Wurzeln" aus einer „gotischen" Tradition, einem „gotischen" Mythos herleitet

---

21 Die Belege hierzu findet man in meinem Aufsatz in den *Quaderni di Storia* (oben Anm. 1), S. 50, Anm. 4.

22 *Topographia Christiana*, XII, 2–3, 7.

23 Von Suzanne Teillet, Paris 1984.

(man weiß nicht immer, welchen der beiden Ausdrücke man wählen soll). Und ganz sicher könnte man eine ähnliche Arbeit über die Franken schreiben. Ich kann das Buch von Suzanne Teillet hier nicht resümieren und will nur einige Punkte hervorheben, stärker vielleicht als es die sehr kenntnisreiche Autorin getan hat.

Diese entstehenden „Nationen", genauer gesagt die Intellektuellen, die in ihrem Namen zu sprechen behaupteten – ihre Ideologen, um sie bei ihrem wahren Namen zu nennen –, hatten die Wahl zwischen zwei Souveränitätsmodellen: zwischen dem des Römischen Reichs und dem des Hebräischen Königtums. Man mußte zwischen Cäsar und David wählen. Wie im künftigen Spanien fiel die Wahl im künftigen Frankreich – von dem kurzen karolingischen Zwischenspiel einmal abgesehen – auf das israelitische Königtum, was für die Entstehung „wundertätiger Könige"[24] wichtig werden sollte. Der westgotische König Wamba war 672 wahrscheinlich der erste Souverän des Abendlands, der nach israelitischem Vorbild zum König gesalbt wurde, d. h. nach einem Modell, das Isidor von Sevilla und Julian von Toledo überarbeitet und neu durchdacht hatten. Die *Vita Wambae* des letzteren orientiert sich deutlich am biblischen Buch der Könige[25]. Und als Gregor von Tours die *gentes* erwähnt, gegen die Chlodwig kämpft, vergleicht er sie ganz explizit mit den *gojim,* mit den nichtisraelitischen Völkern im Gegensatz zu Israel[26].

Daraus ergibt sich folgende wesentliche Tatsache: die Vermehrung der nach dem Vorbild des alten Israels geprägten „auserwählten Völker", die sich in geringen Spuren noch heute beobachten läßt, die aber vor allem in und nach der Renaissance eine entscheidende Rolle in der ideologischen Landschaft Europas, später auch

---

[24] Ich spiele hier an auf das berühmte Werk von Marc Bloch, *Les rois thaumaturges,* Straßburg 1924, vor kurzem nachgedruckt mit einem Vorwort von J. Le Goff, Paris 1983.

[25] Vgl. S. Teillet, a. a. O., S. 602–611; zur Auffassung vom Königtum bei Isidor von Sevilla vgl. zudem M. Reydellet, *La Royauté dans la littérature latine de Sidoine Apollinaire à Isidore de Séville,* Rom Paris 1981, S. 556–568, der die vermittelnde Rolle des Christusbildes betont. Das grundlegende Werk zur mittelalterlichen Auffassung von der Monarchie bleibt das berühmte Buch von E. H. Kantorowicz, *Die zwei Körper des Königs,* München 1990.

[26] Vgl. S. Teillet, a. a. O., S. 404.

Amerikas gespielt hat, hat ihre Wurzeln in einem längeren Zeitraum, der auf den Fall des weströmischen Reichs folgte. Doch es genügt nicht, das auserwählte Volk zu sein, oder genauer gesagt, dieser Begriff ist nicht auf das ganze Volk anwendbar. Es ist daher nötig, daß die ansässigen Aristokraten- und Königsfamilien ihre eigenen Genealogien haben. Nachdem die Goten, die wahrlich eine Minderheit waren, infolge der arabischen Invasion als eigene Bevölkerungsgruppe völlig verschwunden sind, existieren sie in Spanien weiter als die in weiten Teilen mythischen Vorfahren des Adels. Das „gotische Blut", das reine Blut par excellence, mußte die Jahrhunderte einfach überdauern. In Frankreich griff man auf eine Sage aus der heidnischen Tradition zurück, nämlich auf die von Troja, um den drei Königshäusern, die aufeinanderfolgten, Prestige zu verleihen[27]. Frankreich war wie Spanien ein Land, in dem – im Gegensatz etwa zu Schweden – gleichzeitig zwei „Rassen" lebten. Die Sage von Troja wurde benutzt, um einer dieser angeblichen Rassen ein Überlegenheitsgefühl zu geben.

All diese Wesenszüge gab es schon Jahrhunderte vor der Renaissance. Aber mit der Renaissance und dem neuen Frühling der lateinischen Kultur traten sie um so deutlicher hervor. Man vergaß jedoch damals auch die biblische Mythologie nicht und ebensowenig jene seltsame Mischung, die vom 2. bis zum 4. Jahrhundert unserer Zeit aus der griechischen Literatur und der jüdischen Tradition entstanden war.

Eine besonders wichtige Figur des Renaissancezeitalters ist Noah[28]. Natürlich gab jeder zu, daß alle Menschen von Noah abstammten, aber, um eine Formulierung von G. Orwell abzuwandeln, einige stammten besser und direkter ab als andere. Die Nachkommenschaft Hams war natürlich verflucht, aber unter den Nachkommen Sems und Japheths konnte es diverse Ansprüche auf die Erstgeburt geben und gab es auch tatsächlich.

---

27 Das grundlegende Werk zu diesen Fragen ist das von Arno Borst, *Der Turmbau von Babel. Geschichte der Meinungen über Ursprung und Vielfalt der Sprachen und Völker,* 6 Bd., Stuttgart 1957–1963; vgl. auch L. Poliakov, *Le Mythe aryen. Essai sur les sources du racisme et du nationalisme,* Paris 1971, Neuauflage Brüssel 1987.

28 Neben dem Buch von A. Borst ist die wesentliche Arbeit zu dieser Frage die von D. C. Allen, *The Legend of Noah, Renaissance Rationalism in Art, Science and Letters,* Urbana 1949.

Japheth war ein um so würdigerer Vorfahr, da er den gewaltigen Vorzug besaß, von dem man seit den *Sibyllinischen Orakeln* (III, 10) wußte, daß er gleichzeitig der Sohn Noahs war wie auch – als der Titan Japetos aus der griechischen Mythologie – der Vater von Prometheus und Atlas, nach welch letzterem Atlantis benannt worden ist.

Gewiß, die Masse der Bevölkerung nahm nur wenig Anteil an diesen Spekulationen, doch damals um 1500, als mit den Kriegen um Italien im großen Maßstab wieder imperialistische Politik betrieben wurde, konnte die Rolle der Ideologen bedeutend werden. Hier ein auffälliges Beispiel: Am Ende des 15. Jahrhunderts, 1498, veröffentlichte Giovanni Nanni, besser bekannt als Annius von Viterbo, eine ganze Reihe falscher Fragmente von berühmten Historikern aus klassisch griechischer, hellenistischer und römischer Zeit, wobei das Spektrum von Cato und Xenophon bis zum Chaldäer Berosos reichte. Einige dieser Heiden kannten offenbar Noah, den sie Janus nannten, wie auch dessen Söhne recht gut. Ham blieb verflucht. Ein unbekannter Sohn Noahs, dessen Name aber stark dem von Tuisto ähnelt, den Tacitus zum Ahnherrn der Germanen gemacht hatte, Tuyscon, herrschte über den germanischen Raum; Gomer, ein Sohn Japheths, der auch Gallus genannt wird, sandte von Italien seinen Sohn Samothes aus, um das Königreich Frankreich zu gründen[29]. Welche Sprache sprachen

---

[29] Über Annius von Viterbo kenne ich nur ein einziges umfassendes Werk jüngeren Datums, das von G. Baffioni und P. Mattiangeli, *Annio da Viterbo, Documenti e Ricerche,* Rom 1981. Doch dieses Buch ist im wesentlichen der kritischen Ausgabe einer bislang unedierten Geschichte von Viterbo gewidmet sowie ikonographischen Forschungen. Man findet darin auf S. 24, Anm. 1 eine umfangreiche Bibliographie. Unter den Arbeiten, die für mich nützlich waren, möchte ich erwähnen: die bereits zitierte Untersuchung von D. C. Allen, oben Anm. 28, S. 114–116; A. Borst, *Der Turmbau von Babel,* oben Anm. 27, III, 1, S. 975–977 und passim; E. N. Tigerstedt, „Johannes Annius and ‚Graecia Mendax'", *Mélanges B. L. Ullman,* II, Rom 1964, S. 293–310. Der italienische Patriotismus des Annius von Viterbo, übrigens die Ausweitung seines Lokalpatriotismus, macht sich in der Tatsache bemerkbar, daß die ersten seiner Fälschungen, die er Myrsilos von Lesbos und Cato zuschreibt, den „Ursprüngen" der Italiener und Etrusker gewidmet sind, doch fast alle Nationen könnten bei ihm ein ruhmreiches Geschlecht von Vorfahren finden; besonders warmherzig ist er gegenüber Spanien, dessen Botschafter den Druck seines Buches unterstützt hat.

diese fernen Vorfahren[30]? Die klassische und schon von Dante kritisierte Antwort war[31]: hebräisch.

Die natürliche Tendenz lag für die Ideologen der verschiedenen Nationen jedoch offensichtlich darin, ihre eigene Sprache als die ursprüngliche hinzustellen. So versuchte der Florentiner G. B. Gelli im 16. Jahrhundert nachzuweisen, daß Noah-Janus, der in Rom unter dem Janiculum begraben liegt, auf einer seiner Reisen Florenz gegründet habe[32] – während Annius von Viterbo die Ehre der Gründung durch Noah-Janus seiner Heimatstadt vorbehielt.

Wie nicht anders zu erwarten, reagierten die französischen Intellektuellen auf diese italienischen Ansprüche. Für den sonderbaren Kabbalisten, der den Namen Guillaume Postel trug, einer der Urväter der Keltomanie, wurde Japheth von dem fürchterlichen Ham aus Italien verbannt und ging nach Gallien, um an astronomischen Projekten zu arbeiten. Noah selber soll die ganze Welt bereist haben, und dazu gehörte natürlich auch Atlantis[33].

Einen Schritt weiter ging sein Schüler Guy Le Fèvre de La Boderie, der in der *Galliade ou de la Révolution des arts et sciences* (1578) schrieb, daß Gallien das erste Stück Land war, das nach der Sintflut wieder auftauchte. Schließlich, fast ein Jahrhundert später, findet dann A. Audigier die perfekte Lösung. Der wahre Name Noahs war einfach Gallus[34]. Dem ist noch hinzuzufügen, daß die Könige Frankreichs sowohl für Nachkommen Japheths als auch Sems galten, so daß sie also auch mit Jesus und Maria verwandt waren[35].

---

30 Maurice Olender, *Les Langues du paradis,* Paris 1989.

31 *Paradis,* 26, 124–126.

32 Das Buch von G. B. Gelli, *Delle Origine di Firenze,* ist von 1542; vgl. P. Simoncelli, *La Lingua di Adamo; Guillaume Postel fra Accademia e fuorusciti Fiorentini,* Florenz 1984, S. 18 f.

33 Zu Guillaume Postel und zur Keltomanie vgl. C. G. Dubois, *Celtes et Gaulois au XVIe siècle. Le développement littéraire d'un mythe nationaliste,* Paris 1972; zu den Beziehungen zu Annius von Viterbo vgl. S. 85; vgl. auch das wichtige Buch von J. Bouswma, *Concordia Mundi, The Career and Thought of Guillaume Postel (1510–1581),* Cambridge 1957; zu den Reisen Noahs vgl. S. 257 f.

34 A. Audigier, *L'Origine des Français et de leur empire,* 2 Bd., Paris 1676; vgl. besonders I, S. 214–217.

35 Vgl. J. R. Stayer, „France: the Holy Land, the Chosen People and the Most Christian King", *Mélanges E. H. Harbison,* T. K. Rabb und J. E.

Doch was war nun, nachdem der allgemeine Rahmen abgesteckt ist, das Schicksal von Atlantis? Der Mythos hatte im Mittelalter unauffällig überlebt, vor allem durch den Prolog des *Timaios,* der dank der lateinischen Übersetzung des Calcidius bekannt war[36]. Kann man ihn vielleicht auch in der irischen Sage vom Hl. Brandanus wiederfinden[37]? Die mittelalterlichen Kartenwerke spekulierten mit vielen mythischen oder halbmythischen Ländern, vom irdischen Paradies bis zum Land von Gog und Magog, vom Reich des Täufers Johannes bis zu dem Ort, wo der Antichrist erscheinen sollte, wurde alles verzeichnet; so etwa in dem *Atlas catalan* von 1375 oder in der Karte des Venezianers Fra Mauro von 1459, eine Karte, die Alfons von Portugal zur Zeit der großen Entdekkungen in Auftrag gegeben hatte. Doch Atlantis gehörte nicht zu diesen mythischen Orten. Und erst recht beanspruchte damals keine Nation irgendein Monopol auf Atlantis. 1485 übersetzte und kommentierte der Humanist Marsilio Ficino den *Kritias.* Er entschied, daß der Bericht wahr sei, aber wahr im Platonischen Sinne des Wortes, der keine Möglichkeit eröffnet, Atlantis in eine Karte einzuzeichnen. Auch er verbindet Platon mit der biblischen Tradition[38].

Doch sieben Jahre nach dieser Übersetzung trat ein Ereignis ein, das alles umwälzen sollte: die Entdeckung Amerikas. Zwar steht durchaus nicht fest, daß Christoph Kolumbus selber den Platonischen Bericht gekannt hat, auch wenn dieser manchmal im Zu-

---

Seigel (Hrsg.), Princeton 1969, S. 3–16; zu den entsprechenden Themen in Deutschland vgl. F. L. Borchardt, *German Antiquity in Renaissance Myth,* Baltimore 1971; für eine komparative Untersuchung ist der Sammelband wichtig, den O. Ranum herausgegeben hat, *National Consciousness, History und Political Culture in Early-Modern Europe,* Baltimore 1975.

36 Vgl. R. Klibansky, *The Continuity of the Platonic Tradition during the Middle Ages,* London 1939, die Einleitung zum *Corpus platonicum Medii Aevi,* in dem J. Waszink den *Timaios* ediert hat: *Timaeus a Calcidio translatus commentarioque instructus,* London, Leiden 1962. Der Kommentar zeigt, wie sehr der hebräische Einfluß auf Platon als selbstverständlich betrachtet wurde, aber über Atlantis wird nichts gesagt.

37 Vgl. das Vorwort von B. Merrilees zu Benedict (mutmaßlicher Autor), *The Anglo-Norman Voyage of St. Brandan,* Manchester 1979.

38 Vgl. R. Marcel, *Marsile Ficin, 1433–1499,* Paris 1958, S. 630 f.

sammenhang mit ihm erwähnt wurde[39]. Aber die Verbindung mit Atlantis sollte bald hergestellt werden. Wie gesagt worden ist: „Ein von Menschen kaum berührter Kontinent bot sich Menschen dar, deren Gier sich nicht länger mit dem eigenen zufrieden geben konnte. Alles sollte durch diesen zweiten Sündenfall von neuem in Frage gestellt werden: Gott, Moral, Gesetze. Alles sollte, gleichzeitig und widersprüchlich, *de facto* bestätigt, *de jure* aber widerrufen werden. Bestätigt fanden sie den Garten Eden der Bibel, das Goldene Zeitalter der Antike, den Jungbrunnen, Atlantis, die Hesperiden, die Hirtenidylle und die Inseln der Seligen, aber zugleich kamen auch Zweifel auf."[40] Diesmal ist das Ereignis entschei-

---

[39] Vor allem von A. von Humboldt, dessen geistiges Portrait von Kolumbus in den beiden ersten Bänden seines *Examen critique* (oben Anm. 18) trotz seiner Irrtümer unersetzlich bleibt. Die kürzlich erschienene Untersuchung zu diesem Text von Ch. Minguet, *Alexandre de Humboldt, Historien et géographe de l'Amérique espagnole,* Paris 1969, S. 584–603, Neuaufl. 1980, wird ihm nicht völlig gerecht. Zwar behauptet Humboldt (I, S. 30), daß Kolumbus „sich in der Erinnerung an das Atlantis von Solon gefiel", stellt aber fest, daß Atlantis im geschriebenen Werk von Kolumbus nicht vorkommt (I, S. 167). Es stimmt übrigens auch nicht, daß der Sohn von Kolumbus, Fernando, zur Verwirrung der Nachwelt in der Biographie seines Vaters dessen Entdeckung mit dem Platonischen Mythos in Zusammenhang gebracht habe. Er bezieht sich zwar in einer Polemik gegen Oviedo auf Atlantis, aber doch gerade als auf einen Bericht, den sein Vater nicht kannte; vgl. *The Life of the Admiral Christopher Columbus by his Son Ferdinand,* übers. und komm. von B. Keen, New Brunswick 1959, S. 28–34. Bekanntlich ist das spanische Original dieser Biographie verschwunden, und Textgrundlage der modernen Ausgaben ist eine italienische Übersetzung.

[40] Cl. Lévi-Strauss, *Traurige Tropen,* Taschenbuchausgabe Paris 1984, S. 79, deutsch Frankfurt a. M. 1978, S. 64 f. Entgegen dem, was man ihn oft hat sagen lassen, indem man ihn ungenau zitiert hat, behauptet Lévi-Strauss also keineswegs, daß die Spanier losgesegelt sind, um „alte Sagen zu bestätigen", unter anderem die von Atlantis. Wer sich an diesem kleinen Problem ergötzen möchte, lese J. Lafaye, *Les Conquistadors,* Paris 1964, S. 111; M. Mahn-Lot, *La Découverte de l'Amérique,* Paris 1970, S. 90, Neuaufl. 1974; N. Broc, *La Géographie de la Renaissance (1420–1620),* Paris 1980, S. 166, die voneinander abschreiben und sich zitieren, ohne sich die Mühe gemacht zu haben, den Text von Lévi-Strauss, den J. Lafaye ungenau zitiert hat, zu verifizieren. Welche Stelle eigentlich genau gemeint ist, sagte mir Cl. Lévi-Strauss.

dend. Sehr schnell zwar machte man sich klar, daß man es mit einer „Neuen Welt" zu tun hatte, d. h. mit einer anderen Welt[41]. Aber diese *„brave new world"*, von der Shakespeare im *Sturm* sprechen wird, konnte man sich zunächst nur, und genau das meint die Formulierung von Lévi-Strauss, mit Vorstellungen und Begriffen aneignen, die aus den beiden Traditionssträngen stammten, die die Gebildeten der Epoche geprägt hatten: aus der klassischen Kultur und aus der christlichen (mithin jüdischen) Kultur – eine doppelte Tradition, die für die ganz überwiegende Mehrheit dieser Gebildeten im übrigen nur eine einzige war[42].

Zum höheren Ruhm der Logik können wir nun feststellen, daß Atlantis in den nach 1492 entstandenen Theorien tatsächlich all jene Stellen besetzte, die man *a priori* vorhersehen konnte. Doch dem menschlichen Geist zu Ehren darf hinzugefügt werden, daß sich spätestens gegen Ende des 16. Jahrhunderts auch die Skeptiker am Spiel beteiligen, in Frankreich ist hier vor allem Montaigne zu nennen, in Spanien der Gründervater der modernen Anthropologie, José de Acosta[43].

Welche Lösungen waren denkbar? Amerika konnte einerseits biblisch, es konnte aber auch Platonisch, d. h. Atlantis sein. Atlantis selber wiederum konnte sowohl mit Hilfe der Bibel wie mit Hilfe

---

41 Als erster erkannt hat dies P. Martyr d'Anghiera, in einem unter dem Datum des 1. Novembers 1493 von Barcelona aus an den Kardinal Ascanio gesandten Brief; erst fast zehn Jahre später meldet sich Americo Vespucci zu Wort. Vgl. den diesbezüglichen Beitrag von W. G. Randles, „Le Nouveau Monde, l'Autre Monde et la pluralité des mondes", *Congreso internacional de Historia dos Descobrimentos,* Lissabon 1961, IV, S. 347–382.

42 Über Atlantis und die großen Entdeckungen gibt es zwei wichtige Werke: Ida Rodriguez Prampolini, *La Atlantida de Platon en los cronistas del Siglo XVI,* Mexiko 1947, und G. Gliozzi, *Adamo e il nuovo mondo. La nascita dell'antropologia come ideologia coloniale (1500–1700),* Florenz 1977, S. 177–246. Das gleichwohl sehr kenntnisreiche Werk von A. Gerbi, *La Natura delle Indie nuove da Cristoforo Colombo a Gonzalo Fernandez de Oviedo,* Mailand Neapel 1975, vollbringt das Kunststück, Atlantis nur in einer unbedeutenden Fußnote auf S. 379 zu erwähnen.

43 Für Montaigne vgl. das berühmte Kapitel XXXI des I. Buchs der *Essais* („Des cannibales"). Die *Historia natural y moral de las Indias* von J. de Acosta erschien 1589 in Sevilla; vgl. das I. Buch, Kapitel XX. Die neue Übersetzung von J. Rémy-Zéphir, Paris 1979, ist überaus dürftig.

der großen neuen Entdeckungen interpretiert werden. Und diese Lösungen konnten dann kombiniert werden, sie konnten sich aber auch wechselseitig ausschließen. Der gemeinsame Punkt aber, der sie alle vereinte, war die nunmehr – außer für die Skeptiker – unerläßlich gewordene Notwendigkeit zu lokalisieren, eine Notwendigkeit, die für das 16. Jahrhundert charakteristisch ist[44], und in einem Werk wie dem von Ficino noch völlig fehlt.

In seiner Platonausgabe[45] kommentierte Jean de Serres (Serranus) den *Timaios* und den *Kritias*. Die Griechen sind tatsächlich, wie der ägyptische Priester zu Solon sagte, Kinder. Wenn wir Platon „mit der einfachen historischen Wahrheit nach Moses" vergleichen, so ist evident, daß die Beschreibung von Atlantis einfach ein Portrait der Welt vor Noah und der Sintflut ist. Dies ist bloß ein Text, aber wir müssen ihn im Auge behalten, weil im 18. Jahrhundert einige Gelehrte diese Lösung genauer ausarbeiten werden, indem sie „beweisen", daß Atlantis ganz einfach Palästina war.

Was aber war nun Amerika? Für eine Anzahl von Gelehrten und Ideologen war es das Land, wo die zehn verlorenen Stämme Israels eine Zuflucht gefunden hatten. Ein herrlicher Mythos: ganze zehn Stämme verschwinden und tauchen wieder auf. Übrigens nicht nur in Amerika, denn 1944 hat man mir allen Ernstes beibringen wollen, daß aus dem Stamme Dan Dänemark geworden sei. Den Ursprung dieser Überlieferungen findet man in einer berühmten Stelle eines biblischen Apokryphs[46]: „Salmanassar, König der Assyrer, nahm die zehn Stämme gefangen und brachte sie über den Fluß; so wurden sie in ein anderes Land verpflanzt. Da faßten sie den Plan, die Menge der Heiden zu verlassen und in ein Land, noch weiter in die Ferne zu ziehen, wo noch nie das mensch-

---

[44] Zu diesem Punkt vgl. außer dem zwei Anmerkungen höher zitierten Werk von Gliozzi das hier wesentliche Buch von N. Broc (oben Anm. 40).

[45] Erschienen bei Estienne, Paris 1578; vgl. III, S. 105.

[46] *Esra*, IV, 23, 40–44. Das erstaunliche Schicksal dieses Textes wurde zum Gegenstand einer umfassenden Forschungsarbeit unter der Leitung von A. Desreumaux und F. Schmidt, *Recherches sur les représentations juives et chrétiennes de l'espace*, Paris 1988, erschienen unter dem Titel *Moïse géographe*. Einen Kommentar, der sich aufs Wesentliche beschränkt, und eine Bibliographie findet man auch in der von H. Méchoulan und G. Nahon besorgten Ausgabe von Manasse ben Israel.

liche Geschlecht gewohnt hatte." Im 16. Jahrhundert fand dieser Text ein gewaltiges Echo in der christlichen Welt. Doch auch einige Juden nahmen ihn auf, vor allem Manasse ben Israel, der in Amsterdam ein Freund von Rembrandt war und den Text in seiner *Esperança de Israel* (1650) zu einem Roman ausbaute, mit der entscheidenden Einschränkung freilich, daß nur jene Indianer, die sich durch ihre Schönheit auszeichnen, tatsächlich für Juden gehalten werden könnten[47].

Man konnte Amerika aber auch ohne die Bibel interpretieren, nur mit dem Platonischen Text[48]. Das begann bereits sehr früh, früher als man gemeinhin sagt[49], denn schon 1527, um mich an publizierte Arbeiten zu halten, schrieb der berühmte Bartolomé de Las Casas, daß Christoph Kolumbus vernünftigerweise davon ausgehen konnte, daß wenigstens ein Teil des von Platon beschriebenen Kontinents der Katastrophe entgangen sei[50]. Die Kombination beider Modelle, des „atlantischen" und des „biblischen", die logisch vorhersehbar war, führte dann Francis Bacon durch in seiner 1627 posthum veröffentlichen Utopie, *New Atlantis*[51]. Atlantis ist darin eine westlich von Peru, in der „Südsee" gelegene Insel. Man spricht dort hebräisch, griechisch und ein exzellentes Spanisch. Es ist eine perfekte Gelehrtenrepublik. In Abhebung von der von

---

[47] Des weiteren kann man zu dieser Frage lesen: M. Bataillon, „L'unité du genre humain du P. Acosta au P. Clavigero", *Mélanges à la mémoire de Jean Sarrailh,* I, Paris 1966, S. 75–95; L. E. Huddelston, *Origins of the American Indians, European Concepts, 1492–1729,* Austin London 1967; L. Glaser, *Indian or Jews,* Los Angeles 1973; speziell zur spanischen Problematik vgl. H. Méchoulan, *Le Sang de l'autre ou l'Honneur de Dieu. Indiens, Juifs et Morisques au Siècle d'or,* Paris 1979.

[48] Für J. de Acosta sind die beiden Hauptlösungen des amerikanischen Mysteriums, die er beide verwirft, die zehn Stämme und Atlantis.

[49] Gewöhnlich wird die *Historia general de las Indias* von Lopez de Gomara, Sevilla 1559, angeführt; G. Gliozzi geht weiter zurück (a. a. O., oben Anm. 41, S. 178 f.) und zitiert den *Syphilis sive morbus Gallicus* von G. Fracastoro (Verona 1530, III, S. 265–286). Ida Rodriguez Prampolini hat mich auf B. de Las Casas hingewiesen.

[50] *Historia general de las Indias* (1527); ich habe die Ausgabe von J. Perez de Tudela Bueso konsultiert, Madrid 1957, S. 36–39.

[51] Vgl. die kommentierte Übersetzung von Michèle Le Doeuff und Margaret Llasera, Paris 1983, doch die hier aufgeworfenen Fragen werden im Kommentar nicht angeschnitten.

Platon beschriebenen Insel ist dieses neue Atlantis seinem Ursprung nach jüdisch, durch Bekehrung christlich, aber mit einer respektierten jüdischen Minderheit. In diesem speziellen Fall arbeiten Platon und die Bibel Hand in Hand. Anders verhält es sich mit *Die Präadamiten* (1655) von Isaac de La Peyrère, ein philosemitischer Protestant, der in Adam nicht den ersten Menschen, sondern den ersten Juden sah. Denn die traditionelle biblische Chronologie erschien ihm sehr zu Recht unvereinbar mit den neuntausend Jahren vor Solon, die Platon seinem Atlantis gab. Dieses war also von Menschen bevölkert gewesen, die vor Adam gelebt hatten[52].

Doch kommen wir zu dem, was für mich hier am wichtigsten ist, zu der Verbindung, die nunmehr zwischen diesen Fabelländern, von denen Atlantis wohl das berühmteste ist, und den nationalen Mythen hergestellt wurde, von denen wir sahen, wie sie über den Trümmern des Römischen Reichs allmählich entstanden, um dann in der Renaissance gewaltig wiederaufzuleben. Wenn ein deutscher Jurist in der Sprache der Indianer *„nescio quid cimbricum seu priscum teutonicum“* entdecken konnte („irgendwas, was an die Zimbern und alten Teutonen erinnert“), zum Beispiel das Wort „Papa“, das „uns Europäern und den Amerikanern gemeinsam ist“[53], so kann man sicher sein, daß er damit nicht allein stand.

Aus naheliegenden Gründen war das konquistadorische Spanien der bevorzugte Ort für diese Verbindung der fabulösen Länder und Zeiten mit der aufgefrischten Ideologie vom erwählten Volk.

Den Anfang macht übrigens nicht Atlantis, sondern die antiken Gärten der Hesperiden. 1532 zum offiziellen Chronisten der amerikanischen Kolonien ernannt, behauptet Gonzalo Fernandez de Oviedo in seiner *Historia general y natural de las Indias,* deren

---

52 *Prae-Adamitae, sive exercitatis quibus inducuntur Primi Homines ante Adamum conditi,* Amsterdam 1655; vgl. die S. 176–180; diese sehr logische Überlegung von La Peyrère ist in den Arbeiten, die ich über ihn gelesen habe, nicht zur Kenntnis genommen worden, nicht einmal in der hervorragenden Arbeit von J.-P. Oddos, *Recherches sur la vie et l'œuvre d'Isaac de La Peyrère,* Grenoble 1977. Dasselbe gilt für die im übrigen unverzichtbare Untersuchung von R. H. Popkin, *Isaac La Peyrère (1596–1676), His Life, Work and Influence,* Leiden 1987.

53 C. Besoldus, *De novo orbe, Conjectanea,* Tübingen o. J. [1619], S. 21 f.

erster Teil 1535 erschien, daß die Antillen, oder anders gesagt eben das Land der Hesperiden, schon immer der spanischen Krone gehört hätten. Karl V., von diesen Recherchen und Entdeckungen bereits im voraus unterrichtet, drückte am 25. Oktober 1533 seine sehr tiefe Befriedigung darüber aus, erfahren zu haben, daß „diese Ländereien bereits seit dreitausendeinundneunzig Jahren zum königlichen Erbe Spaniens gehören und daß es mithin nicht überrascht, daß Gott sie, auch nach so vielen Jahren, ihren Besitzern zurückgegeben hat"[54].

Einen Schritt weiter geht der Flame J. van Gorop (Goropius Becanus), auch er ein Untertan des spanischen Königs. Das antike Tarsis, das der Bibel und das Herodots (Tartessos) – Ursprungsstätte des modernen Spaniens und Hauptstadt von Atlantis –, soll von zwei Brüdern gegründet worden sein, von Atlas-Tartessos und Odysseus-Hesperos, beides Enkel von Japheth. Der ältere der beiden, Atlas-Tartessos, genoß die Priorität, und seine Nachfolger, die Könige von Spanien, haben daher unleugbare Rechte auf das atlantische Afrika und Amerika[55].

Am klarsten jedoch wurde das, was ich nunmehr den Atlanto-Nationalismus nennen möchte, 1572 formuliert, zum Besten Philipps des II., und zwar von Pedro Sarmiento de Gamboa in seiner *Historia general llamada Indica*[56]. Ausgehend vom Platonischen Text, der Atlantis hinter die Säulen des Herakles verlegt, macht

---

[54] Das wesentliche Werk über Oviedo ist das schon oben in Anm. 42 zitierte von A. Gerbi, *La Natura delle Indie nuove.* Zur Hesperidenfrage vgl. S. 365–383; der Brief von Karl V. wird dort auf S. 365 f. zitiert; die ganze mythologisch-biblische Argumentation (Tubal-Herkules . . .) stammt letztlich von Annius von Viterbo.

[55] J. Goropius Becanus, *Hispanica* (in *Opera,* Antwerpen 1580), S. 35, 62, 105–158; vgl. G. Gliozzi, a. a. O. oben Anm. 41, S. 42–44, 155–158, und I. Rodriguez Prampolini, a. a. O. oben Anm. 42, S. 25–27. Van Gorop ist 1574 gestorben, sein Werk also posthum. Seine Hispanophilie hinderte ihn übrigens nicht daran, gewisse Verwandtschaften zwischen den Indianersprachen und dem Flämischen zu finden. Die Verbindung zwischen Tarsis und Atlantis wird im 20. Jahrhundert „wiederentdeckt" von A. Schulten, *Tartessos. Ein Beitrag zur ältesten Geschichte des Westens,* Hamburg 1922, S. 53–56.

[56] Der Text wurde erstmals 1902 ediert; ich zitiere nach der Ausgabe, die P. Carmelo Saenz de Santa Maria besorgt hat, Madrid 1960, S. 201–205.

Sarmiento einen Kontinent daraus, der einst an Spanien grenzte. Dessen ferne Überreste, Amerika, gehören folglich nach göttlichem Recht der spanischen Krone[57].

In Spanien hat es also den gotischen und den atlantischen Mythos gegeben. Aber zwischen den beiden gibt es meines Wissens nicht die geringste Verbindung. Anders verhält es sich, wie wir gleich sehen werden, im anderen Heimatland des gotischen Mythos, in Schweden.

Ich muß nun eine schwerwiegende Frage anschneiden: Was war das Schicksal des Atlantismythos im Zeitalter der Aufklärung, d. h. von den Anfängen um 1670, anläßlich deren Paul Hazard von einer *Krise des europäischen Geistes* sprach, bis zur Französischen Revolution? Zu Beginn dieser so großen und unruhigen Zeit entsteht das Werk jenes Mannes, der nach Sarmiento, aber sehr viel publikumswirksamer, der eigentliche Schöpfer des atlanto-nationalen Mythos war, das des Schweden Olof Rudbeck[58].

Stellen wir ganz kurz einige Interpretationsregeln auf. Das überaus schwierige Problem, mit dem die Aufklärung fertig werden mußte, war das exakte Gegenstück zu demjenigen, das die griechischen Kirchenväter des 2. bis 4. Jahrhunderts hatten lösen müssen und das die Renaissanceschriftsteller alles in allem nur noch einmal überarbeitet haben. Die Kirchenväter mußten die griechische Geschichtsschreibung soweit irgend möglich mit der bibli-

---

57 Mein Barceloner Kollege C. Miralles hat mich darauf aufmerksam gemacht, daß man in Katalonien im späten 19. Jahrhundert noch einmal zu so etwas wie einem atlanto-nationalen Mythos zurückfindet, und zwar mit dem 1877 erschienenen katalanischen Nationalepos von J. Verdaguer, das denn auch *L'Atlantida* hieß und später von Manuel de Falla vertont wurde. Einmal mehr wird hier die Hesperidensage mit der von Atlantis verschmolzen, denn die letzte Königin von Atlantis, die von Herkules gerettet wird und sich dann als seine Gattin mit ihm in Spanien niederläßt, ist keine andere als Hesperis. Der Text von Verdaguer wurde präsentiert und übersetzt von A. Savine, Paris 1887; eine immense Bibliograpie gibt C. Miralles, „L'arbre i la lira", *Mélanges Antoni Comas,* Barcelona 1985, S. 289–304.

58 In meinem Aufsatz in den *Quaderni di Storia* wird das Aufklärungszeitalter besonders detailliert dargestellt, so daß ich hier nur eine kurze Zusammenfassung gebe.

schen Überlieferung in Einklang bringen. Die Aufklärer hingegen dürfen das jüdische Volk nicht mehr als den Vektor der Universalgeschichte betrachten, eine Rolle, die ihm Bossuet noch einmal in großartiger Weise bestätigt hatte in seinem *Discours sur l'histoire universelle* von 1681; jetzt muß das auserwählte Volk ausgetauscht werden, auch auf die Gefahr hin, eine Art Heidentum wiederzubeleben[59]. Doch selbstverständlich beherrschen die Aufklärer das Feld nicht allein; sie haben auch Gegenspieler. Im 18. Jahrhundert ist es ebenso natürlich, hinter Platon oder Homer einen jüdischen Propheten zu entdecken wie hinter der heiligen Person Jesu Christi einen heidnischen Gott auszumachen. Die Bewegung der Aufklärung – muß man es eigens erwähnen? – war durchaus nicht auf allen Ebenen und bei allen Beteiligten eine bewußte Bewegung. Viele haben einen wirkungsvollen Beitrag zum „Écraser l'infâme" geleistet, ohne es auch nur zu ahnen.

Im Zeitalter der Aufklärung tritt Atlantis in der Ökonomie der Universalgeschichte gewissermaßen an die Stelle des jüdischen Volks. Was mich dabei besonders interessiert, ist Atlantis als Stellvertreter der jeweils eigenen Nation. Das einstige Volk von Atlantis ist ein auserwähltes Volk, und ihm gebührt jener Primat, den jede imperiale Macht zu besitzen vermeint.

Ich befasse mich hier mit der „nationalen" Stellvertretung. Das ist nicht die einzige Funktion, die der Mythos in der Aufklärung hatte. Ohne jede „nationale" Inanspruchnahme kann ein Atlantis, das am Ursprung aller Nationen stehen soll, als das Goldene Zeitalter betrachtet werden, wie bei dem Astronomen Jean-Sylvain Bailly geschehen. Oder es ist – über der Menschheit stehend und diese beherrschend – eine kosmische Episode, ein Moment der universellen Sintfluten, die nach Nicolas Boulanger die Geschichte skandieren[60]. Aber immer erfüllt es eine Stellvertreterfunktion.

---

[59] Die Literatur zu diesem Thema ist natürlich unüberschaubar; eigens zu erwähnen sind wegen der Klarheit der Problemstellung die Arbeiten von Peter Gay, *The Enlightenment. An Interpretation,* und von Frank E. Manuel, vor allem *The Eighteenth Century Confronts the Gods;* vgl. auch den wichtigen Aufsatz von J. Starobinski, „Le mythe au XVIIIe siècle", *Critique,* 366, November 1977, S. 975–997.

[60] Diese Punkte habe ich entwickelt in meiner Studie in den *Quaderni di Storia,* S. 17 f., S. 25–42.

Doch kommen wir nun zu dem schwedischen Gelehrten Olof Rudbeck (1630–1702), der Rektor der Universität Uppsala war und in einem monumentalen Werk, der *Atlantica (Atland eller Manheim)* (1679–1702) nachwies, daß Atlantis, die Wiege der zivilisierten Menschheit, nichts anderes als Schweden war und Uppsala seine Hauptstadt[61].

Man erlaube mir eine persönliche Bemerkung: seit ich vor bald einem Vierteljahrhundert das Werk von Rudbeck kennengelernt habe, haben mich die Person und ihr Werk stets fasziniert. Er war ein bedeutender Gelehrter, ein großer Anatom, der das Netz der Lymphgefäße entdeckt hat und einen Anatomiehörsaal bauen ließ, der heute noch in Uppsala zu besichtigen ist. Doch er war nicht nur Mediziner und Biologe. Alles, was man zu seiner Zeit über Sprache und Geschichte wissen konnte, wußte er und benutzte es in dem Werk seiner Reife und seines Alters. Es stimmt nicht, daß es zwei Rudbecks gegeben hat, den Mediziner und den Historiker[62], sowe-

---

61 Zu Rudbeck und zur „gotizistischen" Ideologie gibt es eine immens reiche Literatur, hauptsächlich schwedische; ich führe hier nur einige Titel an: E. Simon, *Réveil national et culture populaire en Scandinavie. La genèse de la Højskole nordique, 1849–1878,* Paris 1960; E. Ekman, „Gothic Patriotism and Olof Rudbeck", *Journal of Modern History,* 34, 1962, S. 52–63; J. Svennung, *Zur Geschichte des Gotizismus,* Uppsala, Stockholm 1967; J. Svenbro, „L'idéologie gothisante et l' ‚Atlantica' d'Olof Rudbeck", *Quaderni di Storia,* 11, Januar–Juni 1980, S. 121–156 (sehr wichtig, mit einer umfangreichen schwedischen Bibliographie); G. Eriksson, „Gestalter i svensk lärdomhistoria. I. Olof Rudbeck d. Ä.", *Lychnos,* 1984, S. 77–119, mit einer englischen Zusammenfassung S. 116–118. Auf den letztgenannten Aufsatz hat mich J. Svenbro aufmerksam gemacht. Ich zitiere nach der Originalausgabe der *Atlantica,* Uppsala 1679–1702, bestehend aus drei Textbänden und einem Atlas, doch es gibt eine moderne schwedische Ausgabe in 5 Bd., besorgt von Axel Nelson (Uppsala 1937–1950), wo man in Bd. 4, S. 205–265, eine sehr wertvolle Sammlung von Zeugnissen über die Wirkung des Werks findet. Nils und Renée Andersson schließlich haben mir in Uppsala, im Mai 1985, die „Welt" der Rudbeckschen Saga gezeigt. Ihnen sei herzlich gedankt. Angemerkt sei nun aber doch noch, daß an die Identifizierung von Atlantis mit Schweden und der Hauptstadt von Atlantis mit Uppsala im Oktober 1982, beim „Besuch" des sowjetischen U-Boots im Inselmeer von Stockholm, mit keinem Wort erinnert wurde (vgl. oben Anm. 12).

62 Der *Petit Larousse* kennt nur den Mediziner. Die Einheit Rudbecks als

nig wie es zwei Descartes gab, den Philosophen des Cogito und den Autor von Betrachtungen über den Blutkreislauf, die einem heute abstrus vorkommen.

Rudbeck blieb in seinem Schaffen immer einem Empirismus verpflichtet, der von Francis Bacon herstammte. Und doch machten sich einige seiner Zeitgenossen, namentlich Pierre Bayle[63], bald klar, daß dieser Empirismus auf Paranoia hinauslief. Man braucht sich nicht zu fragen, ob er die Gefahren seines Unternehmens erkannte – so wie wir alle es bei unseren eigenen Spekulationen tun sollten. Rudbeck selber hat in seinem ersten Band ein Gespräch über Indien inszeniert, zwischen großen Doktoren und einem kleinen Gärtner, ***hortulanus,*** das unter dem Vorsitz Apollons stattfindet[64]. Apollon und die großen Doktoren haben schon viel zu diesem fruchtbaren Thema gesagt, aber der kleine Gärtner ist damit gar nicht zufrieden und bezeichnet das, was er gehört hat, als *chimerae atque deliramenta,* als Chimären und irres Gefasel. Ohne Zweifel will er damit seinen Gesprächspartnern sagen: *Et nos Homines,* auch wir sind Menschen, und die großen Doktoren sind es nicht minder: *Et vos Homines.* Auf dem Frontispiz des Atlas[65] hat Rudbeck genau diese Maxime abdrucken lassen: *Et nos Homines.* Er selber, ein Musterbeispiel des großen Doktors, tut also so, als wäre er einer der kleinen Gärtner, in dem Wissen vielleicht, daß tatsächlich irgendein kleiner Gärtner sein Gebäude zum Einsturz bringen konnte.

Als ein Gelehrter, der den größten Teil seines Lebens dem Rätsel Atlantis gewidmet hatte, konnte Rudbeck schließlich den Erfolg für sich verbuchen, einen Nationalmythos mit zwei separaten Komponenten geschaffen zu haben: mit einer bis zu Noah und seinen Söhnen zurückreichenden Ahnensuche, ein uns mittlerweile wohlbekannter Forschungszweig, und mit dem gotischen Mythos, der uns erstmals im westgotischen Spanien begegnete[66]. Ich wer-

---

eines barocken Gelehrten wird stark hervorgehoben von G. Eriksson in dem oben Anm. 61 zitierten Aufsatz.

63 Vgl. die *Nouvelles de la république des lettres* vom Januar und Februar 1685.

64 O. Rudbeck, *Atlantica,* I, S. 890.

65 Vgl. Abb. 2.

66 Man darf allerdings nicht vergessen, daß die *Geschichte der Goten* von Cassiodor, von der Jordanes dann einen Auszug anfertigte, bereits im

de hier nicht versuchen, die Geschichte dieses Mythos nachzuzeichnen, angefangen von seinen frühen Ursprüngen im 6. Jahrhundert unserer Zeit bis hin zu seinem feierlichen Wiederaufleben auf dem Konzil von Basel, wo der Bischof Nicolas Ragvaldi 1434 mit Nachdruck erklärte, das Königreich Schweden sei älter, kraftvoller und von höherem Adel als alle anderen. Denn es wurde durchaus nicht von den Herrschern Roms erobert, vielmehr zwang es die Römer dazu, seinem Bündnis beizutreten.

Zum nationalen Mythos wird die Lehre vom gotischen Primat vor allem im 17. Jahrhundert, zu einer Zeit, als Schweden eine sogenannte „Großmacht" war, besonders unter Gustav Adolf (der von 1611 bis 1632 regierte).

Begnügen wir uns hier damit, zwei Dokumente zu kommentieren, um zu zeigen, wie die Suche nach Noah mit der schwedischen Gotenideologie verschmolzen wurde.

Das erste ist das Frontispiz des ersten Bandes der *Atlantica* (1679) (Abb. 1). Von Noah, der irgendwo am Berg Ararat sitzt, gehen drei Linien aus. Die eine, die von Ham, verliert sich schnell im afrikanischen Sand. Die beiden anderen, die von Sem und die von Japheth, sind eng verschlungen, ganz wie in der Tradition des französischen Königshauses. Der Baum von Sem ist ein Weinstock, der an seiner Spitze vom Blut Jesu besprengt wird – Rudbeck bleibt Christ. Der zweite, dicker als der erste, ist nur so lange der Baum Japheths, bis dieser von seinem Sohn Atlas abgelöst wird, der Gestalt aus der griechischen Mythologie. Doch der Baum von Atlas wächst in Schweden. Wie der Baum im Paradies ist es ein Apfelbaum, und die Äpfel, Embleme der Nationen, sind auf den Boden gefallen. Unter ihnen die Türken, die Trojaner, die spanischen Goten, die Mauren, die Gallier. Die Griechen fehlen bezeichnenderweise. In vertikaler Richtung folgt auf Atlas Boreas, und auf Boreas Könige mit schwedischen Namen: Eric usw.

Derart verschlingen sich die Äste des Baums der Macht mit den Zweigen des Baums der Religion. Denn diese ist immer präsent. Doch es kommt der Tag, wo sie verschwinden wird.

---

6. Jahrhundert den Mythos in die Welt setzt, die Goten seien ein nordisches Volk; vgl. zuletzt S. Teillet, a. a. O. oben Anm. 23, S. 305–334, und speziell über die mythische Dimension G. Dragon und L. Marin, „Discours utopique et récit des origines", *Annales ESC,* 26, 1971, S. 290–327.

Abb. 1 Der Baum von Sem und der von Atlas: Religion und Macht. Frontispiz des Bandes I der *Atlantica* von O. Rudbeck (Photo F. Demerliac)

Abb. 2 Rudbeck als Anatom und Geograph: Atlantis unter der Haut von Schweden. Frontispiz des Atlas der *Atlantica* (Photo Bibliothèque nationale)

Das zweite Dokument (Abb. 2) zeigt uns Rudbeck – hier wahrlich ein großer Doktor – als Geograph und Anatom[67]. Er ist die zentrale Figur der Tafel, ist der Anatom und Archäologe, der unter der Haut von Schweden Atlantis freilegen wird. Ihn umgeben elf weitere Personen, was mit ihm zusammen die Zahl der zwölf Apostel ergibt, der einzige Bibelbezug überhaupt. An ihrer Spitze, zur Linken Rudbecks, erkennbar an der Sense, die Zeit, Chronos, dann, rund um den Globus, nur noch – bis auf eine Ausnahme – Träger von Namensschildchen: Hesiod, Platon, Aristoteles, Apollodor, Tacitus, Odysseus, Ptolemäus, Plutarch, der Namenlose und Orpheus. Der Namenlose muß eigentlich auch gar nicht eigens genannt werden. Lorbeergekrönt und blind, ist es natürlich Homer. Ein Großer fehlt: Herodot, dem vorgeworfen wird, nie die Völker germanischer Sprache erwähnt zu haben. Doch es sind jedenfalls die hervorragendsten Repräsentanten der klassischen Kultur und Wissenschaft, die hier geladen sind, um den Primat Schwedens zu proklamieren, den des Landes der Ursprünge par excellence.

Angesichts dieser totalitären Inanspruchnahme von Atlantis übernahm es Pierre Bayle in seinem Rotterdamer Exil, die Rolle des kleinen Gärtners zu spielen[68]. Ihm genügte es anzumerken, daß es zahlreiche Nationen gab, die alle mit ebenso guten Argumenten einen solchen Primat beanspruchen konnten. Hatte nicht 1676 ein Franzose, A. Audigier, auf eben dieselbe Weise den Primat Galliens bewiesen[69]?

Als Bürger eines – damals zwar nur „geographischen" – Landes, das mit den Lombarden über ein Äquivalent für die Goten verfügte, sich aber auch auf die Etrusker berufen konnte, sehr ernsthafte Anwärter auf den Titel der „Ursprünglichsten", war Vico einen Moment lang, als er *De Antiquissima Italorum Sapienta* (1710), d. h. sein erstes Buch schrieb, versucht, ähnlich wie Rudbeck zu

67 Ich verdanke viel dem Kommentar von A. Ellenius, „Olaus Rudbecks Atlantiska Anatomi", *Lychnos,* 1959, S. 40–54, mit einer englischen Zusammenfassung, S. 53 f.

68 In seinem bereits zitierten Aufsatz aus den *Nouvelles de la république des lettres,* Januar 1685.

69 Vgl. oben Anm. 34.

denken, den er gelesen hatte, dann aber reagierte er: Vor Gott und dem historischen Kreislauf sind die Nationen gleich[70]. Andernorts, besonders in Frankreich und Deutschland, wurde Rudbecks Diskurs über die Ursprünge umgepolt und wieder streng dem christlichen Glauben angepaßt. Atlantis ist durchaus der Ort der *Ursprünge*, aber dieser Ort ist kein anderer als Palästina[71].

Der Atlanto-Nationalismus von Rudbeck war wie der gotische Mythos ein typisches Produkt der sogenannten „Großmachtsperiode". In einem völlig veränderten politischen Klima, 1779, sieben Jahre nachdem König Gustav III. an die Macht gekommen war und über den Ruinen der Parteiengegensätze einen typischen aufgeklärten Despotismus errichtet hatte, veröffentlichte und kommentierte G. Bartoli, ein piemontesischer Gelehrter, die Eröffnungsrede, die der König von Schweden 1778 vor dem Reichstag gehalten hatte. Die gotizistische Ideologie war zusammengebrochen, nachdem der letzte Versuch des schwedischen Nationalismus gescheitert war: der Nordische Krieg unter Karl XII. (König von 1697 bis 1718). Wenn Bartoli mit Erfolg zeigt, daß Atlantis ein Sinnbild des imperialistischen Athens ist, spricht er immer noch von Schweden, aber von einem ernüchterten Schweden[72].

Gleichwohl bestätigte sich das, was Bayle konstatiert und vorhergesehen hatte. Die Ideologen der anderen Länder wollten auch Erben von Atlantis sein, und wir müssen sie hier erwähnen, selbst wenn man ein gewisses Herabsinken vom Mythos zum Roman feststellen kann, um mit G. Dumézil und Cl. Lévi-Strauss zu sprechen[73].

---

70 Vgl. G. Costa, *Le Antichità germaniche nella cultura italiana da Machiavelli a Vico,* Neapel 1977, S. 372 f.

71 Ich kann hier nur kurz anschneiden, was in den *Quaderni di Storia,* S. 25–28, mit den nötigen Belegen näher ausgeführt ist.

72 Zu Bartoli und Schweden vgl. einmal mehr meinen oben zitierten Aufsatz, S. 43–46, und, jüngeren Datums, F. Venturi, *Il Settecento riformatore. La Caduta dell'Antico Regime (1776–1789),* II, *Il patriotismo repubblicano e gli imperi dell'Est,* Turin 1984, S. 899.

73 Vgl. G. Dumézil, *Du mythe au roman,* Paris 1970, 2. Aufl. 1983; und Cl. Lévi-Strauss, *Strukturale Anthropologie II,* Ende von Kap. 14: „Wie die Mythen sterben", Paris 1973, deutsch Frankfurt a. M. 1975.

Frankreich jedoch entging dieser spezifischen Krankheit. Die Erklärung dafür ist einfach: Vom großen König[74] bis zur „grande nation" und zum großen Kaiser genügte es sich selbst, und soweit es auf Diskurse über den Ursprung zurückgriff, lieferten ihm die Gallier, Römer und Franken alles, wonach seine Ideologen verlangen konnten. Atlantis war in Intellektuellenkreisen gewiß eines der Lieblingsthemen, doch das war ein prä-nationales Atlantis (des Goldenen Zeitalters), ein kosmisches oder ein christliches (Palästina), ein geographisches (die Kanarischen Inseln, Amerika), jedenfalls kein nationales Atlantis. Die Ausnahme bestätigt die Regel: ein Avignoner namens Fortia d'Urban veröffentlichte 1808 eine Abhandlung, die zu zeigen versuchte, daß ein primitives Volk, bestehend aus Kelten und Iberern, die Zivilisation der Atlanter von Spanien nach Frankreich gebracht habe[75]. Doch dabei handelt es sich höchstens um einen Atlanto-Okzitanismus von sehr geringer Bedeutung.

Für Italien aber waren die Ursprünge ein echtes Problem, und Anwärter auf den Primat gab es im Zeitalter der Aufklärung viele: Italer, Etrusker, Germanen und Griechen standen dabei im Vordergrund. Der atlanto-nationale Diskurs fand jedoch Mittel und Wege, sein kleines Lied einzuschmuggeln. Sein erster Textdichter war der Graf Gian Rinaldo Carli (1720–1795), eine interessante Reformerfigur[76]. Carli stellte einen *a priori* nicht vorhersehbaren Zusammenhang zwischen der „amerikanischen" Theorie von Atlantis und der Lehre von Italien als der Wiege der Zivilisation her. Italien soll zur Zeit von Atlantis die Verbindung zwischen Amerika und dem östlichen Mittelmeer gewesen sein. Nach Janus, dem

---

[74] Zur französischen Geschichtsschreibung und Ludwig XIV. vgl. das grundlegende Buch von O. Ranum, *Artisans of Glory, Writers and Historical Thought in Seventeenth Century France,* Chapel Hill 1980; und jetzt auch Blandine Barret-Kriegel, *Les Historiens et la monarchie,* 4 Bd., Paris 1988.

[75] *Antiquités du département du Vaucluse,* Paris Avignon 1808, S. 408–479.

[76] Vgl. F. Venturi (Hrsg.), „Riformatori Lombardi, Piemontesi e Toscani", *Illuministi italiani,* III, Neapel 1958, S. 419–478; die für uns wichtigen Werke von Carli sind die vier Abteilungen seiner *Lettere Americane (1770–1781),* abgedruckt in seinen *Opere,* Mailand 1779 ff.; die beiden ersten Abteilungen wurden ins Französische übersetzt, *Lettres Américaines,* 2 Bd., Boston Paris 1788; zu weiteren Einzelheiten vgl. *Quaderni di Storia,* S. 22–24.

einheimischen König, kam der Atlanter Saturn nach Italien, und Italien gab die Künste und die hohen Tugenden der Atlanter weiter an Griechenland.

Viel später, 1840, erklärte Angelo Mazzoldi[77], daß Italien Atlantis gewesen sei und in dieser Eigenschaft den ganzen mediterranen Osten zivilisiert habe. Dies hieß – und darin war Mazzoldi nicht der erste –, mit der überlieferten Rolle vom zivilisatorischen Griechenland zu brechen. Sein Buch wurde auch noch zu diesem späten Zeitpunkt respektvoll aufgenommen.

In England stellt sich das Problem anders dar. Im klassischen Zeitalter und in der Aufklärung gab es meines Wissens keinen Atlanto-Nationalismus. Dic *Oceana* von J. Harrington (1656), die Cromwell gewidmet war, der den Autor dann ins Gefängnis stekken ließ, ist, wie J. Toland in seinem Vorwort bemerkte, als das Werk zu Beginn des 18. Jahrhunderts schließlich publiziert wurde, „ganz nach dem Vorbild von Platons Atlantisgeschichte“ geschrieben, doch diese Apologie eines republikanischen und handeltreibenden Englands verbindet mit Platon nichts außer der literarischen Gattung.

Die beiden nationalistischen Atlantisbearbeitungen, die ich finden konnte, gehören eher zur okkultistischen und vorromantischen Tradition als zur eigentlichen Aufklärung. Sie müßten also eher mit einem Werk wie dem von Fabre d'Olivet verglichen werden als mit dem von Rudbeck.

Erwähnen wir sie dennoch. William Blake (1757–1827) kombiniert auf seltsame Weise Kelten, Juden und Atlanter. Atlas ist ein anderer Name für den bretonischen Patriarchen Albion, Abraham und Noah waren Druiden, und der verschwundene Kontinent ist das Bindeglied zwischen England und jenem neuen Amerika, das Blake in so vielen Gedichten besungen hat. Das Prinzip, auf das diese Konstruktion sich stützte, ist, „daß die Altertümer aller Nationen unter dem Himmel nicht weniger heilig sind als die der

---

[77] Bei aller Länge müssen wir hier den vollständigen Titel seines Buches, erschienen in Mailand, wiedergeben: *Delle Origini italichi e della diffusione dell'incivilimento italiano alla Fenicia, alla Grecia e a tutte le nazioni asiatiche poste sul Mediterraneo;* zu Atlantis vgl. S. 44, 172–187; zu der Ernsthaftigkeit, mit der das Buch aufgenommen wurde, vgl. B. Croce, *Storia della Storiografia italiana nel secolo decinono,* I, Bari 1921, S. 56.

Juden“[78], doch die Folgerungen, die Blake aus diesem fundamentalen Prinzip des modernen nationalistischen Messianismus zieht, sind eher solche der Verschmelzung als der Unterscheidung. So soll England das Land der zwölf Stämme Israels sein[79].

Mit großer Originalität entdeckte ein Zeitgenosse Blakes, der Captain und Indologe F. Wilford, in den *Puranas* ferne weiße Inseln im Westen. Indem er diese Textstellen mit einigen anderen aus griechischen Quellen kombinierte, entdeckte er, daß diese weißen Inseln (die *shveta dvîpa)* zugleich Großbritannien wie auch Atlantis waren, und fügte treuherzig hinzu: „Wenn ich auch meine, recht zu haben, bin ich mir doch bewußt, daß Großbritannien dadurch nicht noch mehr an Glanz gewinnt“[80]. Von England aus sollte der Mythos dann Irland erobern, wo er im 19. Jahrhundert wahre Triumphe feierte[81].

Ich könnte es hierbei bewenden lassen, da ich das zeitliche Feld, das ich mir gesteckt hatte, abgedeckt habe. Man kommt jedoch nicht umhin, zwei nationalistische Atlantisverortungen, die uns zeitlich viel näher stehen, wenigstens zu erwähnen.

Der verbitterte Patriotismus Platons hat den Mythos von Atlantis hervorgebracht, als Gegenmodell zu einem selber imaginären Athen. Die heutzutage populärste Lokalisierung des Platonischen Kontinents, die die Zerstörung von Atlantis mit der Explosion in Zusammenhang bringt, die um die Mitte des 2. Jahrtausends v. Chr. die Insel Santorin teilweise zerstörte – eine ebenso absurde Theorie wie alle anderen[82] – verdankt viel dem Patriotismus des

---

[78] W. Blake, *The Complete Writings,* Keynes (Hrsg.), London, New York 1957, S. 580.

[79] Ebd., S. 637 f.; für weitere Einzelheiten und eine Bibliographie vgl. *Quaderni di Storia,* S. 24.

[80] F. Wilford, „An Essay on the ‚Sacred Isles' in the West“, *Asiatic Researches,* 8, 1805, Ausg. Kalkutta, S. 245–376, Zitat auf S. 247.

[81] Die beste Illustration hierzu findet man in dem Roman von H. O'Brien, *The Round Towers of Ireland,* erschienen London 1834 und vor einiger Zeit nachgedruckt unter dem Titel *Atlantis in Ireland,* mit einer Einleitung von P. Allen Steiner, New York 1976.

[82] Zum ersten Mal wurde sie 1950 aufgestellt – also weit vor den Grabungen, die derselbe Archäologe durchführen ließ, und die den Glanz des minoischen Santorin enthüllt haben – von S. Marinatos, in einem auf griechisch publizierten Aufsatz in *Krêtica Chronica,* 1950, später als Separatdruck neuveröffentlicht, *Some Words about the Legend of Atlantis,*

griechischen Archäologen S. Marinatos sowie dem seiner Schüler, und sie wird immer noch patriotistisch ausgebeutet[83]. Die Ironie der Geschichte wollte es jedoch, daß im August 1982, als ein griechisches Schiff den vom Unglück verfolgten Jassir Arafat holen kam, dieses Schiff *Atlantis* hieß. Optimistischer mag es einen stimmen, daß die amerikanische Raumfähre vom Ende der achtziger Jahre ebenfalls *Atlantis* hieß.

Das Atlantis des deutschen Nationalsozialismus war eine Sache von viel größerer Tragweite, die selbst heute noch nachwirkt. Tatsächlich fand Rudbeck in der Partei Adolf Hitlers seine letzten Schüler, und das schon vor der Machtergreifung, wie *Der Mythos des 20. Jahrhunderts* von Alfred Rosenberg zeigt, worin erklärt wird, daß sich die Atlanter, diese Vorfahren der Germanen, ein wenig überall verstreut hätten, auch in Palästina, so daß man annehmen konnte, ja mußte, daß Jesus, dieser Galiläer, d. h. Fremde, kein Jude gewesen sei[84]. Dasselbe Thema wird nach der Machtergreifung in einem Buch des Geographen A. Herrmann[85] (Professor an der Universität Berlin, aber auch „Führer" der deutschen Presse) in extenso abgehandelt und ausgebaut zu einem bemerkenswerten Beispiel eines imperialistischen Programms, da etwa Nordafrika nun Teil des atlanto-germanischen Erbes sein soll und das römische Amphitheater von El Djem in Tunesien angeblich ebenfalls auf das Geschlecht der Atlanter zurückweise. Entsprechende Themen wurden im besetzten Europa verbreitet, namentlich in Frankreich[86].

Athen 1971; eine Gesamtdarstellung der These gibt J. V. Luce, *The End of Atlantis* (in Amerika erschienen als *Lost Atlantis,* New York 1969), London 1969.

83 Vgl. das Zeugnis von J. W. Mavor Jr., *Voyage to Atlantis,* 2. Aufl., London Glasgow 1973.

84 A. Rosenberg, *Der Mythos des 20. Jahrhunderts,* 4. Aufl., München 1932, S. 43–48.

85 A. Herrmann, *Unsere Ahnen und Atlantis. Nordische Seeherrschaft von Skandinavien bis Nordafrika,* Berlin 1934.

86 Vgl. P. Ory, *Le Petit Nazi illustré,* „Le Téméraire" (1943–1944), Paris 1979, S. 53–57. Mein Kollege Axel Seeberg von der Universität Oslo weist mich darauf hin, daß ein ähnliches Bilderbuch zur gleichen Zeit im besetzten Norwegen erschien. Es handelte sich also um eine Weisung Berlins.

Es handelt sich dabei keineswegs um ein isoliertes Phänomen. In dem Institut, das für die SS-Ideologie zuständig war, im berühmten *Ahnenerbe Institut,* war Atlantis eine oft behandelte Frage, für die sich der Reichsführer SS H. Himmler persönlich interessierte[87].

In dieser Institution wurde auch zum ersten Mal der Name der Insel Helgoland *(Heilig Land)* ins Spiel gebracht[88]. Es ging hierbei ganz offensichtlich darum, die germanischen Urprünge autonom zu machen, so daß sie eine Überlegenheit an den Tag legen konnten, die ganz ohne Abraham auskam. An diese Themen knüpft nach dem Krieg ein Nazipfarrer an, J. Spanuth, der so tat, als hätte er selbst die Identität von Helgoland und Atlantis entdeckt, und damit in Deutschland einigen Erfolg hatte[89]. Muß man daran erinnern, daß diese Themen selbst heute noch eine gewisse Aktualität haben?

Es ist an der Zeit, diesen Forschungsbericht zu beenden. Die verschiedenen nationalen Inanspruchnahmen von Atlantis, die wir untersucht haben, sind nur ein einfacher Sonderfall eines sehr viel verbreiteteren ideologischen Phänomens: ich meine die Suche nach den Ursprüngen, die bei stolzen Völkern ebenso zu finden ist wie bei gedemütigten. Sie stützt sich auf Momumente und alte Texte, auf unbekannte oder wenig bekannte Völker, ja sogar, wie im Falle von Atlantis, auf imaginäre Völker. Sieben griechische Städte stritten sich um die Ehre, die Geburtsstadt Homers zu sein. Aber wo lag Troja? Vor kurzem hatte in Jugoslawien eine Theorie beachtlichen Erfolg, die meint, daß sich das Troja Homers nicht in Hisarlik in der Türkei befindet, sondern zwischen Split und Du-

---

87 Vgl. das grundlegende Buch von M. H. Kater, *Das „Ahnenerbe" der SS. 1935–1945. Ein Beitrag zur Kulturpolitik des Dritten Reiches,* Stuttgart 1974; vgl. die S. 51, 71, 372 (Himmlers Fürsprache), 378.

88 Ebd., S. 378, Anm. 109. A. Herrmann, der eines der korrespondierenden Mitglieder des Instituts war, interpretierte Atlant als *Adland* (edles Land), ebd., S. 51.

89 J. Spanuth, *Das enträtselte Atlantis,* Stuttgart 1953; *Atlantis. Heimat, Reich und Schicksal der Germanen,* Tübingen 1965, letzteres Buch bei einem offen nazistischen Verleger erschienen, im Grabert Verlag.

brovnik, an der Mündung der Neretva[90]. Diese Theorie hat die albanische Grenze nicht überschritten, doch in diesem letzteren Land, das sich eifrig auf die alten Illyrer beruft[91], hat man mit auffälliger Ernsthaftigkeit die Frage untersucht, ob nicht die Illyrer im Trojanischen Krieg eine wesentliche Rolle gespielt haben[92]. Und ist denn nicht völlig klar, daß die Etrusker eigentlich Türken waren[93]? Kann man doch so mit den Griechen noch ein paar alte Rechnungen begleichen.

Was soll man bei so viel Interpretationswahn mit Atlantis machen? Zunächst seine Geschichte schreiben, als Geschichte der menschlichen Phantasie. Das haben wir hier in den Grundzügen versucht. Aber auch – warum nicht? – Bilder von ihm machen, und die Pläne der geometrisch angelegten Kolonie, die sich Platon so präzis ausgemalt hat, als Zeichnungen zu Papier bringen (Abb. 3)[94]. Ein besserer Gebrauch von Atlantis ist heute nicht denkbar.

---

[90] R. Salinas Price, *Homer's Blind Audience, An Essay on the Iliad's Geographical Prerequisites for the Site of Ilios,* Belgrad 1985.

[91] S. Islami (Hrsg.), *Les Illyriens,* Tirana 1985; das Werk entbehrt zwar nicht eines rückblickenden Nationalismus, ist aber dennoch ernsthaft und schätzenswert.

[92] Vgl. E. Sedaj, „Les tribus illyriennes dans les chansons homériques", *Studia Albanica,* XXIII, 1, 1986, S. 157–172.

[93] Adile Ayda (ehemaliger Minister), *Les Étrusques étaient des Turcs (preuves),* Ankara 1985; weitere Beispiele, die aus dem Mittleren Orient stammen, in meinem Aufsatz „Flavius Josèphe et les prophètes", der in den Genfer *Cahiers du Centre d'études du Proche-Orient ancien* erscheint.

[94] Vgl. die herrliche Sammlung des Architekten H. R. Stahel, *Atlantis Illustrated,* New York 1982, auf die mich Alain Schnapp aufmerksam gemacht hat; ihr entnahm ich die Tafel III; in seinem Vorwort jedoch beruft sich I. Asimow unbeirrt auf Marinatos' Santorin-Theorie. Dasselbe gilt übrigens für M. H. Kater, in dem Buch, das ich oben Anm. 87 zitiert habe, S. 372, Anm. 119. J. P. Adam räumt in seinen amüsanten „Chroniques d'archéologie fantasque", die er unter dem Titel *Le Passé recomposée,* Paris 1988, S. 38–64, veröffentlicht hat, zwar mit einigen Wahnvorstellungen auf, ersetzt sie aber durch eine Hypothese, die selbst weder neu noch überzeugend ist. Man kann ganz einfach nicht alles haben!

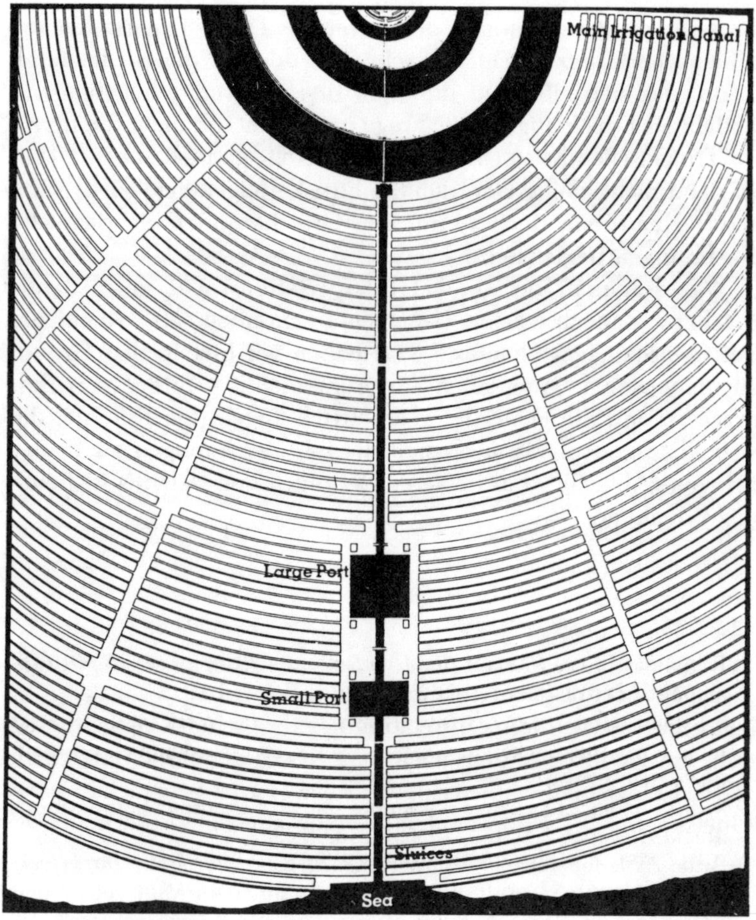

Abb. 3 Ein guter Gebrauch von Atlantis: die Platonische Stadt mit ihren zum Meer führenden Kanälen. Aus H. R. Stahel, *Atlantis Illustrated* (Grosset et Dunlap, New York 1982, S. 91)

Die Entstehung des bürgerlichen Athens Ein Versuch zur Geschichtsschreibung zwischen 1750 und 1850

In einem kürzlich erschienenen Aufsatz hat Zvi Yavetz die Frage gestellt: „Why Rome?"[1]. Oder anders gesagt: Warum war es die *Römische Geschichte* von B. G. Niebuhr, von der die ersten beiden Bände 1811/12 erschienen sind, mit der sich in Deutschland die Alte Geschichte als eine wissenschaftliche Disziplin konstituiert hat? Die Tatsache kann überraschen, meint Yavetz, denn Griechenland war es, das nach einer bekannten Formel damals seine „Tyrannei" über den deutschen Geist ausübte[2]. Dem israelischen Historiker zufolge ist die Antwort in dem Modell zu suchen, das der Konflikt zwischen preußischen Gutsherren und Bauern zu Beginn des 19. Jahrhunderts für die Interpretation der römischen Geschichte abgab, ein Konflikt, in dem nach Jena (1806) der Staat vermittelnd durch Reformmaßnahmen eingriff (Stein, Hardenberg, Scharnhorst, Gneisenau . . .). Und war nicht Niebuhr ein enger Mitarbeiter des Ministers vom Stein, nachdem er zuvor im Dienste des dänischen Königs erstmals ein öffentliches Amt bekleidet hatte?

Hier liegt in der Tat ein Problem vor, aber unseres Erachtens muß man viel weiter ausholen[3]. Gewiß, die Beschwichtigung des

---

[1] Z. Yavetz, „Why Rome? ‚Zeitgeist' and Ancient Historians in Early 19th Century Germany", *American Journal of Philology,* 97, 1976, S. 276–296.

[2] Vgl. E. M. Butler, *The Tyranny of Greece over Germany,* Cambridge 1935.

[3] Namentlich mit Hilfe der Monographie von S. Rytkönen, *Barthold Georg Niebuhr als Politiker und Historiker,* Helsinki 1968; dieses Buch scheint der Aufmerksamkeit von Z. Yavetz entgangen zu sein. Vgl. jetzt auch das Buch von Alfred Heuss, *Barthold Georg Niebuhrs wissenschaftliche Anfänge,* Göttingen 1981, besonders S. 153–188, das Kapitel VI „‚Lex agraria' und Französische Revolution".

Bauernaufstandes durch den reformierten preußischen Staat lieferte ein Schema, um den Gegensatz von Patriziat und Plebs zu interpretieren und um die Krisen des 2. und des 1. Jahrhunderts vor unserer Zeit zu verstehen, aber es gab nicht nur Rom und Preußen; Niebuhrs Entwicklung war in weiten Teilen eine Reaktion auf das ungeheure „Ereignis", mit dem die zeitgenössische Geschichte beginnt, eine Reaktion auf die Französische Revolution. Wenn die „Agrarfrage" in Deutschland wach wurde, dann teilweise deshalb, weil die französischen Bauern sie 1789 mit der bekannten Energie gestellt und zum Teil auch gelöst hatten. Niebuhr war ein aufmerksamer Beobachter dieser heftigen Erschütterung, ein erklärter Feind der Montagnards des Jahres II, der aber von ferne mit der Thermidorrepublik sympathisierte, die seiner Ansicht nach eine „allgemeine Aufklärung" verbreiten sollte, so daß er es sogar ins Auge faßte, an der im Jahre III gegründeten École normale zu studieren, wo Volney lehrte[4].

Ein paar Jahre vor dem großen Werk von Niebuhr hatte ein anderer deutscher Gelehrter, A. H. L. Heeren, in einem 1799 erschienenen Handbuch, dem in mehreren Sprachen ein sehr dauerhafter Erfolg beschieden war, die Dinge mit aller Deutlichkeit ausgesprochen:

> Die Begebenheiten unsrer Tage haben der Geschichte des Alterthums zugleich ein Licht und ein Interesse gegeben, das sie vorher nicht hatte und nicht haben konnte [. . .] Zwar lagen alle ausdrückliche Vergleichungen, wie sehr sich auch dazu die Gelegenheiten mir fast aufdrängten, außerhalb meinem Kreise; wenn man aber manchen Abschnitten meiner Arbeit, besonders der Geschichte der Römischen Republik, das Decennium ansieht, in dem sie erschienen, so glaube ich deswegen keiner Entschuldigung zu bedürfen[5].

Daß die politischen Konflikte des Altertums helfen können, die neuzeitliche Welt zu erklären, und daß umgekehrt von ihr aus ein neues Licht auf jene Konflikte fällt, davon hatte man schon vor der Revolution einen gewissen Begriff. So schreibt Diderot 1722:

> Inmitten der Stürme, die unablässig über Griechenland hinwegzogen, gediehen in dieser Gegend die Maler, Bildhauer und Dichter aufs

---

[4] Rytkönen, *Niebuhr,* S. 34.

[5] A. H. L. Heeren, *Handbuch der Geschichte der Staaten des Alterthums mit besonderer Rücksicht auf ihre Verfassungen, ihren Handel und ihre Colonien,* Göttingen 1799, S. VII–VIII.

> schönste. Und gerade als jenes Raubtier, das man das Römische Volk nannte, über sich selbst oder andere Nationen herfiel, begannen die Historiker zu schreiben und die Dichter zu singen.

Und wenn heute auch „der Geist des Handels unangefochten der herrschende Geist des Jahrhunderts ist", so leben doch unter und in ihm der politische Kampf und die „Eroberungslust" fort[6].

In Deutschland wie in Frankreich war die Bezugnahme auf die römische Welt Anknüpfungspunkt für ein Nachdenken über den Staat, ob dieser nun eine Republik oder ein Kaiserreich war. Das Problem, das sich mit der griechischen Polis stellt, ist hingegen eher eines des politischen Handelns und der Stelle, die ihm in der Gesellschaft zukommt. Daher werden wir uns in diesem Kapitel über Frankreich und Athen denn auch fragen, wie und, soweit das möglich ist, warum Athen für die französischen Professoren und Lehrer sowie viele ihrer Schüler zum Modell der liberalen Gesellschaft geworden ist, ja letztlich zu dem einer „bürgerlichen Gesellschaft", die von der politischen Gesellschaft deutlich abgehoben ist, die aber dennoch eine Geschichte hatte, denn sie hatte einen Anfang, einen Höhepunkt und ein Ende.

Der Endpunkt der Entwicklung wirft keine großen Probleme auf. 1851 veröffentlicht Victor Duruy, damals Lehrer am Lycée Saint-Louis, die erste Ausgabe seiner *Griechischen Geschichte.* Darin findet man schon das ganze Athenbild, das später mit den nötigen Modifikationen zu dem von Glotz und so vielen anderen wurde. „In Athen", schreibt er, „spürt man das Band, das die bürgerlichen Institutionen an die politischen zurückbindet, nicht so stark wie in Sparta [. . .]. Das Eigentum ist in Athen nicht völlig in den Händen des Staats [. . .]. Die Ehe hat mehr echte Würde als in Sparta [. . .]. Die Familie bewahrt hier ihr ganzes Geheimnis."[7] Freiheit, Handel, Eigentum, Familie: die Elemente eines Athens des Bürgertums sind beieinander zur Freude der Großen und der Kleinen. Aber der Ausgangspunkt? Ein Jahrhundert vor Duruy erfährt man in der berühmten „Philosophischen Darstellung der

---

6 Diderot, „Pensées détachées ou Fragments politiques échappés au portefeuille d'un philosophe", die wir hier zitieren nach: *Œuvres complètes,* Bd. X, Paris 1971, S. 81–83; erinnern wir daran, daß Diderot 1743 eine Übersetzung der dreibändigen *Geschichte Griechenlands* von Temple Stanyan vorgelegt hatte.

7 V. Duruy, *Histoire grecque,* Paris 1851, S. 103.

allmählichen Fortschritte des menschlichen Geistes" – eine Rede, die der damals dreiundzwanzigjährige Turgot hält, als er sein Amt als Prior der Sorbonne antritt –, daß „die Barbarei alle Menschen gleich macht", während der Fortschritt gerade auf der Ungleichheit der Nationen beruht. Doch andererseits ist Athen und nicht Sparta „das Modell der Nationen", und „der Handel und die Künste" sind es, die später Alexandrien zum Rivalen von Athen machen. „Das bekannte Universum, oder wenn ich so sagen darf, das handeltreibende Universum"[8]. Aber Turgot nimmt hier, wie wir noch sehen werden, Motive auf, die es schon vor ihm gab, und überdies ist mit ihnen die Stellung, die das 18. Jahrhundert zur griechischen Welt einnahm, bei weitem nicht erschöpfend charakterisiert.

Wie soll man die einzelnen Entwicklungsstufen zwischen Turgot und seinen Vorgängern und Duruy und seinen Nachfolgern genauer kennzeichnen? Wie und nach welchen Kriterien unsere Zeugen auswählen? Um die Mitte des 19. Jahrhunderts ist die Alte Geschichte in Frankreich zu einer Angelegenheit von Professoren und Lehrern geworden. Dazu war sie früher schon in Deutschland, später in England geworden, und wenn George Grote auch weder ein eigens dazu ausgebildeter noch ein innerlich überzeugter Professor war, so war er doch nichtsdestoweniger einer der Väter der Universität London, die in Konkurrenz zu Oxford und Cambridge gegründet wurde. Aber zwischen Turgot und Duruy? Leute, die sich die Erforschung der griechischen Welt zum Beruf gemacht haben, gibt es schon am Ende des 18. Jahrhunderts. Ein D'Ansse de Villoison, ein Jean Schweighäuser, Herausgeber und Ausgräber von Texten, herrschen über ihr Reich wie M. Louis Robert über das seine. A. J. Letronne wird 1787 geboren, und sobald er sich 1814 zu Wort meldet, tut er dies als ein Wissenschaftler von Beruf, so als wäre er ein Zeitgenosse von uns. Aber noch lange steht der Triumph der Professoren nicht fest, auch 1820 noch nicht. Wer wird die griechischen Studien mehr prägen: Paul-

---

[8] Turgot, „Tableau philosophique des progrès successifs de l'esprit humain", *Œuvres,* Bd. I, G. Schelle (Hrsg.), Paris 1913, S. 214–234; wir zitieren die S. 217, 225 f.; auf die historische Bedeutung dieser Rede sowie derjenigen, die Turgot über die Rolle des Christentums gehalten hat, wurde – nach dem Vorgang anderer – mit Nachdruck hingewiesen von F. E. Manuel, *The Prophets of Paris,* Cambridge 1962, S. 13.

Louis Courier (1772–1825), Leutnant der Artillerie, oder sein Schwiegervater Clavier (1762–1817), Übersetzer von Pausanias und Professor am Collège de France?

D'Ansse de Villoison (1750–1805) faßt im Augenblick der Revolution den Entschluß, „sich nicht in die Angelegenheiten der Republik einzumischen", und sagt es natürlich auf griechisch: τῷ σοφῷ οὐ πολιτευτέον. In einem Brief vom 17. Juni 1792 erwähnt er die „langen und gewaltigen Untersuchungen", die die Ausarbeitung seines großen Werks erfordert – eine „vergleichende Geschichte Griechenlands in alter und neuer Zeit", die seine Zurückgezogenheit rechtfertigen soll; aber diese Maxime brachte ihm kein Glück, denn er verlor sich in den dokumentarischen Vorarbeiten und sollte nie die Geschichte schreiben, von der er träumte[9].

Umgekehrt publizierte J. Schweighäuser (1742–1830), der von Straßburg aus begeistert die Revolution begrüßt hatte und (trotz einiger Schwierigkeiten im Jahre II) zu einem glühenden Patrioten wurde, von 1789 bis 1795 in Leipzig seine große Polybiosausgabe, zu der er in einem Brief an einen Volksvertreter anmerkte: „Es ärgert, ja beschämt mich fast, den französischen Republikanern ein Werk zu überreichen, das im Land der Knechtschaft gedruckt wurde"[10]. In der Tat durfte Polybios – zwischen Revolution und Gegenrevolution gestellt – mit gutem Recht Neutralität wahren.

So stammen denn auch unsere Hauptzeugen nicht aus diesem streng berufsständischen Universum. Und in der Welt der Spezialisten haben wir uns dazu entschlossen, diejenigen zu Wort kommen zu lassen, die nicht ausschließlich Spezialisten der antiken Welt waren. So beschäftigte sich Pierre-Charles Lévesque (1736–1812), bevor er sein Leben Thukydides und der griechisch-römischen Welt widmete, hauptsächlich mit China und phantastischen Reisen und schrieb eine *Geschichte Rußlands,* in der man lesen konnte: „Die Geschichte einiger kleiner Republiken, deren Herrschaft sich auf einen kaum wahrnehmbaren Punkt der Erdkugel beschränkte [gemeint sind natürlich Athen und Sparta], war lange Zeit einer der Hauptgegenstände unserer Studien: vom größ-

---

9 Vgl. C. Joret, *D'Ansse de Villoison et l'hellénisme en France pendant le dernier tiers du XVIIIe siècle,* Paris 1910, S. 331 f.

10 Vgl. C. Rabany, *Les Schweighaeuser, biographie d'une famille de savants alsaciens d'après leur correspondance inédite,* Paris 1884, S. 18.

ten Reich der Welt kannten unsere Väter nicht einmal den Namen."[11] Unsere Zeugen füllen de facto das ganze Spektrum aus, das von politisch tätigen Schriftstellern wie Benjamin Constant, Chateaubriand und Joseph de Maistre, die einen im wesentlichen ideologischen Kampf ausfochten, bis zu einem Philosophen wie Condorcet reicht, der zum Akteur und Opfer der Revolution wurde, bis zu einem seltsam wagemutigen Amateur wie Cornelius De Pauw oder auch zu einem berühmten Orientalisten wie Volney, der ein „Ideologe" in dem damals gebräuchlichen Sinne des Wortes war sowie Mitglied der verfassunggebenden Versammlung und Geschichtsprofessor an der im Jahre III gegründeten École normale. Diese Männer also, und nicht große Gelehrte wie Nicolas Fréret (1688–1749)[12] oder Sainte-Croix (1746–1809), diese Männer, die zwar Bürger Athens, aber zugleich auch Männer der Revolution, des Kaiserreichs und Europas waren, werden wir danach fragen, wie Athen zur reifsten Frucht der bürgerlichen Geschichte hat werden können. Und diese Gruppierung, die uns selbst ein wenig gekünstelt vorkam, nahm im Laufe unserer Untersuchungen allmählich eine gewisse Konsistenz an. Wir haben diese Personen als ein Ganzes behandelt, und sie bilden in der Tat ein Ganzes, denn sie reagieren aufeinander und haben denselben kulturellen Grundstock. So haben wir etwa zu unserer Überraschung festgestellt, wie zentral die Rolle eines Cornelius De Pauw (1739–1799) war, den die Historiker der griechischen Geschichte zwar so gut

---

[11] P.-Ch. Lévesque, *Histoire de Russie,* Bd. I, Paris 1782, S. 71. Dieser Satz fiel weg, als Lévesque seine Arbeit im Jahr 1800 ein zweites Mal auflegen ließ und dann ein weiteres Mal 1812; da heißt es dann: „Unsere Väter wußten nur wenig von Rußland; meistens kannten sie nicht einmal den Namen dieses Reichs, das doch das größte der Welt ist" (Bd. I, S. 91, der Neuauflage Paris 1812). Vgl. P. Vidal-Naquet, „La place de la Grèce dans l'imaginaire des hommes de la Révolution", *La démocratie grecque vue d'ailleurs,* Paris 1990, S. 229 f.

[12] Vgl. Renée Simon, „Nicolas Fréret, académicien", *Studies on Voltaire,* Bd. XXVII, Genf 1961. Nicolas Fréret steht im Zentrum der Arbeit von Chantal Grell, *Histoire ancienne et érudition. La Grèce et Rome dans les travaux des érudits en France au XVIIIᵉ siècle,* Paris 1984. Vgl. ferner Mouza Raskolnikoff, *Histoire romaine et critique historique dans l'Europe des Lumières: la naissance de l'hypercritique dans l'historiographie de la Rome antique,* Straßburg 1986.

wie gar nicht kennen[13], der aber von Lévesque, Constant, Joseph de Maistre und vielen anderen gelesen und durchgearbeitet worden ist.

Im Zentrum der Geschichtsperiode, die wir ausleuchten wollen, steht natürlich die gewaltige gesellschaftliche und geistige Erschütterung, die von der Französischen Revolution ausging. In einer früheren Arbeit hat einer von uns versucht[14], die Rolle zu bestimmen, die Griechenland im politischen Bewußtsein der Revolution spielte und genauer noch im Zentrum jenes Zentrums – im Jahre II. Unser Ziel hier ist ein ganz anderes. Es geht nicht darum, das Phänomen einer gesellschaftlichen Identifizierung zu untersuchen, nämlich kurz gesagt diejenige der Montagnards mit einem mythischen Sparta, ein Phänomen, das letztlich chiliastischer Natur ist, sondern darum, die Funktion einer gewissen Anzahl von *Werken* zu verstehen, und diese erscheinen unmittelbar vor und nach der entscheidenden Krise: in den Jahren 1786–1788 und 1795–1800. Das Jahr III zum Beispiel ist ein großer Moment von Veröffentlichungen und Wiederveröffentlichungen[15]. Zur Zeit des thermidorianischen Konvents und des Direktoriums verschaffen sich die Ideologen, diese Stifter des heutigen Laizismus, und ihre Gegner Klarheit über ihre Nähe oder Distanz zu Athen. Danach sind die Würfel, und zwar für lange Zeit, gefallen.

Doch bevor wir uns näher mit dem Revolutionszeitraum befassen, wollen wir ein paar allgemeine Aussagen über das Aufklärungs-

---

13 Vgl. jedoch E. Egger, *L'Hellénisme en France,* Paris 1869, Bd. II, S. 275; Elizabeth Rawson, *The Spartan Tradition in European Thought,* Oxford 1966, S. 260.

14 P. Vidal-Naquet, „Tradition de la démocratie grecque", erschienen als Vorwort zu der (von Monique Alexandres besorgten) Übersetzung von M. I. Finley, *Démocratie antique et démocratie moderne,* Paris 1976. Vgl. auch derselbe, „La place de la Grèce dans l'imaginaire des hommes de la Révolution", a. a. O., S. 211–235.

15 Damals erscheinen außer den *Leçons d'histoire* von Volney auch der *Origine de tous les cultes* von Dupuis und das *Tableau historique* von Condorcet. Doch es ist auch der Moment, wo Texte, einzeln oder gesammelt, wiederveröffentlicht werden: so der *Reichtum der Nationen* von Adam Smith, die Werke von C. De Pauw, von Condillac und Mably.

zeitalter im ganzen wagen, soweit es den Bezug auf die griechische Antike betrifft. Wir sagen mit Bedacht: im ganzen, denn es wäre zu einfach, sich nur an jene Wiederentdeckung der „Antike" zu halten, die am Ende des Jahrhunderts sowohl in der Rhetorik wie auch in der Architektur und den übrigen bildenden Künsten triumphiert. Erst recht geht es nicht an, das französische 18. Jahrhundert auf das zu reduzieren, was in ihm den Historismus des 19. Jahrhunderts ankündigt, also auf die wenigen Schüler oder Nacheiferer von Vico oder Herder. Sich darauf zu beschränken hieße, eine Epoche mit den Kategorien der darauffolgenden Epoche zu beurteilen, ein Vorgehen, das gerade in diesem speziellen Fall zu Recht von Cassirer moniert worden ist: „Die landläufige Ansicht, daß das achtzehnte Jahrhundert ein spezifisch ‚unhistorisches' Jahrhundert gewesen sei, ist selbst keine geschichtlich-begründete und begründbare Auffassung: sie ist vielmehr ein Kampfwort und ein Schlagwort, das die Romantik geprägt hat, um in seinem Zeichen gegen die Philosophie der Aufklärung zu Felde zu ziehen"[16].

Beginnen wir mit einigen Sätzen aus einer Abhandlung *(mémoire)* der Académie des inscriptions et belles-lettres, vorgelegt 1760 von Jean-Pierre de Bougainville (1722–1763), Bruder des berühmten Forschungsreisenden und Mitglied des Jesuitenordens:

> Soviel steht fest: Die Geschichte Griechenlands, ein Land, das von Stufe zu Stufe reicher und sittlicher wird, bietet uns weniger das Schauspiel von den Schicksalen einer einzelnen Nation als vielmehr eine Perspektive, in der wir im kleinen das ganze Menschengeschlecht in seinen verschiedenen Entwicklungsstadien beobachten können. Sie ist also ein kurzer, aber kompletter Abriß aller Geschichte, Moral und Politik, denn sie hat das Verdienst, auf einem relativ knappen Raum alle wesentlichen Punkte, die sonst in den Annalen der verschiedenen Jahrhunderte weit verstreut liegen, zusammenzufassen, und zeigt uns den Menschen unter allen nur erdenklichen Gesichtspunkten: als Wilden, als Umherziehenden, als Zivilisierten, als Religiösen, als Krieger und als Händler; des weiteren liefert sie Vorbilder für alle Gesetze, ja man kann sagen eine komplette und durch Fakten belegte Theorie der Bildung der Gesellschaften, eine Theorie der Entstehung, der Ausbreitung und des Fortschritts der Künste, eine Theorie aller Revolutionen, aller Umbildungen, denen die Menschheit ausgesetzt sein kann, aller Formen, die sie modifizieren können. Für einen aufmerksamen Beobachter

---

[16] E. Cassirer, *Die Philosophie der Aufklärung,* Tübingen 1932, S. 263.

> [. . .] ist Griechenland ein kleines Universum und die Geschichte Griechenlands ein exzellentes Kompendium der Universalgeschichte[17].

Nichts banaler als das, wird man sagen. Halten wir indes die räumliche Metapher fest. Der „knappe Raum", von dem die Rede ist, ist nicht nur eine Anspielung auf den Platz, den Griechenland auf einer Karte einnimmt. Daß ein „Raum" eine Zeit resümiert, entspricht im 18. Jahrhundert der Ordnung der Dinge[18]. Raum und Zeit, Gegenwart und ferne Vergangenheit, Welt der Wilden und Welt der alten Zivilisationen, utopische Entwürfe und verortete Utopien, über den Trümmern des *Discours sur l'histoire universelle* sind alle Kombinationen möglich in einem Zeit-Raum von schier unglaublichen Dimensionen.

Um zu begreifen, welche Bedeutung Griechenland für die „Philosophen" gehabt hat[19], muß man natürlich sehen, daß ihnen die

---

17 J.-P. de Bougainville, „Vues générales sur les antiquités grecques du premier âge, et sur les premières histoires de la nation grecque . . .", *Mémoires de littératures tirés des registres de l'Académie royale des inscriptions et belles-lettres,* Bd. XXIX, 1764, S. 27–86; wir zitieren die S. 32 f. Man beachte den parallelen Fortschritt innerhalb der beiden Triaden: wild, umherziehend, zivilisiert; religiös, kriegerisch, handeltreibend.

18 Zum Raum der „Philosophen" vgl. die Arbeit von N. Broc, *La Géographie des philosophes,* Lille 1972, und speziell für das Ende des Jahrhunderts die von S. Moravia, „Philosophie et géographie à la fin du XVIIIe siècle", *Studies on Voltaire,* Bd. LVII, Genf 1967, S. 937–1011.

19 Wir verfügen für diese Untersuchung bei weitem nicht über alle die Arbeiten, die eigentlich nötig wären. Das einzige umfassende Werk, das das Problem ernsthaft angeht, ist das von Peter Gay, *The Enlightenment. An Interpretation,* Bd. I, *The Rise of Modern Paganism,* London 1967; zum Trugbild Sparta vgl. die beiden Kapitel, die E. Rawson dem 18. Jahrhundert widmet, *The Spartan Tradition,* S. 220–267; zu Voltaire D. H. Jory, „Voltaire and the Greeks", *Studies on Voltaire,* Bd. CLIII, Genf 1976, S. 1169–1187; zu Rousseau D. Leduc-Fayette, *Jean-Jacques Rousseau et le mythe de l'Antiquité,* Paris 1974, und vor allem R. Leigh, „Jean-Jacques Rousseau and the Myth of Antiquity in der Eighteenth Century", in R. R. Bolgar, *Classical Influences,* S. 155–168; zu Diderot J. Seznec, *Essais sur Diderot et l'Antiquité,* Oxford 1957; zu Montesquieu ein großartiger Aufsatz, vielleicht die einzige Studie, die exakt auf die Fragen antwortet, die wir hier stellen, von G. Cambiano, „Montesquieu e le antiche repubbliche greche", *Rivista di filosofia,* LXV, 2–3, April–September 1974, S. 93–144. Selbstverständlich war für uns die Lektüre der *Contributi* von Arnaldo Momigliano sehr lehr-

ferne Vergangenheit als Waffe dient im Kampf gegen die traditionelle christliche Gesellschaft ihrer Zeit sowie gegen den jüdisch-christlichen Mythos, auf dem sie basiert; vor allem aber muß man sich klarmachen, daß dabei alle nur denkbaren Verbindungen möglich sind, selbst die widersprüchlichsten. Alle Zeiten und Räume sind geeignet, Wunschvorstellungen Platz zu bieten, um dort die Freiheit oder die innere Ruhe zu suchen. Urzeiten und starre Räume, aber auch die eben erst eroberten und bewohnbar gemachten Länder des angelsächsischen Amerikas, die fremden Welten Rußlands, Chinas und Indiens oder der afrikanische Kontinent. Alles läßt sich kombinieren: die Ruhe mit der Bewegung, die Freiheit mit dem aufgeklärten Despotismus. So kann sich Voltaire, was Griechenland betrifft, für Athen und gegen Sparta entscheiden, aber gleichzeitig das Trugbild China propagieren[20]. Eine detaillierte Untersuchung müßte folgende Verbindungen berücksichtigen: Griechenland und Amerika, Griechenland und die wilden Völker, Griechenland und Holland, Griechenland und die Schweiz. Weil es am Ende des Jahrhunderts die „bürgerliche Revolution" gab, ist man versucht zu glauben, daß die Entwicklung der Ideen sich nur an jene Elemente Griechenlands gehalten hat, die mit der Bewegungsrichtung des Jahrhunderts, wie sie sich rückblickend darstellt, übereinstimmten. Aber nichts wäre unrichtiger. Denn Griechenland verkörperte nicht nur die siegreiche Vernunft, sondern stützte mindestens ebensosehr den Traum von einer unbeweglichen Geschichte[21], wo die Vollkommenheit bereits ein für allemal erreicht worden ist. So fungierte Athen selber für Winkelmann, so fungierte auch Sparta, dessen Gesetzgeber angeblich auf einen Schlag die richtige Gesellschaft errichtet hatte,

---

reich; weisen wir speziell auf seinen letzten Aufsatz zu unserem Thema hin, „Eighteenth Century Prelude to Mr. Gibbon", *Gibbon et Rome à la lumière de l'historiographie moderne,* P. Ducrey (Hrsg.), Genf 1977, S. 57–70.

[20] Vgl. E. Rawson, *The Spartan Tradition,* S. 255–257, und zu Voltaire und China die grundlegende Gesamtdarstellung von B. Guy „The French Image of China before and after Voltaire", *Studies on Voltaire,* Bd. XXI, Genf 1963: zu Voltaire, S. 214–284; zuletzt auch S. Pitou, „Voltaire, Linguet and China", *Studies on Voltaire,* Bd. XCVIII, Genf 1972, S. 61–68.

[21] Zu diesem Thema vgl. J. Ehrard, *L'Idée de nature en France dans la première moitié du XVIIIe siècle,* Paris 1963, Bd. II, S. 768–786.

ein Mythos, der durch die Revolution noch verstärkt wurde. Wie in den modernen Kontroversen zur griechischen Ökonomie[22] trafen damals bei der Debatte um Griechenland „Primitivisten" und „Modernisten" aufeinander, ohne von denen zu reden, für die Griechenland eben der Ort des Übergangs ist, eine Position, die J.-P. de Bougainville recht gut verkörpert. Das „primitivistische" Thema, das sich in ersten Umrissen bereits 1724 bei dem R. P. Lafitau[23] andeutet, bekommt im letzten Viertel des Jahrhunderts ein ganz neues Gesicht. Verglichen mit der modernen Welt, erscheint die primitive Welt jetzt als der Ort des Symbols, der Allegorie, des Geheimnisses, das entziffert werden muß. So ist Court de Gébelin in den neun Bänden seiner *Monde primitif,* erschienen von 1773 bis 1782, übrigens eines der seltenen französischen Werke, die unter dem Einfluß von Vico entstanden sind, auf der Suche nach der einen Sprache, die der unmittelbare Ausdruck jener Natursymbolik ist, die das Geheimnis dieser Welt ausmacht[24]. In der griechischen Welt endet die Suche: „Endlich sind wir bei dir, liebreiches Griechenland"[25]; eine griechische Welt allerdings, deren Sprache in mancherlei Hinsicht ein Dialekt des Keltischen ist. Unsere Vorfahren, die Griechen . . . Und sein Schüler, der Astronom Bailly, der der erste Bürgermeister von Paris werden sollte, ist – noch hinter die Brahmanen zurückgehend, die Voltaire so teuer waren – auf der Suche nach jenem Urvolk, von dem die Atlanter Platons ein Zweig waren und dessen Größe die Existenz der

---

22 Vgl. E. Will, „Trois quarts de siècle de recherches sur l'économie grecque antique", *Annales ESC,* 9, 1954, S. 7–22.

23 Vgl. P. Vidal-Naquet, „Les jeunes: le cru, l'enfant grec et le cuit", *Le chasseur noir,* deutsch „Das Rohe, das griechische Kind und das Gekochte", *Der schwarze Jäger;* Edna Lemay, „Histoire de l'Antiquité et découverte du Nouveau Monde chez deux auteurs du XVIIIe", *Studies on Voltaire,* Bd. CLI, Genf 1976, S. 1313–1328. Vgl. auch S. Pembroke, „The Early Human Family: Some Views, 1770–1870", *Classical Influences,* S. 275–291.

24 Zu Court de Gébelin vgl. außer den Arbeiten seines unmittelbaren Schülers Rabaut Saint-Étienne, *Œuvres* (2 Bd., Paris 1826) Bd. I, S. 355–390: F. Baldensperger, *Mélanges E.Huguet,* Paris 1940, S. 315–330; F. E. Manuel, *The Eighteenth Century Confronts the Gods,* S. 250–258; G. Genette, *Mimologiques,* Paris 1976, S. 119–148.

25 Court de Gébelin, *Monde primitif,* Bd. IX, S. I.

antiken Welt überhaupt erst verständlich macht[26]. Nach der Revolutionszeit wird sich diese „primitivistische" Symbolik der Urvölker noch rege fortentwickeln, man denke an Dupuis oder Creuzer.

Heben wir jedoch das umgekehrte Thema hervor, das der Modernität. Modernität, d. h. soviel wie „Handel", denn der Handel ist es, der es erlaubt, Athen von Sparta abzutrennen und es in die Nähe von Amsterdam, London oder Paris zu rücken. Es taucht zunächst nur sehr verhalten auf, und zwar in einem von dem niederländischen Vorbild inspirierten Buch, das 1711 der berühmte Huet, Bischof von Avranche, publiziert. Darin wird Athen mit Hilfe von Xenophons *Buch von den Einkünften* als „eine Stadt [betrachtet], in der viel Handel getrieben wird, und die den Güterverkehr nach Kräften befördert"[27]; doch der Gegensatz, der auf dieser Ebene zwischen Athen und Lakonien hergestellt wird, zieht noch keine wichtigen Folgen nach sich, weder für die Vorstellungen, die man sich von der antiken Welt macht, noch für die Entscheidungen, die in der modernen Welt zu treffen sind.

1734 jedoch erscheint anonym der *Essai politique sur le commerce* von J.-F. Melon, der Sekretär von John Law war. Das Buch hat seine Vorgeschichte, die hauptsächlich eine englische ist und es zurückbindet an die *Bienenfabel* von Mandeville, in der der Gedanke auseinandergesetzt wird, daß Moralität und wirtschaftliche Effizienz zwei verschiedene Sachen sind[28]. Und es hat auch seine Nachwirkung: nämlich die vor allem in Frankreich geführte Kontroverse über den Nutzen des Luxus für die ökonomische Entwicklung[29]. Athen spielt hierbei eine tragende Rolle:

---

26 J. S. Bailly, *Histoire de l'astronomie ancienne,* Paris 1776; *Lettres sur l'origine des sciences et sur celle des peuples de l'Asie,* London 1777; *Lettres sur l'Atlantide de Platon et sur l'ancienne histoire de l'Asie,* London Paris 1779. Vgl. oben S. 61–94: „Atlantis und die Nationen".

27 P. D. Huet, *Histoire du commerce et de la navigation des Anciens,* Paris 1711, S. 75. Im Jahr darauf veröffentlichte Huet den *Grand Trésor historique et politique du florissant commerce des Hollandais.* Zu Huet vgl. S. 16 f. in C. Nicolet, *Rendre à César. Économie et société dans la Rome antique,* Paris 1988.

28 Vgl. zuletzt L. Dumont, *Homo aequalis. Genèse et épanouissement de l'idéologie économique,* Paris 1977, S. 83–104.

29 Die Bibliographie ist umfangreich: vgl. vor allem Ehrard, *L'Idée de nature,* Bd. II, S. 378–381, 595–598; Rose de Labriolle, „Le pour et le contre et son temps, II", *Studies on Voltaire,* Bd. XXXV, Genf 1965,

> Das strenge Lakonien war weder siegreicher noch wurde es besser regiert als das im Überfluß schwelgende Athen, und erst recht hat es keine größeren Menschen hervorgebracht. Unter den berühmten Männern Plutarchs sind vier Lakedämonier und sieben Athener, Sokrates und Platon nicht mitgerechnet, die hier vergessen wurden. Die Luxusgesetze Lykurgs verdienen nicht mehr Aufmerksamkeit als seine anderen Gesetze, die für jedes feinere Empfinden so empörend sind[30].

Athen und der Luxus, das Thema wird bald banal sein, und Rousseau wird daraus eines der Argumente seiner Kritik machen[31].

Doch Melon benennt nicht nur den Luxus als Unterscheidungskriterium, er bringt auch – zwar nicht direkt hinsichtlich Athens und Spartas, sondern im Blick auf Rom und Karthago – ein Gegensatzpaar in Umlauf, das ein langes Schicksal haben sollte: Geist der Eroberung auf der einen, Geist des Handels auf der anderen Seite. „Der Geist der Eroberung und der Geist des Handels schließen sich in einem Volk gegenseitig aus"; wenn Rom, das bis zum Kaiserreich „eher ein Feldlager als eine Stadt gewesen ist", wenn die Römer, „die nur den nötigsten Handel trieben", die Karthager besiegt haben, so weil „der Geist des Handels und der Bewahrung damals noch gleichsam in den Kinderschuhen steckte"[32]. Das 18. Jahrhundert, das Jahrhundert des Handels und der Industrie, muß den Handels- und Unternehmungsgeist überall mächtig werden lassen, indem es zum Beispiel chirurgische Experimente an zum Tode Verurteilten vornehmen läßt oder den Kriminellen „jene mühsamen Arbeiten [aufbürdet], die das Leben verkürzen", alles Mittel, durch die es

---

S. 531–537; E. Ross, „Mandeville, Melon and Voltaire: the Origins of the Luxury Controversy in France", *Studies on Voltaire,* Bd. CLV, Genf 1976, S. 1897–1912; Cambiano, „Montesquieu e le antiche repubbliche greche", S. 131–144; zu Melon vgl. die Abhandlung von F. Megnet, *Jean-François Melon, 1675 bis 1738. Ein origineller Vertreter der vorphysiokratischen Ökonomen Frankreichs,* Winterthur 1955. Maxime Rodinson gab mir zu Melon noch folgenden Hinweis: M. L. Dufrenoy, *L'Orient romanesque en France, 1704–1789,* Bd. III, Amsterdam 1975, S. 321–383.

30 J.-F. Melon, *Essai politique sur le commerce,* o. O. und o. J. [1734], S. 139.

31 Vgl. zum Beispiel „Sur la réponse qui a été faite à son discours [sur les sciences et les arts]", *Œuvres complètes,* Bernard Gagnebin und Marcel Raymond (Hrsg.), Bd. III, Paris 1966, S. 49–53.

32 Melon, *Essai politique,* S. 96–98.

am Ende auf den Ewigen Frieden hoffen darf: „Endlich hat der Geist des Friedens unser Europa erleuchtet.“[33]

Montesquieu war der Gegensatz zwischen dem Geist der Eroberung und dem Geist des Handels zwar bekannt[34], aber in *L'Esprit des lois* (1748) zögert er, Athen den Geist des Handels zuzuschreiben; die Demokratie stand dem Handel im Wege:

> Athen [. . .], dem es mehr darauf ankam, seine Seeherrschaft auszudehnen als sie zu genießen, und das politisch solcherart regiert wurde, daß der Pöbel die Staatseinkünfte unter sich verteilte, während die Reichen geradezu unterdrückt wurden, betrieb durchaus nicht jenen Handel großen Stils, den ihm die Arbeit in seinen Minen erlaubt hätte, aber auch seine vielen Sklaven und Seeleute, seine Herrschaft über die griechischen Städte, und mehr noch als all dies die herrlichen Einrichtungen Solons.

Auf derselben Seite sagt er allerdings auch, indem er sich auf den „Alten Oligarchen“ beruft, für den er den Autor der *Anabasis* hält: „Man könnte meinen, Xenophon habe von England reden wollen.“[35] Auch andere widerstehen dieser Identifizierung, vor allem David Hume, der ihr zuerst nachgab, dann aber definitiv zu der Überzeugung kam, daß „der Zinssatz beim Silber und die großen Profite, die der Handel einbrachte, ein untrügliches Kennzeichen dafür sind, daß Industrie und Handel noch in den Kinderschuhen steckten“, was, sehr bewußt übrigens, darauf hinauslief, die Argumente von Thukydides aus der sogenannten „Archäologie“[36] zu verallgemeinern.

Aber diese Stimmen bleiben isoliert, und das Thema von Athen als einer Stadt des Handels triumphiert. Sir William Young veröf-

---

[33] Ebd. S. 107, 113, 115 f.; vgl. hierzu allgemein M. Foucault, *Surveiller et Punir,* Paris 1975, deutsch *Überwachen und Strafen,* Frankfurt a. M. 1976.

[34] Vgl. zum Beispiel in „Mes pensées“, Nr. 1228, *Œuvres,* Bd. I, Paris 1949, S. 1306 f.

[35] *L'Esprit des Lois,* XX, Kap. VII, *Œuvres,* Bd. II, Paris 1951, S. 611; vgl. Cambiano, „Montesquieu e le antiche repubbliche greche“, S. 133 ff.

[36] Vgl. „On the Populousness of Ancient Nations“ (1752), in D. Hume, *Essays. Literary, Moral and Political,* London 1894, S. 245, (mit Blick auf Thukydides) 248; man vgl. dies mit den viel optimistischeren Angaben in der früheren Abhandlung „On Commerce“, ebd., S. 149–158; zur Originalität von D. Hume vgl. M. I. Finley, *Die antike Wirtschaft,* München 1977, S. 12.

fentlicht 1777 in London eine Geschichte Athens, die zweimal wiederaufgelegt werden sollte, 1786 und 1804[37]. Der Titel der zweiten Auflage definiert die Polis als „*a free and commercial state*", und aus dem ganzen Gedankengang Montesquieus greift sich Sir William Young, der eine wichtige Rolle in der britischen Kolonialverwaltung spielte, nur den Vergleich mit England heraus. Athen verkörpert für ihn dank seines Handels den Staat, der am besten aufs allgemeine Wohl angelegt ist: „*The free state of Athens, in the high perfection of its establishment, was the state the best calculated for general happiness*"[38]. Hier haben wir natürlich schon das Thema der utilitaristischen Philosophie. Wie aber soll man den „Geist des Handels" mit dem Patriotismus vereinbaren, mit jener anderen Grundstimmung also, die am Ende des Jahrhunderts zunimmt und deren Modell doch auch das alte Griechenland lieferte und dort, fast im selben Maße wie Sparta, vor allem Athen? Als der Marquis de Chastellux, der einer der Theoretiker der repräsentativen Regierungsform war[39], zu Beginn der achtziger Jahre des

---

[37] Die erste Auflage trägt den Titel: *The Spirit of Athens. Being a Political and Philosophical Investigation of the History of that Republic;* die zweite Auflage: *The History of Athens Politically and Philosophically Consideraded with the View to an Investigation of the Immediate Causes of Elevation and of Decline, Operative in a Free and Commercial State;* die dritte, nach der Revolution, heißt: *The History of Athens, Including a Commentary on the Principles, Policy and Practice of Republican Government, and on the Causes of Elevation and Decline, which Operate in Every Free and Commercial State;* uns war nur die zweite Auflage zugänglich, aber unser Freund Simon Pembroke war so nett, die erste und die zweite systematisch zu vergleichen, und er hat mit Ausnahme des Titels keinen größeren Unterschied entdeckt, soweit es um die Bedeutung des Handels geht.

[38] *The History of Athens,* S. 63; vgl. zu der Bezugnahme auf Montesquieu S. XI.

[39] Chastellux, *De la félicité publique ou Considérations sur le sort de l'homme dans les différentes époques de l'histoire,* Amsterdam 1772. Wir erwähnen dieses Buch zum einen deshalb, weil sich der Autor darin – gegen Rousseau und in einer Sprache, die auf Constant vorausdeutet – zum Theoretiker der repräsentativen Regierungsform macht: „Was mich betrifft, so denke ich, daß es unter den Völkern erst dann eine feste und dauerhafte Freiheit und vor allem Glückseligkeit geben kann, wenn alles durch Repräsentation geschehen wird" (S. 43), dann aber auch deshalb, weil es ein recht seltenes Beispiel für eine Kritik sowohl

18. Jahrhunderts durch Amerika reiste, zeichnete er von einem Kaufmann aus Philadelphia folgendes Portrait:

> Es ist ein sehr reicher Kaufmann und folglich jemand, der in allen Ländern gleichermaßen zu Hause ist, denn der Handel ist überall gleich. Er bewegt sich frei in den Monarchien und er handelt egoistisch in den Republiken; überall fremd und doch, wenn man so will, ein Bürger des ganzen Universums, setzt er sich über alle Vorurteile, aber auch Tugenden hinweg, die seinen Interessen im Wege stehen[40].

Verweilen wir jetzt ein wenig bei den Jahren, die der Revolution unmittelbar vorausgehen. 1787/88 erscheinen zwei Bücher, die einen sehr gegensätzlichen Charakter haben und auch ein sehr unterschiedliches Schicksal haben sollten. Eines ist bekannt, ja berühmt; es sind die sechs Bände der *Voyage du jeune Anacharsis en Grèce* des Abbé Barthélemy, ein Monument der Gelehrsamkeit, das im 19. Jahrhundert immer wieder nachgedruckt wird und ein Bild von Athen entwirft, das ganz im Stil von Paris oder Chanteloup gezeichnet ist. Chanteloup: jenes Landgut des Herzogs von Choiseul in der Touraine, wo Barthélemy sein großes Werk schrieb, das heute nur noch eine Art phantastischer Pagode zu sein scheint. Daß diese Athener eigentlich Pariser sind, sagen ausnahmslos alle Kommentatoren, wissen aber nicht, ob sie dies ehrfürchtig bestaunen oder sich darüber empören sollen[41]. Wenig beachtet hat man die Tatsache, daß dieser Reisende ein Skythe ist und ganz wie Rollin, Rousseau oder Mably Sparta lieber mag als Athen und die

---

an Athen wie an Sparta enthält, die auf Volney vorausdeutet (vgl. S. 22–49).

40 *Voyage de M. le marquis de Chastellux dans l'Amérique septentrionale dans les années 1780, 1781 et 1782,* 2 Bd., Paris 1784.

41 Zunächst staunte man, dann – nach der Revolution – war man empört. Zum Werk des Abbé Barthélemy, das Ende 1788 in Paris erschienen ist, vgl. die Arbeit von M. Badolle, *L'Abbé Jean-Jacques Barthélemy (1716–1795) et l'hellénisme en France dans la seconde moitié du XVIIIe siècle,* Paris 1927; zu der Wirkung nach der Revolution vgl. R. Chanat, *L'Hellénisme des romantiques,* Bd. I, Paris 1951, S. 115 ff.; typisch ist der Brief von P.-L. Courier an Chlewaski (27. Februar 1799): „Ich denke, daß alle Bücher dieser Art, halb Historie, halb Roman, in denen die heutigen Sitten sich mit denen von einst mischen, beiden gleichermaßen Unrecht tun, indem sie völlig falsche Vorstellungen geben und sowohl gegen den Geschmack wie die Gelehrsamkeit verstoßen" *(Œuvres,* Bd. II, S. 662).

Skythen lieber als die Griechen. Dieser „gute Wilde", obwohl er doch bei Platon und Aristoteles in die Lehre gegangen ist, zieht es letzten Endes vor, wieder heimzukehren.

Die *Recherches philosophiques sur les Grecs* von Cornelius De Pauw, die 1787 in Berlin und 1788 in Paris erscheinen, sind – obwohl sie im Jahre III im Rahmen des Gesamtwerks nachgedruckt und sogar ins Englische übersetzt worden sind – unseres Wissens nie zum Gegenstand einer Untersuchung gemacht worden[42].

Cornelius De Pauw (1739–1799) war ein aus Kleve im Rheinland stammender Deutscher und stand bei der Stadt Lüttich als Botschafter in Diensten. Er war ein Großneffe der Brüder De Witt, deren gewaltsamer Tod 1672 Spinoza tief betrübte, und ein Onkel von Anacharsis Cloots, des „Redners des Menschengeschlechts", dessen Hinrichtung während der Schreckensherrschaft ihn zutiefst traf. Seine *Recherches philosophiques* über die Griechen sind faktisch ein Teil eines sehr viel größeren Ganzen. „Dieser protestantische Vielschreiber ergreift, wo er nur kann, die Gegenpartei zu den Jesuiten."[43] 1768 veröffentlicht er in Berlin die *Recherches philosophiques sur les Américains ou Mémoires intéressants pour servir à l'histoire de l'espèce humaine,* das bei weitem bekannteste seiner Werke[44]. Wider den Mythos vom guten Wilden bzw. wider die Utopien, die sich oft hinter Schilderungen des präkolumbischen Amerikas versteckt hielten[45], sollte hier das

---

[42] Zur Person De Pauws einige Auskünfte in C. Becdelièvre, *Biographie liégeoise,* Bd. II, 1835, Nr. 1799, S. 531–536, die man mitunter einfach nur abgeschrieben hat (vgl. Michaud, *Biographie universelle,* 2. Aufl., Bd. XXXII, Paris 1861, S. 321 f.); vgl. auch G. Avenel, *Anacharsis Cloots,* Paris 1865; und zu seinem Werk die Hinweise, die sich oben S. 101, Anm. 13 und unten in Anm. 44 finden. Aufmerksam auf De Pauw wurden wir durch eine Magisterarbeit (1976) von Alain Chauvet, die Barthélemy gewidmet war. Wir zitieren De Pauw nach der Neuauflage aus dem Jahre III.

[43] N. Broc, *La Géographie des philosophes,* S. 457. Ein „Protestant" übrigens, der ordinierter Subdiakonikus und später Domherr von Xanten war.

[44] Es wird vor allem kommentiert von M. Duchet, *Anthropologie et histoire au siècle des Lumières,* Paris 1972; vgl. das Register.

[45] Zu diesen Themen des 18. Jahrhunderts vgl. außer der Arbeit von N. Broc auch H. Baudet, *Paradise on Earth: Some Thoughts on European Images of Non-European Man,* übers. von E. Wentholt, New Haven London 1965, S. 37–55.

indianische Amerika einmal als riesige Verwesungsgrube gezeigt werden, in der nichts, weder Mensch noch Pflanze, recht gedeihen kann. Ein paar Jahre später, 1773, veröffentlicht er weitere *Recherches philosophiques,* diesmal über die Ägypter und Chinesen. Sie verfolgten ein doppeltes Ziel: Zunächst sollte das Schicksal Ägyptens, das die Intellektuellen seit den Griechen – nach De Pauw übrigens zu Unrecht – fasziniert hatte, von demjenigen Chinas deutlich geschieden werden. Hatte man nicht geschrieben, daß China, dieses Trugbild der Intellektuellen des Aufklärungszeitalters, eine ägyptische Kolonie gewesen sei? So jedenfalls 1759 noch der große Linguist J. de Guignes[46]. Und nachdem diese Unterscheidung getroffen war, mußte dann noch gezeigt werden, daß das China, von dem die Intellektuellen träumten, nach dem Zeugnis jener, die in Kanton gewesen waren, eben nur ein Trugbild war.

Kurz vor seinem Tod vernichtete C. De Pauw das Manuskript eines dritten Werks, das von Germanien handeln sollte; es darf als gesichert gelten, daß er darin die idealisierten Vorstellungen zerstört hätte, die sich der französische Adel von seinen „fränkischen" Vorfahren machte.

Unter all diesen destruktiven Untersuchungen dann die konstruktive über die Griechen, genauer gesagt die Athener. Denn Griechenland, das sind weder die Lakedämonier, „die nie irgendeine Wissenschaft oder Kunst befördert haben", noch die Ätoler, die man mit den wilden Tieren verglich, noch die Thessalier („bei ihnen galt der Ackerbau als unehrenhaft"), noch die Arkader, jene guten Wilden der Antike, die vor Epaminondas politisch gar nicht existieren[47] – sondern Griechenland, das ist vor allem Athen. Ein demokratisches Athen, gewiß, eine Polis der politischen Rede: „Die Politik verbarg sich dort nicht hinter Schleiern und Wolken."[48] Aber doch ein merkwürdiges Athen, in dem sich der Handel, der den ganzen Lebensinhalt der Stadt ausmachen soll, als eine Art Hir-

---

[46] J. de Guignes, *Mémoire dans lequel on prouve que les Chinois sont une colonie égyptienne,* Paris 1758; die These war schon aufgestellt worden von P. D. Huet in seiner *Histoire du commerce.* Dieses Werk rief eine Polemik hervor, die uns hier aber nicht weiter interessiert (Bd. I, S. 166 f.).

[47] C. De Pauw, *Œuvres,* Paris im Jahre III (1795), Bd. VI, S. I–IV.

[48] Ebd., S. IX.

tenidylle darstellt, denn De Pauw betont die Neigung der Athener zum Landleben. Die Stadt Athen besaß keine Prachtbauten. De Pauw stützt sich auf die berühmte Beschreibung des Pseudo-Dikaiarchos[49]: „Der Weg führt angenehm durch eine wohlkultivierte Landschaft von einnehmendem Wesen. Doch die Stadt ist trocken, es fehlt an Wasser; und sie ist schlecht angelegt, wirkt geradezu archaisch“[50]; und um die so durch und durch demokratische Anspruchslosigkeit Athens zu demonstrieren: „Zu Recht fürchteten sie jeden Verstoß gegen die wesentlichen Prinzipien einer Volksregierung und d. h. gegen die Gleichheit, die deren Gesetz ausmacht.“[51] Alles, selbst noch die *Gärten* der Philosophen, wird dieser Hirtenidylle integriert.

Doch dieses ländliche Athen ist seit Solon zugleich der Ort der mechanischen Künste, mit einem „riesigen Warenhandel“, der befördert wird von der „ans Wunderbare grenzenden Zahl von Manufakturen“, mit anderen Worten ein Ort wie London oder Amsterdam[52]. Ermöglicht wird all das durch die Sklaverei, deren Bedeutung unumwunden anerkannt wird. De Pauw übernimmt sogar die Zahl von vierhunderttausend Sklaven aus dem „Zensus“ des Demetrios von Phaleron, die Athenaios in einem ebenso berühmten wie umstrittenen Text angibt[53].

Man muß deshalb nicht meinen, daß De Pauw kritiklos alle Angaben der Tradition akzeptiert. Sein Athen ist eine historische Demokratie, die keineswegs mit Theseus beginnt, wie es die klassische Rhetorik der Griechen und Modernen will. Die früheste Periode der „Geschichte“ Athens, die ersten Daten auf dem „Marmor von Paros“ zum Beispiel, der die „Ankunft von Ceres in Eleusis“ erwähnt, wird als gänzlich legendär zurückgewiesen, worin sich De Pauw als seiner Zeit weit voraus erweist. Die Verfassung von Solon wird als eine Mischform definiert, nicht als rein demokratische. Wirklich begründet wird die Demokratie erst von Aristeides, als auch „der letzte der Athener ein König wurde“. Es ist

---

[49] Ebd., S. 16.

[50] Zitiert nach der Übersetzung von R. Martin, *L'Urbanisme dans la Grèce antique,* Paris 1956, S. 26.

[51] De Pauw, *Œuvres,* Bd. VI, S. 20 f.

[52] Ebd., S. 64 f., 156.

[53] Athenaios, VI, 272 c; De Pauw, *Œuvres,* Bd. VI, S. 156, und Bd. VII, S. 305 f.

nicht wahr, mit Rousseau zu sagen, daß „nur die Götter in einer Demokratie leben können“[54]. Und in einem Kommentar zur *Ökonomik* des Pseudo-Aristoteles schreibt er, daß „der Autor dieses sonderbaren Buches mit dem Titel *Die Ökonomiken* darin kein Wort über die Ökonomie verliert, sondern statt dessen verschiedene Maßnahmen erläutert, die die persischen Satrapen oder die Könige von Karien ergriffen haben“[55], eine Beobachtung, über die viele moderne Kommentatoren dieser Abhandlung über Kunstgriffe in Staats- und Privathaushalten einmal nachdenken sollten[56].

Am Vorabend der Erhebung von 1789 war der Rahmen für ein bürgerliches Athen somit im wesentlichen abgesteckt: ein Ganzes, dem man die Kohärenz nicht absprechen kann, das uns heute aber gekennzeichnet zu sein scheint durch einen Mangel an kritischer Distanz der Gegenwart zur Vergangenheit. Für Kritik und Distanz wird die Revolution sorgen.

Während der Revolutionswirren trat Athen bekanntlich zugunsten Spartas zurück, das seine beherrschende Position im Schulunterricht sowie in weiten Teilen der politischen Kritik im übrigen nie verloren hatte. „Sparta leuchtet wie ein Blitz in der unendlichen Finsternis“, sagt Robespierre am 18. Floréal des Jahres II (7. Mai 1794). Sparta wurde zu dem ideologischen Instrument, mit dem sich die Führer der Bergpartei die französische Gesellschaft transparent machten, indem sie ihr eine imaginäre Einheit verliehen. Das „Revolutionsfest“, eine der bewußtesten Seiten der Nachahmung der Antike, versteht sich als ein das Ereignis leugnendes Ereignis, das die Zeit zugunsten des gemeinsamen Gedenkens aufhebt und so im Raum den Traum des Gesetzgebers verkörpert[57].

---

[54] De Pauw, *Œuvres,* Bd. VII, S. 153–155, 201, 215 f.; in der Demokratiefrage stützt er sich auf Plutarch, *Aristeides,* XXII, 1.

[55] Ebd., S. 358.

[56] Wir denken etwa an B. A. Van Groningen, der das Vorwort zu der Ausgabe bei Belles-Lettres schrieb, Paris 1968.

[57] Vgl. Mona Ozouf, *La Fête révolutionnaire, 1789–1799,* Paris 1976; ein Bericht von Talleyrand, der abgedruckt ist in B. Baczko, *Une éducation pour la démocratie: textes,* Paris 1982, S. 109–173, besonders S. 162–164, zeigt, daß Barthélemy und De Pauw unter den Autoren gewesen sind, bei denen man nach Anregungen für die Organisation der Revolutionsfeste gesucht hat.

Öffnen wir hier eine Klammer und verlassen wir vorläufig die Zeichennetze, die der Gegenstand unserer Untersuchung sind, um uns dem zuzuwenden, was man gemeinhin – unter Mißbrauch der Sprache – die gesellschaftliche Wirklichkeit nennt, und stellen wir folgende Frage: Hatte die Identifizierung mit der Antike, die für die radikalste Gestalt der Revolution[58] charakteristisch war, Konsequenzen für das Schulsystem, insbesondere für den Unterricht in den alten Sprachen, mit denen man sich ja am natürlichsten einen Zugang zu jener Antike verschaffen konnte, die man verehrte?

Das Problem muß durchaus gestellt werden, denn hierbei handelt es sich um ein wichtiges Phänomen, in dem sich die ganze imaginäre Welt einer Gruppe von Menschen spiegelt. Der Fürst von Ligne berichtet, daß Friedrich der Große bei einer ihrer Begegnungen „einen kleinen Ausflug nach Rom und Sparta unternommen habe, wo er sich gerne erging"[59]. Die englischen Puritaner des 17. Jahrhunderts begnügten sich nicht damit, „einen kleinen Ausflug" ins alte Israel zu machen, zum Großteil *waren* sie biblische Gestalten, was aber durchaus nicht bedeutete – eher im Gegenteil –, daß sie, von einigen Ausnahmen abgesehen, das Bedürfnis verspürt hätten, Hebräisch zu lernen. Die französischen Revolutionäre – wenigstens die Gesetzgeber – konnten im allgemeinen recht gut Latein und sehr wenig Griechisch. Selbst die größten „Spartaner" unter ihnen verspürten wahrscheinlich kein Bedürfnis, ihren Kindern Griechisch beibringen zu lassen, waren doch sie selber die lebenden Beispiele.

Und so zeigt denn auch ein rascher Blick in die Quellen und die Arbeiten, die diese Frage behandeln[60], sehr deutlich, daß sich

---

58 Erinnern wir hier nur an das wichtigste Buch, H. T. Parker, *The Cult of Antiquity and the French Revolutionaries,* Chicago 1937.

59 Prince de Ligne, *Mémoires et mélanges historiques et littéraires,* Bd. I, 1827, S. 25.

60 Einen guten Überblick gibt das entsprechende Kapitel in dem Buch von S. Moravia, *Il tramonto dell'illuminismo,* S. 315–444; benutzt haben wir ferner die Arbeiten von F. Ponteil, *Histoire de l'enseignement 1789–1965,* Paris 1966; E. Allain, *L'Œuvre scolaire de la Révolution,* Paris 1891; die Sammlungen von C. Hippeau, *L'Instruction publique en France pendant la Révolution,* Bd. I und II, *Débats législatifs, Discours et rapports,* Paris o. J.; und von J. Guillaume, *Procès-verbaux du Comité d'instruction publique de l'Assemblée législative,* Paris 1899, und *Procès-*

die französischen Revolutionäre keineswegs für den Unterricht in klassischen Sprachen und alter Geschichte begeistert haben.

So rechtfertigt sich Mirabeau, der zwar weder Spartaner noch Römer war – und vielleicht gerade deshalb –, wie folgt: „Ich bin weit davon entfernt, das Studium der toten Sprachen abschaffen zu wollen; ja ich wünschte sogar, man könnte die schöne griechische Sprache aus ihrer Asche wiederauferstehen lassen [. . .], aber ich halte es dennoch für nötig vorzuschreiben, daß der gesamte öffentliche Unterricht künftig auf französisch abgehalten wird“[61]. War der Lateinunterricht nicht das Erkennungszeichen der obsoleten Kollegien? Gilbert Romme, ein der Bergpartei angehörender Mathematiker, wollte das Lateinstudium höchstens noch eng verknüpft mit „der energischen Freiheitsliebe der Römer in den heroischen Zeiten der Republik“ dulden, und auch Condorcet stand dem Latein sehr reserviert gegenüber, „da alle Vorurteile heute verschwinden müssen“[62]. Der berühmte Lehrplan von Le Peletier, aufgestellt für die Kinder zwischen fünf und zwölf Jahren, sagt nichts, und das mit Grund, über die alten Sprachen[63]; was aber Fourcroy, als er an das Beispiel von Le Peletier erinnerte, nicht daran hinderte, am 30. Juli 1793 zu erklären: „Seine einzigen Führer waren die alten Gesetzgeber. Wie die Weisen Griechenlands betrachtete er die Söhne der Bürger als Kinder der Republik.“ Er selbst allerdings schlug auch nur vor: „Sie können Athen nachahmen, wo die Schule bei Sonnenaufgang anfing und bei ihrem Untergang zu Ende war.“[64]

Inmitten der Begeisterung des Jahres II vernimmt man am 15. Brumaire (5. November 1793) von Marie-Joseph Chénier sogar einige kritische Bemerkungen, die freilich eine Ausnahme bilden:

---

verbaux [. . .] de la Convention nationale, 6 Bde., Paris 1891–1917; sowie B. Baczko, *Une éducation pour la démocratie.*

61 Mirabeau: „De l'éducation publique“, in Baczko, *Une éducation pour la démocratie,* S. 69–91, 1. Rede, Zitat S. 82.

62 G. Romme: „Rapport sur l'instruction publique considérée dans son ensemble“ (Dezember 1792), ebd., S. 267–292, Zitat S. 269; Condorcet, „Rapport sur l'instruction publique considérée dans son ensemble“ (Dezember 1792), ebd., S. 181–218, besonders S. 192–194.

63 Le Peletier: „Plan d'éducation nationale, présenté par Robespierre“ (13. Juli 1793), ebd. S. 347–387.

64 Fourcroy, in Hippeau, *L'Instruction publique en France pendant la Révolution,* Bd. I, Zitate S. 397, 389.

> Man muß die Menschen und die Sitten studieren, die Zeiten und die Orte, die Natur mit ihren unverrückbaren Grundsätzen, aber ständig wechselnden Resultaten, und dann wird man sich vielleicht nicht mehr so beeilen, uns politische Romane zu präsentieren, die mit leichter Hand nach dem Vorbild der *Republik* Platons entworfen sind oder nach dem der historischen Romane, die über Sparta verfaßt wurden[65].

Aber der „Ideologe“ Chénier, übrigens trotz allem Autor eines *Gaius Gracchus,* der 1792 aufgeführt wurde und ganz dem Tagesgeschmack entsprach, hatte, das ist wahr, eine direkte Kenntnis von der griechischen Kultur.

De facto wird das Problem erst von den Thermidorianern ernsthaft aufgegriffen, auch wenn die École normale aus dem Jahre III keinen Lehrstuhl für alte Sprachen hat. Die „Écoles centrales“ dagegen, die damals in allen Departements gegründet wurden, räumen diesen Sprachen einen Platz ein[66]. Ein Professor für allgemeine Grammatik an der École centrale des Departements Lot schreibt seinem Minister sogar, daß „die griechische Sprache im öffentlichen Unterricht endlich jenen herausragenden Platz bekommen muß, den ihr ihre Überlegenheit über alle anderen Sprachen längst hätte sichern müssen“[67]. Doch der pädagogische Akzent, der als solcher übrigens ein echtes Novum darstellt, wird auf die Wissenschaften und die politische Ökonomie gelegt. „Lesen sie den *Reichtum der Nationen,* das für die Völker Europas vielleicht nützlichste Werk“, erklärt Lakanal am 16. Dezember 1794 (26. Frimaire des Jahres III)[68]. Grundsatz ist, daß der Lateinunterricht (und der des Griechischen) nicht mehr als zwei Jahre beanspruchen soll, was erwartungsgemäß zu heftigen Beschwerden führt[69]. Bonaparte ist es, der nach dem Brumaire und dann als Kaiser allmählich die absolute Superiorität des Latein wiederherstellen wird, hauptsächlich auf Kosten der Mathematik, und ihm die Rolle der gesellschaftlichen Auslese (zurück-)geben wird, die so lange

---

65 Ebd., Bd. II, S. 99.

66 Vgl. außer den oben angeführten Arbeiten den schönen Aufsatz von L. C. Pearce Williams, „Science, Education and the French Revolution“, *Isis,* 44, 1953, S. 311–330.

67 Rouziès, *Tableau analytique des études de l'École centrale du département du Lot,* Paris im Jahre VII, S. 13.

68 Lakanal: „Rapport sur les Écoles centrales“ (26. Frimaire des Jahres III), in Baczko, ebd., S. 490–496, Zitat S. 494.

69 Allain, *L'Œuvre scolaire de la Révolution,* S. 116–119.

die seine war[70]. Und wenn es auch stimmt, daß Rom „Sparta ersetzt“ hatte, so herrscht doch zwischen dem Revolutionskult und der Praxis an den kaiserlichen Lyzeen ein fast unüberbrückbarer Gegensatz.

Als ein Geächteter antwortete der Girondist Condorcet, der letzte große Repräsentant der Enzyklopädisten, auf die im Jahre II tonangebenden Themen mit einer kontrapunktischen Minderheitenstimme, die aber nach und nach zum Hauptthema der bürgerlichen Liberalen werden sollte (von denen es viele damals in Kauf nahmen, für die Freiheit zu sterben). Am 13. Germinal des Jahres III entscheidet der Konvent aufgrund des Berichts des Ideologen Daunou, dreitausend Exemplare des posthumen Werks Condorcets – *Esquisse d'un tableau historique des progrès de l'esprit humain* (schon der Titel sagt, was der Autor Turgot verdankt) – anzuschaffen, und organisiert deren Verteilung, wobei zuerst die überlebenden Abgeordneten ein Exemplar erhalten[71]. Hier haben wir den grundlegenden Text, durch den die Fortschrittsideologie, die im 18. Jahrhundert erarbeitet worden war, von den Thermidorianern an das 19. Jahrhundert überliefert wurde[72]. Weder Bonald noch Joseph de Maistre oder Chateaubriand werden sich darin täuschen[73].

---

[70] Vgl. A. Prost, *Histoire de l'enseignement en France, 1800–1967,* Paris 1968, S. 52–56.

[71] Man findet den Bericht von Daunou in Condorcet, *Œuvres,* A. Condorcet O'Connor (Hrsg.), Bd. VI, Paris 1847, S. 3–5.

[72] Ein gutes Kapitel über Condorcet in Manuel, *The Prophets of Paris,* S. 53–102; zudem haben wir eine sehr reiche Materialiensammlung zu Condorcet, nämlich das Spezialheft, das ihm die *Cahiers de Fontenay* gewidmet haben, Nr. 5, *Philosophie,* Dezember 1976. Zu Condorcet vgl. jetzt Manuela Albertone, *Una Scuola per la Rivoluzione, Condorcet, i il dibattito sul Istruzione 1792–1794,* Neapel 1979; sowie E. und R. Badinter, *Condorcet: 1743–1794. Un intellectuel en politique,* Paris 1988.

[73] „Apocalypse du nouvel Évangile“, sagt Bonald, zitiert nach Manuel, *The Prophets of Paris,* S. 61; zu J. de Maistre vgl. unten S. 134–139; zu Chauteaubriand vgl. J. Dagen, „L',Essai sur les révolutions' ou les mémoires d'outre-histoire“, *Annales publiées par la faculté des lettres de Toulouse, Littératures,* 14, 1967, S. 19–42.

Welche Stelle nimmt Griechenland in diesem *Tableau*[74] ein? Daraus, daß „die Perfektibilität des Menschen wahrhaft unbegrenzt ist“, soll resultieren, daß der Gang des Fortschritts „nie von Rückschritten“ unterbrochen wird[75]. Nach der Stammesbildung, nach dem Erscheinen des Ackerbaus und dem der Schrift wird die vierte Epoche der Geschichte der Menschheit symbolisiert durch „Die Fortschritte des menschlichen Geistes in Griechenland bis zur Aufteilung der Wissenschaften im Zeitalter Alexanders des Großen“[76]. Die neunte geht, erinnern wir daran, „Von Descartes bis zur Entstehung der französischen Republik“. Die zehnte ist der Zukunft vorbehalten.

Die Haltung Condorcets zu Griechenland ist frei von Einseitigkeiten. Er schreibt, seiner Zeit weit voraus, folgendes:

> Fast alle Einrichtungen der Griechen setzen das Bestehen der Sklaverei voraus sowie die Möglichkeit, sämtliche Bürger an einem öffentlichen Platze zu versammeln; und um die Wirkung dieser Einrichtungen richtig zu beurteilen, um insbesondere diejenige Wirkung auszumachen, die sie bei den großen Nationen der Neuzeit haben würden, darf man nicht einen Augenblick jene beiden so bedeutenden Unterschiede aus den Augen verlieren[77].

Zwar sagt Condorcet an anderer Stelle auch[78], daß der Buchdruck die direkte Demokratie und die Redekunst eines Demosthenes überflüssig macht und die Repräsentation ermöglicht. Aber wichtig ist letztlich, daß Condorcet gewissermaßen Athen zu einem Modell mit historischer Tiefendimension macht. „In den Repu-

---

74 Erstdruck Paris im Jahre III (1795). Wir zitieren die *Esquisse d'un tableau historique des progrès de l'esprit humain* nach der Ausgabe Paris 1988 (Einleitung, Zeittafel und Bibliographie von A. Pons, gefolgt vom *Fragment sur l'Atlantide)* [deutsche Zitate, teilweise modifiziert, nach der zweisprachigen Ausgabe, *Entwurf einer historischen Darstellung der Fortschritte des menschlichen Geistes,* Frankfurt a. M. 1963. A. d. Ü.]

75 *Esquisse,* S. 81, deutsch S. 29.

76 Ebd., S. 123–137, deutsch S. 99–123. Denselben Gedanken findet man auch in den *Fragments de la quatrième époque,* die in die jüngste Ausgabe der *Esquisse* nicht aufgenommen wurde, die man aber im Anhang des Ausgabe Paris 1829 findet, S. 291–382.

77 *Esquisse,* S. 134, deutsch S. 119.

78 In seinem „Projet de décret sur l'instruction publique“, das der Gesetzgebenden Versammlung unterbreitet wurde; abgedruckt in Baczko, a. a. O., S. 193 f.

bliken der Neuzeit und selbst in den von Philosophen ersonnenen Staatsentwürfen wird man kaum eine Einrichtung finden, für welche die griechischen Republiken nicht das Modell vorgezeichnet oder das Beispiel gegeben hätten."[79] Condorcet gebraucht hier den Plural, aber das Modell ist doch Athen: „Eine Zeitlang gab es außer Athen vielleicht keine andere Polis, in der die Mehrzahl der Bürger im Vollbesitz ihrer Rechte war."[80] Der Sturz der Könige, mit dem die griechische Geschichte anhebt, markiert den Beginn der Revolutionen.

> Eben diese erste Revolution brachte dem Menschengeschlecht das Licht, und sie ***wird*** ihm auch die Freiheit ***bringen***. Sie hat das gegenwärtige Schicksal der Nationen Europas mehr beeinflußt als Ereignisse, die noch nicht so lange her sind und zu einem Stück gehören, das unsere Vorfahren auf der Bühne unseres Landes aufgeführt haben; mit ihr wird gleichsam die erste Seite ***unserer*** Geschichte aufgeschlagen[81].

Condorcet bewundert zwar Leonidas, auch wenn er nicht glaubt, daß dieser gestorben sei, um den Gesetzen Spartas zu gehorchen, entscheidend für ihn ist aber die Schlacht von Salamis, denn diese „ist eines jener so seltenen historischen Ereignisse, wo der Zufall eines Tages für eine lange Reihe von Jahrhunderten über die Geschicke des Menschengeschlechts bestimmt"[82]. Die Geschichte ist Fortschritt, aber Griechenland nimmt manches vorweg: Demokrit und Pythagoras künden auf ihre Weise Descartes und Newton an[83]. Mit diesem Doppelbezug, der die Distanz mit der Unmittelbarkeit zusammenschließt, rückt Condorcet in die Nähe von Hegel, was darauf hindeutet, daß sich eine entscheidende Wende vollzogen hat. Hier haben wir den Diskurs, den Chateaubriand fortsetzen, den Benjamin Constant kritisieren und den Joseph de Maistre umkehren und als Tragödie behandeln wird.

---

[79] ***Esquisse***, S. 133, deutsch S. 117.

[80] ***Fragments***, S. 366.

[81] Ebd., S. 292. Kursivierungen von uns.

[82] Ebd., S. 380 f.

[83] ***Esquisse***, S. 125, deutsch S. 103. „Mitten in dem Dunkel jener philosophischen Systeme sehen wir sogar zwei glückliche Ideen aufblitzen, die uns in aufgeklärterer Zeit wieder begegnen werden."

Nahes und fernes Athen. Ein typischer Thermidorianer jedoch, Volney, hatte den Mut, mit einer beispiellosen Energie den Gedanken auszusprechen, daß das nahe Athen größtenteils illusorisch und das ferne real war. Der Kompromiß, aus dem das bürgerliche Athen hervorgeht, wird so gleich zu Beginn kritisiert.

Volney (1757–1820) war freilich vom Schicksal begünstigt, denn er konnte Griechisch und Latein, hatte Herodot gelesen, und das zum Teil sehr gründlich, war aber überdies auch noch ein Orientalist, und sogar einer, der den Orient persönlich kennengelernt hatte[84]. Volney, ein Mann der Aufklärung (sein Pseudonym setzt sich wie folgt zusammen: *Vol*taire + Fer*ney)*, veröffentlicht 1787 seine *Voyage en Syrie et en Égypte,* mit einem Motto, das sehr schön den Geist des Buches wiedergibt: „Ich war der Ansicht, daß Reisebeschreibungen zur Historie und nicht zu den Romanen gehören."[85] Ein wichtiges Datum diese Reise, denn was Volney auf ihr entdeckt, ist nicht der Orient der *Ursprünge,* auch nicht das Land des abstrakten Despotismus, das in so zweideutiger Weise so viele Zeitgenossen von Ludwig XIV. und Ludwig XV. inspiriert hatte, sondern genau das, was wir heute die „unterentwickelte" oder dritte Welt nennen[86]. Tatsächlich wird eine kranke Welt beschrieben, und zum Erstaunen der Kommentatoren beginnt das erste Kapitel, das eine Klassifizierung der Bewohner bietet, „ohne offensichtlichen Grund mit einer Erörterung der Krankheit"[87]. Der Orient ist we-

---

84 Das grundlegende Buch über Volney stammt von J. Gaulmier, *L'Idéologue Volney (1757–1820),* Beirut 1951; sein Autor selbst hat es zusammengefaßt in *Un grand témoin de la Révolution et de l'empire, Volney,* Paris 1959; zum geistigen Rahmen vgl. das schon erwähnte Buch von Moravia, *Il tramonto dell'illuminismo.* Des weiteren P. Vidal-Naquet, „La place de la Grèce dans l'imaginaire des hommes de la Révolution", a. a. O., S. 230 f.

85 Wir zitieren die *Voyage* nach der kritischen Ausgabe von J. Gaulmier, Paris, Den Haag 1959; die *Œuvres complètes* werden nach der Ausgabe Paris 1838 (1843 auf der 1. Seite) zitiert.

86 Dieser Punkt scheint uns bei Moravia nicht genügend betont; vgl. die Seiten, die in der schon erwähnten Untersuchung „Philosophie et géographie à la fin du XVIIIe siècle" Volney gewidmet sind; der *Itinéraire* von Chateaubriand wird in weiten Teilen ein Dialog mit Volney sein, vgl. J. Gaulmier, „Chateaubriand et Volney", *Annales de Bretagne,* 75, 1968, S. 570–578.

87 Vgl. J. Gaulmier in seiner Ausgabe S. 8 f.

der exotisch noch pittoresk, er ist einfach heruntergekommen, weil er die falsche historische Richtung eingeschlagen hat. Und wenn wir die berühmte Beschreibung Alexandriens lesen, so steht uns in der Tat die dritte Welt vor Augen, mit ihren Menschenmassen und ihrem erdrückenden Elend:

> Dieser armselige Markt mit seinen Datteln und den kleinen runden Fladenbroten; diese dreckige Rotte von Hunden, die durch die Straßen ziehen, und diese wandelnden Gespenster, die, in ein einziges Stück Stoff gehüllt, nichts Menschliches an sich haben außer einem Paar Frauenaugen [. . .] diese engen ungepflasterten Straßen, diese niedrigen Häuser, deren wenige Fenster von Gitterwerk verhüllt sind, dieses magere und düstere Volk, das barfuß läuft und nicht mehr am Leibe trägt als ein blaues Hemd, dazu einen Gürtel aus Leder oder rotem Tuch[88].

Natürlich kann man die Erklärung für dieses Heruntergekommensein als oberflächlich abtun, denn Volney zieht fast nur den türkischen Despotismus heran. Und tatsächlich macht sich Volney hier zum Sprachrohr eines Abendlands, das die richtige Richtung gewählt hat, und die Anfänge der Revolution werden ihm seinen Weg vollauf bestätigen. 1791 dann veröffentlicht er *Les Ruines,* diese „Abhandlung über die *profane* Weltgeschichte“[89]. *Die Ruinen,* das sind die Spuren der „Revolutionen der Vergangenheit“, es ist aber zugleich der Ruf nach einem Gesetzgeber im universalen Maßstab, nach einem gesetzgebenden Volk. So ruft der „Geist“ der Ruinen aus:

> Möge sich doch ein tugendhafter *Führer* zeigen, möge doch ein *mächtiges* und *gerechtes* Volk erscheinen, auf daß die Erde es zur höchsten Macht erhebe: Denn die Erde wartet auf ein *gesetzgebendes Volk;* sie ersehnt und ruft es, und mein Herz kann es hören [. . .]. Und mit dem Kopf in Richtung Westen: Ja, fuhr er fort, schon dringt ein dumpfes Geräusch an mein Ohr: ein Schrei nach *Freiheit,* ausgestoßen an fernen Ufern, hat Widerhall auf dem alten Kontinent gefunden[90].

---

88 Volney, *Voyage,* S. 26.

89 Volney, *Les Ruines,* Paris Genf 1979. Gaulmier, *L'Idéologue Volney,* S. 220. Gaulmier zitiert auf S. 211 einen Brief von Volney vom 26. Dezember 1814, in dem dieser „den so hoch gepriesenen jüdischen Roman von Bossuet“ kritisiert; zu *Les Ruines* vgl. auch Moravia, *Il tramonto dell'illuminismo,* S. 163–168.

90 Volney, *Les Ruines,* S. 86.

Dieses Volk ist natürlich das französische, ein Volk, das mit Bonaparte bald Ägypten überfallen wird, mit dem Werk von Volney (der dies nicht gewollt hatte) als Führer. Volney selber allerdings schlug als Orientalist vor, Arabisch und Hebräisch mit lateinischen Buchstaben zu schreiben[91]. Und wenn er auch ein Schüler des Abbé Raynal und wie dieser ein prinzipieller Gegner des Kolonialismus war, so spielte er doch seine Rolle im westlichen Eroberungsfeldzug, und zwar genau in dem Maße, wie er einer der Geschichtsphilosophen dieses Abendlandes war[92].

Die Französische Revolution findet nicht sofort den Hauptpfad der bürgerlichen Vernünftigkeit. Im Jahre III, nachdem er im Gefängnis gesessen und seine berühmten Vorlesungen an der École normale gehalten hat, reist Volney nach Amerika. Das *Tableau du climat et du sol des États-Unis,* das er ziemlich spät nach seiner Rückkehr, 1803 publiziert, und das sich nicht sonderlich begeistert zeigt von diesem anderen Zweig des abendländischen Abenteuers, sagt das Verschwinden der letzten Indianer voraus: „In hundert oder zweihundert Jahren wird vielleicht keines dieser Völker mehr existieren"[93], und es ist höchste Zeit, sie zu studieren und ihre Sitten und Sprachen zu klassifizieren. Wie anders sollte dies geschehen als mit Hilfe der griechischen Vergangenheit? Es ist die sogenannte „Archäologie" von Thukydides, zitiert nach der neuen Übersetzung von P.-Ch. Lévesque[94], die es erlaubt, gleichzeitig Griechenland und die Irokesen zu begreifen. „Dieses Textstück

---

91 Zur Stellung von Volney in der Geschichte des Orientalismus vgl. M. Rodinson, *La Fascination de l'Islam,* Paris 1980, S. 74. Zu seinen Versuchen, Arabisch und Hebräisch mit lateinischen Buchstaben zu schreiben, vgl. Gaulmier, *L'Idéologue Volney,* S. 543–547.

92 Volney bereiste noch ein weiteres Land, das „sich durch seine physische Beschaffenheit, durch seine Sitten und den Charakter seiner Einwohner völlig vom übrigen Frankreich unterscheidet" und teilweise „an die wilden Völker und eine gerade erst beginnende Zivilisation" erinnert, nämlich Korsika; vgl. seinen „Précis de l'état de la Corse", der am 20. und 21. März 1793 in *Le Moniteur* erschienen ist, wiederabgedruckt in *Œuvres,* S. 738.

93 *Œuvres,* S. 728; das Buch ist zum Teil eine Polemik gegen Chateaubriand; vgl. Gaulmier, „Chateaubriand et Volney". Das „Tableau du climat et du sol des États-unis" findet sich auf den S. 630–698 der *Œuvres complètes.*

94 Vgl. P. Vidal-Naquet, „La place de la Grèce . . .", a. a. O., S. 230.

scheint mir so gut auf meinen Gegenstand zu passen, daß es dem Leser angenehm sein wird, wenn ich es ihm hier unterbreite, damit er selbst vergleichen kann.“[95] Aber Volney geht zeitlich weit über Thukydides hinaus, so daß man sich am Ende fragt, wie es diesen athenischen Historiker überhaupt hat geben können, denn was für Homer gilt, soll auch für die Zeitgenossen des Perikles gelten, und nicht nur für die Ätoler, über deren Barbarei sowohl Thukydides wie auch Cornelius De Pauw in Erstaunen geraten sind, sondern ebenso für die Athener selbst:

> Immer wieder erstaunt mich die Ähnlichkeit, die ich täglich aufs neue zwischen den Wilden Nordamerikas und den so hoch gerühmten alten Völkern Griechenlands und Italiens finde. In den Griechen Homers, vor allem in denen aus der *Ilias,* entdecke ich die Gebräuche, Reden und Sitten der *Irokesen, Delawaren* und *Miamis* wieder. Und was die Tragödien von Sophokles und Euripides beschreiben, stimmt fast buchstäblich überein mit den Vorstellungen, die sich die *Rothäute* von der blinden Notwendigkeit machen, vom allgemeinen Elend des Menschen und von der unbeugsamen Härte des Schicksals[96].

Da aber Thukydides in seiner „Archäologie“ von dem besonderen Schicksal Attikas gesprochen hat, gibt Volney paradoxerweise für einen Augenblick zu, daß es hier „Gelegenheitsursachen für eine Zivilisation“ gegeben habe“[97].

Im Jahre III hatte Volney in seinen Vorlesungen an der École normale[98] die Nachahmung der Antike, in der er eines der Hauptphänomene der Revolution erblickte, einer radikalen Kritik unterzogen, aber auch den Historismus, dem die Bewegung der Ideologen sicher nicht allzu fern gestanden hatte. Die Seite ist berühmt, aber sie ist es wert, einmal mehr zitiert zu werden. Volney erinnert daran,

---

95 Œuvres, S. 725.

96 Œuvres, S. 724 f.

97 Ebd., S. 725, unter Anspielung auf Thukydides, I, 2, 5–6; doch als Volney auf derselben Seite den berühmten hypothetischen Fall eines verödeten Spartas zitiert (Thukydides, I, 10, 2), verschweigt er die Parallele zu Athen, das nach dieser Verödung einen sehr viel großartigeren Anblick bieten würde.

98 Wir zitieren die *Leçons* hier nach der Ausgabe von J. Gaulmier, *La Loi naturelle, leçons d'histoire;* Paris 1980, S. 83–146. Zur École normale vgl. Moravia, *Il tramonto dell'illuminismo,* S. 380–391.

daß in Athen, diesem Allerheiligsten der Freiheit, vier Sklaven auf einen Freien kamen; daß es dort nicht ein Haus gab, wo diese angeblichen Demokraten nicht ebenso despotisch herrschten, wie es heute in unseren amerikanischen Kolonien üblich ist; daß von den etwa vier Millionen Seelen, die das alte Griechenland bevölkert haben dürften, mehr als drei Millionen Sklaven waren; daß die Völker und Gesetzgeber von der politischen und staatsbürgerlichen Ungleichheit der Menschen überzeugt waren, eine Überzeugung, die von Lykurg und Solon zum heiligen Dogma erhoben wurde, das hernach von Aristoteles und dem göttlichen Platon verkündet wurde, aber auch von den Generälen und Gesandten Athens, Spartas und Roms, die in Polybios, Livius und Thukydides sprechen, als wären sie die Gesandten Attilas oder des Dschingis-Khan[99].

Und Volney fügt hinzu: „Ja, je mehr ich die Antike und ihre so gerühmten Regierungsformen studiert habe, desto mehr wurde mir klar, daß in Sparta und Rom eigentlich fast so regiert wurde wie unter den Mameluken Ägyptens und unter dem Dei von Algier; und daß wir diese so sehr gelobten Griechen und Römer nur Hunnen und Vandalen nennen müßten, um uns alle ihre Wesenszüge deutlich vor Augen zu führen." Der „einzige gerechte und rühmliche Krieg war der gegen Xerxes". Kaum ist dieser vorbei, betätigt sich Athen als „dreister Störenfried". Die Meisterwerke der attischen Kunst wurden zur „eigentlichen Ursache" für den Untergang Athens, „denn als die Frucht eines räuberischen und erpresserischen Systems, das sie ja waren, riefen sie sowohl das Ressentiment und schließlich das Abtrünnigwerden seiner Verbündeten hervor wie auch den Neid und die Gier seiner Feinde; darüber hinaus aber stellen solche Steinmassen, wenn auch noch so wohlproportioniert, immer einen sterilen Gebrauch von Arbeitskraft dar sowie eine ruinöse Verschwendung von Reichtum"[100]. Eine bürgerliche Produktionstheorie ist hier am Werk und verbindet

---

[99] *Leçons,* S. 140 f. Man vergleiche dies mit dem, was J. de Lolme, ein Genfer Theoretiker der repräsentativen Regierungsform, in seiner *Constitution de l'Angleterre* (1778) geschrieben hat, Neuaufl. Genf 1793, Bd. II, S. 22, Anm. 1: „Selbst in Athen, das doch die einzige alte Republik ist, in der es Freiheit gegeben zu haben scheint, kann man beobachten, daß die Magistrate fast mit den gleichen Methoden arbeiten, deren sich heute die Türken bedienen."

[100] Volney, *Leçons,* S. 141 f.

sich mit der Lektüre von Thukydides, dessen Übersetzung Pierre-Charles Lévesque damals gerade abschloß.

Man hat sich gefragt, ob Edward Gibbon, der Historiker des Verfalls des Römischen Reichs, die historiograpische Tradition der Klassiker kontinuierlich weitergeführt oder mit ihr gebrochen habe[101]. Im Falle Volneys liegen die Dinge ganz klar; in keinerlei Hinsicht ist er ein Zeitgenosse von Thukydides.

Damit ist der Bruch also vollzogen. Aber diese Geste muß noch mehr als einmal wiederholt werden, der Abstand muß weiter vertieft werden, bevor man mit ihm als einer festen Größe wird arbeiten können. Nach dem Thermidor muß alles neu gelesen, mit großem Aufwand neu durchdacht und neu geschrieben werden, eine radikale Diskurserneuerung, in der auch Griechenland seine Stelle hat. Es hat sie noch oder hat sie bereits – das revolutionäre Griechenland hat sie noch, das Griechenland der Liberalen hat sie bereits. Bald werden Pierre-Charles Lévesque und Benjamin Constant die griechische Polis (und die athenische Demokratie) zum Forschungsgegenstand machen. Im Augenblick braucht man die Antike jedoch, um jene bereits vergangene Gegenwart zu begreifen, zu der die Französische Revolution geworden ist. Das versucht der *Essai historique sur les révolutions* von Chateaubriand, erschienen 1797 in London[102].

Ein wirklich sonderbares Werk, das von einem „Emigranten" geschrieben wurde, aber „allen Parteien gewidmet ist", das ein Buch zur Geschichte ist, in dem aber gleichwohl ständig das zeitlose

---

[101] Man vgl. die divergierenden Antworten von Sir Ronald Syme und Arnaldo Momigliano in *Gibbon et Rome,* Ducrey (Hrsg.), S. 47–72.

[102] *Essai historique, politique et moral sur les révolutions anciennes et modernes considérées dans leurs rapports avec la Révolution française,* London 1797. Mit Rücksicht auf die Warnung von J. Mourot, der es für notwendig erachtet, auf die Ausgabe von 1797 zurückzugreifen (J. Mourot, *Études sur les premières œuvres de Chateaubriand,* Paris 1962, S. 37–179, besonders S. 88), haben wir systematisch überprüft, daß die zitierten Stellen keine nennenswerten Abweichungen zur Erstausgabe aufweisen. Alle Zitate aus dem *Essai* und dem *Génie du christianisme* entstammen hier der Pléiadeausgabe, Paris 1978. Zu Chateaubriand und Griechenland vgl. Pierre Vidal-Naquet, „Paris – Athènes et retour", *La démocratie grecque vue d'ailleurs,* Paris 1990.

Gesetz beschworen wird, das „uns immer wieder von einer Revolution in die nächste stürzen wird" (I, Kap. LXX, S. 263), und in dem versucht wird, eine aus dem Lauf der Zeit herausgefallene Gegenwart an der Antike festzumachen – die Gegenwart Frankreichs und Chateaubriands, die hin und her gezogen ist zwischen den „Vollkommenheitsträumen" allzu kühner Neuerer und der obskurantistischen Zurückgebliebenheit derer, die „noch im Jahre 1796 Menschen des 14. Jahrhunderts sein wollen"[103]. Ein politischer Essay, der aber in der Nacht endet, bei den Wilden Amerikas: „Keine Städte mehr, [. . .] keine Präsidenten, keine Republiken, keine Könige", statt dessen eine ganz nach innen gewendete Revolution (II, Kap. LVII, S. 442). Trotzdem sollte man nicht allzu voreilig über die Inkohärenz dieses „merkwürdigen und ungeordneten Buches" lästern[104]; das hieße in die Falle gehen, die Chateaubriand selber dem Leser stellt, wenn er sich 1826 in der revidierten Neuauflage des *Essai* scheinbar von diesem Jugendwerk distanziert[105].

Was ist eine Revolution? Antwort: „Ein völliger Wechsel in der Regierungsform eines Volkes, sei es von der monarchischen zur republikanischen oder von der republikanischen zur monarchischen" (Einleitung, S. 48). Gewappnet mit dieser Definition, kommt Chateaubriand auf zwölf Revolutionen, darunter fünf antike, von denen die erste „die Errichtung der Republiken in Griechenland" war, und die zweite „deren Unterjochung durch Philipp und Alexander". Oder anders gesagt, wenn „mit der Flucht von Hippias die republikanische Revolution beendet ist und die schöne Zeit Griechenlands beginnt", dann stand am Ursprung Griechenlands die Revolution. Chateaubriand hütet sich denn auch,

---

[103] Einleitung, S. 43. „Das Übel, das große Übel ist, daß wir nicht Menschen unseres Jahrhunderts sind" usw., S. 42.

[104] Sainte-Beuve, ***Chateaubriand et son groupe littéraire,*** 2. Aufl. Paris 1861, Bd. I, S. 147, 153.

[105] Die Tonlage gibt das Vorwort vor, S. 15 („ein abscheuliches und völlig lächerliches Buch"); die Anmerkungen von 1826 versuchen – zweideutig genug – die eigene Argumentation zu unterhöhlen; zu diesen Anmerkungen, dazu bestimmt, „die schöne Rolle zu wahren" und als „Blitzableiter zu dienen" gegen die Originalität eines Textes, den Chateaubriand gern in die Nähe des ***Génie du christianisme*** rücken möchte, vgl. Mourot, ***Études,*** S. 94, und Dagen, „L',Essai sur les révolutions' ou les Mémoires d'outre-histoire", S. 20.

in seiner Darstellung über diese ursprüngliche Revolution hinauszugehen, so als hätte die Zeit zwischen 510 v. Chr. und 1789 stillgestanden. Dieser historische „Raum mit zwei Momenten“[106] mag zum einem als Zeichen dafür betrachtet werden, daß Chateaubriand viel dem geistigen Klima der Revolution verdankt[107], vor allem aber ist er der privilegierte Ort der vergleichenden Geschichte, die Chateaubriand in seinem *Essai* schreiben will.

Denn die einzige und wahre Frage lautet: „Gibt es unter diesen Revolutionen eine, die man nach dem Geist, den Sitten und dem Kulturniveau der Zeit mit der aktuellen Revolution in Frankreich vergleichen könnte?“ (Einleitung, S. 45; II, Kap. LVI, S. 432) Man muß nun nur noch das Postulat anerkennen, daß „nichts Neues unter der Sonne geschieht“ und daß sich die Geschichte, mitunter buchstäblich, wiederholt (Vorwort, S. XXIII; I, Kap. LIX, S. 220 f.; II, Kap. LVI, S. 432), und man bekommt ein Buch, in dem die Französische Revolution als der „gemeinsame Brennpunkt“ (Einleitung, S. 47) und die griechische Geschichte als ein Spiegel dient. Eine griechische Geschichte, die übrigens nie um ihrer selbst willen untersucht wird – Dinge, „die in ihren Ursachen und Wirkungen nichts mit der Französischen Revolution zu tun haben“, wurden beiseite gelassen (Einleitung, S. 49) –, und die sich Chateaubriand auch gar nicht selbst erarbeitet hat, da er einen großen Teil seiner Kenntnisse dem Abbé Barthélemy verdankt[108]:

---

106 Wir übernehmen diesen Ausdruck von J. Dagen, „L’‚Essai sur les révolutions‘“, S. 22.

107 Man denke an den Ausruf von Saint-Just: „seit den Römern ist die Welt leer gewesen“, *Œuvres complètes,* C. Vellay (Hrsg.), Paris 1908, Bd. II, S. 331. Zu der überraschenden Abwesenheit des Mittelalters im *Essai* vgl. F. Engel-Janosi, „Chateaubriand as a Historical Writer“, *Four Studies in French Romantic historical Writing. The Johns Hopkins University Studies in Historical and Political Science,* LXXI, 2, 1955, S. 31–56, besonders S. 35.

108 Daß Chateaubriand den Ernst seiner Arbeit beteuert (vgl. die Einleitung, S. 44, Anm. B, und I, Kap. LXX, S. 262 f.) hat M. Badolle *(L’Abbé Jean-Jacques Barthélemy,* S. 366–370) wenig beeindruckt, für den Chateaubriand bloß den *Jeune Anacharsis* geplündert hat; eine Überzeugung, die auch Mourot teilt, *Études,* S. 66, 87 f., 91. Sehr viel nuancierter urteilt F. Letessier, „Une source de Chateaubriand: ‚Le Voyage du jeune Anacharsis‘“, *Revue d’histoire littéraire de la France,* 59, 1959, S. 180–203 (mit Materialien zu dieser Frage).

aber diesbezügliche Skrupel beunruhigen ihn kaum, und wenn seine Gelehrsamkeit auch nicht ganz so dilettantisch war, wie Renan behauptet hat[109], so „gibt es doch nur wenige Stellen, die eine echte historische Methode erkennen lassen"[110].

Die Folge ist, wie man leicht errät, eine Reihe waghalsiger Parallelisierungen. Diese sind manchmal reichlich durchsichtig (so werden die „Montagnards" aus der Zeit des Peisistratos mit den Montagnards des Konvents verglichen[111], die Elegien des Tyrtaios mit der *Marseillaise* – I, Kap. XXIII, S. 112–119, die Gesetze Drakons mit den Dekreten Robespierres – I, Kap. V., S. 66); oft aber auch abwegig (so wenn Megakles mit Tallien verglichen wird – I, Kap. VIII, S. 72, oder Pythagoras mit Bernardin de Saint-Pierre – I, Kap. XLI, S. 176 f.)[112]. Der Hauptvergleich indes, der dem

---

[109] „Der so vorzügliche ästhetische Sinn, der ihm zu eigen war, ruhte nicht auf einem soliden Wissen auf" *(L'Avenir de la science,* Paris 1890, S. 295); in der Anm. 133 (ebd.) wirft Renan Chateaubriand sogar vor, durch eine falsche Lesart des Wortes *lilaiomenê (Odyssee,* I, 15) die Höhle der Kalypso „mit Flieder geschmückt" zu haben. Da er an der fraglichen Stelle des *Génie du christianisme* (II, IV, Kap. 1, S. 718), auf die Renan undeutlich genug anspielt, nicht überprüft hat, inwieweit diese Behauptung berechtigt ist, läßt C. R. Hart *(Chateaubriand and Homer,* Baltimore Paris 1982, S. 101) diese Legende fortleben, die die Literaturkritik schon bald darauf zu zerstören versucht hatte: vgl. hierzu G. Moulinier, „Renan et Chateaubriand", *Journal des débats,* 15. Mai 1935, M. Duchemin, *Chateaubriand. Essais de critique et d'histoire littéraire,* Paris 1938, S. 455–461, sowie R. Lebègue, *Revue d'histoire littéraire de la France,* 59, 1959, S. 39–49.

[110] Wie F. Letessier selber zugibt, „Une source de Chateaubriand", S. 203.

[111] I, Kap. VII, S. 70 f.; Montlosier, einer der ersten Leser von Chateaubriand, betrachtete in seiner Besprechung des *Essai* dieses Kapitel als beispielhaft „für den Geist und den Ton des ganzen Werks" *(Journal de France et d'Angleterre,* Heft vom 22. April 1797, S. 318). Zu dieser Zeitschrift, die Montlosier zwischen dem 6. Januar und dem 29. Juli 1797 in London herausgegeben hat, sowie zu der Besprechung des *Essai* vgl. P. Christophorov, *Sur les pas de Chateaubriand en exil,* Paris 1960, S. 203–205, 216; A. Andrewes hat uns diesen Artikel photokopiert, der außer in der Bodleyanbibliothek in Oxford nirgends zu finden war, wofür wir ihm herzlich danken.

[112] Man kann hinzufügen: die Sieben Weisen und die Enzyklopädisten (I, Kap. XXIV, S. 120), die skythischen Bogenschützen und die Schweizergarde der französischen Könige (I, Kap. XLIX, S. 192) usw.

Werk sein Gerüst gibt, ist der der Perserkriege mit den Revolutionskriegen: „Zur Kastorhymne, zur *Marseillaise* ziehen die Republikaner in den Tod. Zum Klang des *Vive la liberté!* werden Wunderdinge vollbracht, und Griechenland und Frankreich beginnen zu zählen: Marathon, Salamis, Platää, Fleurus, Wissembourg, Lodi"[113]. Wo ist hier Griechenland, wo Frankreich? Ihre Geschichte wird in derselben zeitlosen Gegenwart geschrieben, und ein Satz genügt, um die polyphone Zeit der Geschichte außer Kraft zu setzen: 490 v. Chr. – 1793 (I, Kap. LXV, S. 238).

Man kann diese Einebnung der Zeitlichkeit als „den Gipfel des Lächerlichen" betrachten, wozu der Autor des *Essai* dreißig Jahre später ja selbst einlädt, wenn er als der „Chauteaubriand", der er nun ist, auf dieses Jugendwerk zurückkommt[114], und was sich die Kritik seit Montlosier auch nicht hat nehmen lassen[115]. Auch kann man Chateaubriand vorwerfen, daß er „jene große und erste Wahrheit [verkannt habe], die den Ausgangspunkt seines Werks hätte bilden müssen: [. . .] daß die Französische Revolution in keinerlei Beziehung zu den anderen Revolutionen der Erde steht; [. . .] [daß] bei ihr der Dimension, dem Geist und dem Resultat nach alles anders gewesen ist"[116]. Doch so naiv war Chateaubriand denn doch nicht, und ein ganzes Kapitel (I, Kap. LXVIII) widmete er „dem allgemeinen Unterschied zwischen unserem Jahrhundert und dem, in dem sich die Republikanische Revolution in Griechenland vollzog", ein Kapitel, in dem man erfährt, daß

---

[113] I, Kap. XXV, S. 130. Vgl. die Anm. auf S. 221 (Anm. B, Kap. LX), wo Chateaubriand darauf hinweist, daß er sich, „da [er] im folgenden sowohl von Persien wie von Deutschland spricht", damit begnügen wird, „den Wechsel vom einen Reich zum anderen" durch einen einfachen Querstrich anzudeuten, sowie – zwischen den S. 260 und 261 – die Tabelle mit den Streitkräften, die beiden Seiten zur Verfügung stehen.

[114] I, Kap. VI, S. 69; vgl. auch die S. 67, 69, 71, 89, 231, 269 usw.

[115] Montlosier, *Journal de France et d'Angleterre,* S. 317, spricht von „überspitzten, haarspalterischen, kindischen, schiefen und gewaltsamen Vergleichen", und die moderne Kritik geht noch weiter (zum Beispiel Canat, *L'Hellénisme des romantiques,* Bd. I, S. 53); man lese jedoch zu den Vergleichen als dem Schlüssel zum Werk die Bemerkungen von Sainte-Beuve, *Chateaubriand et son groupe littéraire,* S. 153, und Dagen, „L',Essai sur les révolutions'", S. 21.

[116] Montlosier, *Journal de France et d'Angleterre.*

„sich die Verschiedenartigkeit der Zeiten mit ihrer ganzen Kraft bemerkbar macht" (S. 256) und daß „zu erwarten steht, daß die Auswirkungen der gegenwärtigen Ereignisse in Frankreich diejenigen der Unruhen in Griechenland unendlich übertreffen werden" (S. 254). So leistet sich der Autor des *Essai* zwar den durch und durch aristokratischen Luxus, möglicherweise sein „eigenes System zu zertrümmern" (Anmerkung von 1826, S. 254), verzichtet deshalb aber nicht auf seinen Versuch einer vergleichenden Geschichte, und das ist für uns hier wesentlich.

Man darf in diesem Versuch also etwas mehr sehen als eine bloße Lächerlichkeit, und dunkel ahnt man sogar, was Chateaubriand, dem ehemaligen Minister und der wieder ministrablen Persönlichkeit, 1826 an seinem Frühwerk von 1797 nicht mehr so recht gefiel: der Vergleich von Tyrtaios mit der *Marseillaise* erweckt ja den Eindruck, er habe im Grunde mit dem revolutionären Geschehen paktiert, als er versuchte, die Französische Revolution mit ihren eigenen Kategorien zu begreifen, und die Nachahmung als deren theoretisches Prinzip anerkannte. In einem der vier Kapitel über die Jakobiner hat Chateaubriand dies sehr schön formuliert: „Ein Wesenszug unserer Revolution dürfte es sein, daß ihre Ursachen ganz überwiegend in spekulativen Gedanken und abstrakten Lehren lagen. Zum Teil wurde sie von Literaten bewirkt, die mehr in Athen und Rom als in ihrem eigenen Land beheimatet waren und in Europa die antiken Sitten wiedereinführen wollten" (I, Kap. XVII, S. 90).

Die Nachahmung zum Zentrum des *Essai* zu machen heißt folglich versuchen, über die Identifikation der modernen Zeit mit der Antike nachzudenken, um so deren Gefahren aufzeigen zu können. Drei Hauptdarsteller – Sparta, Athen und die Franzosen – auf der Bühne der Universalgeschichte, das ist ein Drama, das es wert ist, neu inszeniert zu werden. Und weil „ein Geschlecht von Menschen, das sich plötzlich erhebt, in seinem Taumel meint, die Stunde Spartas und Athens sei gekommen" (I, Kap. LXX, S. 266), kann der Spielleiter die „Annalen der übrigen Stadtstaaten" vernachlässigen, „zu klein und unbekannt, um zu interessieren" (I, Kap. IV, S. 64).

Hier nun beginnt die Strategie Chateaubriands, der die Revolution mit der Falle ihrer eigenen Wünsche fängt, d. h. mit der ihrer imaginären Welt, bzw. ihrer realen Welt, denn das Exil hat den Emigranten gelehrt, daß „wir nie die wirklichen Dinge sehen, sondern immer nur ihre verzerrten Bilder im Spiegel unserer eigenen Wünsche“ (II, Kap. LVI, S. 439). Frankreich wollte Sparta sein (I, Kap. XIII–XVI, S. 79–91)? Dann muß man eben zeigen, wie sehr die „Kopie“ abweicht. In Sparta nämlich war die Revolution rein und unvermischt, „denn es war glücklich genug, im selben Mann den Revolutionär und den Gesetzgeber zu finden“ (I, Kap. V, S. 64). Da aber die Franzosen den Athenern zum Verwechseln ähnlich sehen[117], haben sie in Wahrheit immer nur Athen nachgeahmt, und das so unbeabsichtigt wie einfallslos: „Geradeso wie das Jahrhundert Solons“ – immer noch und immer wieder dieses Jahrhundert! – „das unsere an Moral übertrifft, geradeso waren auch die Revolutionäre Attikas denen Frankreichs an Talent überlegen“ (I, Kap. VII, S. 71).

Chateaubriand benutzt also Athen als ein anderes Frankreich, als ein antikes Frankreich, mit dem er sich vom aktuellen Frankreich distanzieren kann. Ein antikes Frankreich, das „wirklich besessen hat, was Frankreich heute zu haben nur behauptet: die demokratischste Verfassung, die es je bei einem Volke gab“ (I, Kap. VI, S. 67). Mehr noch: Athen soll beweisen, daß die Republik in Frankreich unmöglich ist, da es ohne Sklaverei keine echte Demokratie gibt (I, Kap. LXVIII, S. 254). Gewiß, 1826 wird Chateaubriand sich vorwerfen, den Graben verkannt zu haben, der die antike Demokratie von der repräsentativen Republik trennt, wesentlich für uns aber ist, daß der *Essai sur les révolutions* im Jahre 1797 aus Identifikationsbedürfnissen heraus die Sklaverei zur Grundlage des athenischen Systems macht[118].

---

[117] Vgl. I, Kap. V., S. 65 („die Athener, die den Franzosen in so vieler Hinsicht ähnlich sind“), I, Kap. XLIX, S. 192, und vor allem I, Kap. XVIII (über den Charakter der Athener und der Franzosen), ein Kapitel, dessen Ende Chateaubriand fast wörtlich übernimmt in *Le Génie du christianisme* (III, III, Kap. V., S. 842 f.).

[118] In diesem Punkt ist die Kritik interessant, die Montlosier (*Journal de France et d'Angleterre,* S. 317 f.) an Chateaubriand übt: Chateaubriand habe nicht den Unterschied gesehen zwischen einer alten Gesellschaft, in der die Sklaverei die Atmosphäre der politischen Regierung „säuberte“, weil eben „alle, die wir heute als Sansculotten kennen, damals versklavt waren“, und der Französischen Revolution, die gerade „jene Klasse von Barbaren und Wilden, die die modernen Gesellschaften in ihrem Innern bergen, in Aufruhr gebracht hat“.

Frankreich ist also nicht Athen, aber Athen ist Frankreich, ein in sich konsequenteres Frankreich. Durch diese Änderung der Identifikationsrichtung bekommt Athen im *Essai* und in dessen Diskurs über das antike Griechenland („versetzen wir uns in das Zentrum Athen und verfolgen wir die Strahlen der Revolution, die von ihm ausgehen“[119]) eine dominierende Position. Sobald dessen Gestalt im 4. Jahrhundert verblaßt, d. h., sobald das Parallelisieren schwierig wird, verwandelt sich der *Essai* in ein buntes Sammelsurium immer merkwürdigerer Vergleiche und läßt so seinen Charakter einer reichlich unverbundenen Rhapsodie voll zutage treten. Bei alledem hat jedoch der *Essai* dazu beigetragen, Athen zu einer Art *Analogon* von ganz Griechenland zu machen, was besonders in die Augen fällt, wenn man jene Kapitel liest, in denen die Perserkriege mit den Revolutionskriegen enggeführt werden[120].

All das führt allerdings zu Zweideutigkeiten. Chateaubriand tut zwar so, als spräche er nur von Griechenland, wenn er bei seiner Untersuchung des „Einflusses der republikanischen Revolution auf die Griechen“ (I, Kap. XXXV–XXXVI) feststellt, daß diese neben allem „Schlechten“ auch ihr „Gutes“ gehabt habe. Aber in jeder Zeile lugt Frankreich hinter Athen hervor, so daß der Leser sich am Ende fragt: Erleben nicht auch die Franzosen gerade ihr „Jahrhundert der Wunder“ (S. 130)? Zwar ist für sie das Gute untrennbar mit dem Schlechten vermischt, die Freiheit der Revolutionskriege mit den Auswüchsen der Eroberungslust[121], aber was

---

[119] I, Kap. XXVII, S. 133; vgl. auch I, Kap. LXVIII, S. 253–255 (Athen oder die Nase von Kleopatra). Montlosier hatte die Sache klar erkannt („Man muß lachen, wenn man sieht wie die Ereignisse in Attika [. . .] mit denen in Frankreich verglichen werden“, *Journal de France et d'Angleterre,* S. 317). Zur Konstruktion des *Essai* um die Achse Athen vgl. Dagen, „L',Essai sur les révolutions'“, S. 32.

[120] I, Kap. XXVI, S. 132, wo mit „die Griechen“ zweimal die Athener bezeichnet werden; vgl. auch I, Kap. LXII, S. 229. Man kann darin natürlich die direkte Folge der im *Essai* stillschweigend vorausgesetzten Gleichsetzung von „Paris“ mit „den Franzosen“ sehen, was aber heißt, daß man sich Athen als eine Art Hauptstadt von Griechenland zu denken hätte.

[121] Athen dagegen wird gerettet durch einen chronologischen Schnitt, der das „Gute“ auf die Seite des „Perserkriegs“ setzt (der für Chateaubriand von 504 bis zum Kalliasfrieden reicht) und das „Schlechte“ auf die Seite der darauffolgenden imperialistischen „Eroberungswut“.

Chateaubriand im Spiegel Griechenlands bewundert[122], ist durchaus das revolutionäre Frankreich, sind dessen Siege, sein „unbezähmbarer Mut“, sein „Standhalten im Unglück“, und mit bezeichnender Inkonsequenz geht er sogar so weit, den Jakobinern jene Einheitlichkeit zu bescheinigen, die er ihnen gleichwohl absprechen will[123]. Ohne es vielleicht zu wollen oder zu wissen, tritt er so in die Fußstapfen eines anderen „Emigranten“ (?), in die des Alten Oligarchen, der im 5. Jahrhundert v. Chr. der athenischen Demokratie eine vernünftige und systematische Politik bescheinigte. Es wird einen daher nicht wundernehmen, daß die Emigranten, Chateaubriands „Gefährten im Unglück“, den *Essai* ziemlich kühl aufgenommen haben[124].

Und doch hielt der *Essai* für sie und hält er auch für uns eine letzte Überraschung bereit: so fest an die Zweideutigkeit gekettet, daß er seinen eigenen Widersprüchen widerspricht, zögert Chateaubriand nicht, nachdem er die athenischen Demokraten mit den französischen Republikanern identifiziert hat, die Dreißig Tyrannen mit dem Konvent, die Dreitausend mit den Jakobinern und die Demokraten um Thrasybulos mit den emigrierten Royalisten zu vergleichen (II, Kap. IV–VIII, S. 280–293). Halten wir abschließend fest, daß Athen - diese Inkonsequenzen selber zeigen es deutlich genug – zum *topos* des Nachdenkens über Frankreich geworden ist, und d. h. zu einem – unerschöpflichen – Reservoir für Gemeinplätze.

Ebenfalls im Jahre 1797 erschienen – angeblich in London, in Wahrheit in Basel – die *Considérations sur la France* von Joseph de Maistre, das Hauptwerk der reaktionären Literatur zur Französischen Revolution[125].

---

[122] Wie F. Barberis richtig gesehen hat, der von „Faszination“ spricht: „Chateaubriand et le préromantisme“, *Colloque de Rennes (Bicentenaire de la naissance de Chateaubriand), Annales de Bretagne,* 75, 1968, S. 547–558, Zitat S. 552.

[123] Vgl. die Kap. XIII bis XVII und vor allem die S. 79, 83 (und die Anm. von 1826), 87, 89 (Anm. B), 90 (Konklusion).

[124] Zu der Aufnahme, die der *Essai* fand, vgl. Christophorov, *Sur les pas de Chateaubriand,* S. 201–210.

[125] Über das Erscheinungsdatum der Erstausgabe gibt es allerdings einen Streit, von dem wir nicht wissen, ob er endgültig entschieden ist, denn

Der erste Klassiker dieses Schriftentyps waren 1790 die *Reflections on the Revolution in France* von Edmund Burke[126]. Griechenland fehlt darin zwar nicht, aber als treuer Erbe der Schultradition begnügt Burke sich damit, das Schicksal des Areopags zu beklagen sowie die Gefahr, die in der Tatsache liegt, mit Volksbeschlüssen *(psêphismata)* zu regieren. Bei Louis de Bonald, dessen *Théorie du pouvoir politique* 1796 in Konstanz erscheint und auf Anordnung des Direktoriums auf französischem Territorium sofort beschlagnahmt wird, und bei Joseph de Maistre liegen die Dinge ganz anders.

In seiner vor einiger Zeit erschienenen Untersuchung über diesen „mystischen Materialisten" konnte Robert Triomphe mehr als hundert Seiten Joseph de Maistre und der griechischen Welt widmen und dabei zeigen, wie nachhaltig „Griechenland, das lügenhafte Griechenland, das in der Geschichte alles gewagt hat", den Theoretiker der Gegenrevolution verfolgt hat, der sich, wie so viele nach ihm, gegen die athenische Praxis auf Platon berief[127].

Wir haben nicht vor, hier diesen Komplex erneut aufzuarbeiten, sondern wollen nur festhalten, was der Text der *Considérations* in

---

einige Autoren und Kataloge behaupten die Existenz einer oder zweier Lausanner Ausgaben von 1796. Robert Triomphe in seiner großen Monographie, *Joseph de Maistre. Étude sur la vie et sur la doctrine d'un matérialiste mystique,* Genf 1968, trägt zur Klärung der Frage nichts bei, denn in der Zeittafel (S. 602) übernimmt er das frühere Datum, im Text (S. 170–174) dagegen das spätere. Was uns betrifft, so haben wir uns den Argumenten der Ausgabe von R. Johannet und F. Vermale, Paris 1936, angeschlossen. Wir zitieren die *Considérations* nach der Ausgabe von J. Tulard, Paris 1980, (dt. Zitate nach: *Betrachtungen über Frankreich,* gefolgt von dem Aufsatz *Über den schöpferischen Urgrund der Staatsverfassungen,* Berlin 1924), und die *Étude sur la souveraineté* nach dem Bd. I der *Œuvres complètes,* 14 Bde. in 7, Paris Genf 1979–1980 (anastatischer Nachdruck der Neuausgabe Lyon 1884–1886), S. 309–554. Die *Considérations sur la France* wurde ebenfalls neuaufgelegt, Brüssel 1988, gefolgt vom *Essai sur le principe générateur des constitutions politiques et autres institutions humaines.*

126 E. Burke, *Betrachtungen über die Französische Revolution,* Frankfurt a. M. 1967.

127 Triomphe, *Joseph de Maistre,* S. 375–485; der Text von Juvenal aus den *Satiren,* X, 174 f., *„quidquid Graecia mendax audet in historia",* wird zitiert in den *Soirées de Saint-Pétersbourg,* in *Œuvres complètes,* Bd. IV, Lyon 1884, S. 81.

einem überkommenen Diskurs an Neuem bringt, wobei wir zusätzlich die frühere, aber von Joseph de Maistre nicht selbst veröffentlichte *Étude sur la souveraineté* von 1794–1796[128] heranziehen sowie die aus der Zeit der *Considérations* stammenden *Fragments sur la France*[129]. Drei Punkte scheinen uns wesentlich zu sein. Der erste ist die zum Teil Platon wiederholende Kritik an den geschriebenen Gesetzen, es sei denn, diese seien, und hier gibt es Schwierigkeiten, von Gott selber diktiert worden, was letztlich bei jeder guten und wahren Gesetzgebung der Fall war, bei der von Moses und Karl dem Großen, aber auch bei der von Numa oder Lykurg, auf den Joseph de Maistre geradezu zwanghaft immer wieder zurückkommt[130]. Weder die Haltung zum Begriff des Gesetzgebers noch die zu Griechenland stimmen völlig mit den Ansichten de Bonalds überein. Dieser erkennt am Ende nur eine einzige Verfassung an, die nämlich, die der Gott der Juden und der Christen diktiert hat. Kategorisch setzt er Moses dem Lykurg gegenüber und die göttliche Apokalypse der „prophetischen Posaune", in die Condorcet bläst[131]. Die Gesellschaft steht über dem Menschen, und „in Griechenland [beobachten wir], wie die allgemeine Macht der Gesellschaft zur partikulären Macht jedes Mitglieds der Gemeinschaft wird, d. h., hier ist die Gesellschaft Mensch geworden"[132] – das liberale Bild Griechenlands also, nur mit umgekehrtem Vorzeichen. Griechenland ist der Erzfeind, und „der Grieche [gleicht] einem Bühnenkönig, der am Ende des Stücks Szepter und Diadem beiseite legt und jetzt, wo er wieder in seinen ursprünglichen Stand zurückversetzt ist, seine Knechtsgewohn-

[128] Abgedruckt in *Œuvres complètes,* Bd. I, Lyon 1884, S. 309–554.

[129] Ebd., S. 187–220.

[130] Zu Lykurg vgl. *Étude sur la souveraineté,* I, S. 333–341, 346 (zusammen mit Moses, Servius, Numa, Karl dem Großen, dem Hl. Ludwig), 361 f.; *Considérations,* S. 51, 58, deutsch S. 54, 63 (zusammen mit Numa, Moses, Mohammed), 63, deutsch 71, und in den *Fragments,* Bd. I, S. 205.

[131] L. de Bonald, *Théorie du pouvoir politique et religieux dans la société civile démontrée par le raisonnement et par l'histoire,* Konstanz 1796, in *Œuvres complètes,* Paris, Genf 1982, 15 Bde. in 7 (anastatischer Nachdruck der Ausgabe Paris 1843). Die Bde. I und II der *Théorie du pouvoir politique et religieux* finden sich dort jeweils in den Bänden XII–XIII und XIV–XV; Zitate aus II, S. 93, 454.

[132] I, S. 163.

heiten aufputzt mit der emphatischen Sprache seiner Rolle“[133]. Hassenswert ist vor allem Lakonien: „Sparta, zu dem die selbsternannten Freunde der Menschheit uns ständig zurückführen wollen, Sparta war bloß eine Erziehungsanstalt für unbändige Krieger“[134].

Joseph de Maistre steht dagegen auf seine Weise der Tradition der Aufklärung sehr viel näher, was sich schon daran ablesen läßt, daß ihm, als er nach Lausanne kam, viel daran gelegen haben soll, das Haus von Gibbon zu besuchen[135].

Der Gesetzgeber ist inspiriert von Gott, und da der Gesetzgeber ein lebendiges Wesen ist, ist die beste Gesetzgebung natürlich die mündliche: „Je mehr bei einer Einrichtung geschrieben wird, desto schwächer ist sie [. . .]. Darum war die kraftvollste Verfassung des heidnischen Altertums die spartanische, in der nichts geschrieben war“[136].

Daraus ergibt sich, und das ist unser zweiter Punkt, daß für Joseph de Maistre, ganz so wie für Rousseau, Mably oder Robespierre, Sparta weit über Athen steht. Argumente gegen die große Polis fand er in dem Werk von Mitford, einem Toryhistoriker Griechenlands, und in dem von Sir William Young, der das Bild einer handeltreibenden Demokratie entwarf[137]. Über die klassische Kritik an der Wankelmütigkeit der demokratischen Massen hinaus, die Miltiades heute bejubeln und morgen verdammen[138], repräsentiert Athen vor allem die Idee des Beratschlagens und Beschließens, obwohl „doch völlig klar ist, daß keine Staatsverfassung je aus bloßer Beschlußfassung entstanden ist“[139]. Solon, diese Ausnahme von der Regel, die besagt, daß „die größten Gesetzgeber

---

[133] I, S. 169.

[134] I, S. 165.

[135] Johannet und Vermale, *Considérations*, S. XVIII.

[136] *Considérations*, S. 63, deutsch S. 69, der Grundgedanke stammt aus Platons *Phaidros*, den J. de Maistre später, 1814, zitieren wird, vgl. *Œuvres complètes*, Bd. I, S. 255.

[137] Zur Lektüre von Mitford und Young vgl. Triomphe, *Joseph de Maistre*, S. 381. Zur *History of Greece* von Mitford, London 1784–1810, vgl. A. Momigliano, *Studies in Historiography*.

[138] *Étude sur la souveraineté*, Bd. I, S. 486.

[139] Ebd., S. 346.

Souveräne gewesen sind", schuf eine Verfassung, die „die hinfälligste des Altertums war"[140].

Mit Joseph de Maistre beginnt also der moderne reaktionäre Gebrauch vom Trugbild Sparta, der bis zu den Nazis und noch darüber hinaus reichen sollte. In wenigen Jahren ist Sparta mit einem einzigen Sprung von den Montagnards ins Lager der heftigsten Reaktionäre hinübergewechselt. Joseph de Maistre schreibt freilich nicht gegen die Montagnards, die Vergangenheit sind, sondern gegen die Thermidorianer, gegen Benjamin Constant zum Beispiel. Die *Considérations* sind eine Antwort auf dessen politisches Manifest „Sur la force du gouvernement actuel et la nécessité de s'y rallier"[141].

Dritter Punkt: Joseph de Maistres Beziehung zur Aufklärungsphilosophie erinnert in gewisser Weise an die des Marquis de Sade. Der Naturzustand ist bei de Sade reines Begehren. Bei de Maistre gibt es zwar letzten Endes gar keinen Naturzustand, da der Mensch stets ein geselliges Lebewesen ist und die Wilden bloß der Geselligkeit „verlustig gegangen" oder „noch nicht zu ihr hingelangt" sind. Und was das damals so modische Thema vom „enfant sauvage" betrifft, so ist dies ein „Märchen"[142]. Aber die Gewalt ist in uns. „Wir werden alle als Despoten geboren". „Gute Wilde" gibt es ebensowenig wie „ein Volk von Göttern". Um den amerikanischen Mythos zu widerlegen, beruft er sich auf Cornelius De Pauw: „Ich sehe nicht, was man dem geistreichen Autor der *Recherches philosophiques sur les Américains* entgegenhalten könnte"[143].

Aber dieser Pessimismus hat auch ein im eigentlichen Sinne tragisches Geschichtsbild zur Folge. Ganz neu nämlich ist, daß Joseph de Maistre die griechische Tragödie im Verein mit Shakespeare zum Motor seiner Geschichtsphilosophie macht. Durch das blutige Opfer erkauft sich die Menschheit ihr Existenzrecht, und Joseph de Maistre zitiert in eigener Übersetzung die *Orestie* von Euripides (V. 1639–1642): „Helenas Schönheit, sagt Apollo, war nur ein Werkzeug der Götter, um die Griechen und Trojaner miteinander zu verfeinden und Blut fließen zu lassen, damit auf Erden das Unrecht der allzu zahlreich gewordenen Menschen

140 Ebd., S. 347; *Considérations,* S. 63, deutsch S. 70.
141 Vgl. Johannet und Vermale, *Considérations,* S. XXII f.
142 *Étude sur la souveraineté,* Bd. I, S. 321 f.
143 Ebd., S. 380, 449, 453.

getilgt würde."[144] Und da macht es nur wenig, daß „Unrecht" das griechische ὕβρισμα (Übermut) sehr schlecht wiedergibt. Daraus ergibt sich, was in Frankreich vor ihm noch keiner zu sagen gewagt hatte und auch nach ihm keiner zu wiederholen wagt, daß „die glänzendste Epoche Griechenlands die schreckliche Zeit des Peloponnesischen Krieges war"[145].

Das ist das Geschütz, das J. de Maistre gegen den Philosophen Condorcet auffährt, „diesen Liebling der Revolution, der sein Leben damit zubrachte, das Unglück des jetzigen Geschlechts vorzubereiten und unseren Nachkommen gnädig die Vollkommenheit zu vermachen"[146].

Das war sicherlich nicht die Mehrheitsideologie des liberalen Bürgertums, die wir im folgenden am Beispiel eines Historikers vom Fach herausarbeiten wollen.

Verlassen wir also London, Basel und die Emigration und kehren wir nach Frankreich zurück. Denn in dem post-thermidorianischen und später napoleonischen Frankreich, in dem sich das Wissen nach den Revolutionswirren bereits wieder organisiert hat und unter dem Dache angesehener Institutionen gedeiht, konstituieren sich erst wirklich der historische Gegenstand namens Griechenland und der zu diesem Gegenstand gehörige Diskurs, an den sich in besonderer Weise der Name von Pierre-Charles Lévesque knüpft.

Ein Spezialistendiskurs, gewiß, der sich im „Institut national", dem späteren „Institut de France" formierte, zu dessen Gründungsmitgliedern im Jahre IV neben Volney auch Lévesque gehörte[147]. Aber die Abteilung „Sciences morales et politiques", wo dieser

---

[144] *Considérations,* S. 48, deutsch S. 50.

[145] Ebd., S. 48, deutsch S. 49. Mit einem bemerkenswerten Selbstwiderspruch fährt J. de Maistre gleich darauf fort: „Das Augusteische Zeitalter *folgte* unmittelbar auf den Bürgerkrieg und die Proskriptionen"; vgl. ebenfalls S. 48, deutsch S. 49: „großes Blutvergießen trifft häufig mit Übervölkerung zusammen, wie man es besonders bei den altgriechischen Freistaaten gesehen hat".

[146] Ebd., S. 48, deutsch S. 50.

[147] Vgl. Gaulmier, *L'Idéologue Volney,* S. 380 (Volney war damals in Amerika).

Diskurs sich zwischen 1795 und 1803 entwickelt[148], hat nichts von einem Elfenbeinturm; dank der Ideologen, die dort das Regiment führen, entfaltet sie eine rege Aktivität: man arbeitet dort über die Einrichtungen Spartas und Athens, streitet aber auch über den Entstehungsprozeß der Sprache, über den Sinn und Wert der Geschichte. Auf die Attacken, die der ungestüme Louis-Sébastien Mercier[149] gegen die Alte Geschichte reitet („Was wir tun, ist auch Geschichte; machen wir diese Geschichte ohne Vorbild, und unsere Chancen, daß sie gut ausfällt, stehen höher“[150]), antwortet Lévesque als Historiker von Profession, aber ohne den Schock des Ereignisses deshalb zu unterschätzen: „Gerade wer unsere Revolution mit all ihren Umstürzen und Katastrophen erlebt hat, dürfte sich besonders gut dazu eignen, die Geschichte der vergangenen Jahrhunderte zu schreiben.“[151] Es lebe also die Alte Geschichte,

---

148 1795: Gründung des Instituts, nachdem die Akademien 1793 als königliche Einrichtungen aufgehoben worden waren; 1803: Auflösung der Abteilung „Sciences morales et politiques“ durch Napoleon, der den Ideologen feindlich gesonnen ist und lieber die alte „Académie des inscriptions“ wiederherstellt, unter dem Namen „Classe d'histoire et de littérature ancienne“ (zur Geschichte der „Académie des inscriptions“ zwischen 1789 und 1832 vgl. die Vorbemerkung zur *Table générale et méthodique des mémoires de l'Académie des inscriptions et belles-lettres* von E. de Rozière und E. Châtel, Paris 1856, S. XI–XVI). Zu den Ideologen am Institut vgl. Moravia, *Il tramonto dell'illuminismo,* S. 425, 439.

149 Zu Louis-Sébastien Mercier vor 1789 vgl. L. Béclard, *Sébastien Mercier, sa vie, son œuvre, son temps d'après des documents inédits,* Paris 1903, vor allem S. 153–188 über den *Essai sur l'art dramatique* (1773), in dem Mercier mit Feuereifer gegen die Nachahmung der Alten wetterte und für ein „neues Theater“ plädierte, „das zu der Nation paßt, zu der man spricht“; zu Mercier am Institut und zu seinen bewegten Beziehungen zu den Ideologen vgl. Moravia, *Il tramonto dell'illuminismo,* S. 97, 423, 425, 435–438.

150 Daunou, der in der *Notice des travaux de la Classe des sciences morales et politiques de l'Institut (nivôse-ventôse an X),* Paris o. J., S. 15 f., auf diese „Einschätzung der Alten Geschichte“ näher eingeht, stellt fest, daß die Auslassungen von Mercier „die Abteilung nicht daran gehindert haben, sich in diesem Trimester hauptsächlich mit historischen Wissenschaften zu beschäftigen“.

151 *Notice des travaux . . . pendant le dernier trimestre de l'an X,* Paris o. J., S. 3: „Mémoire zur Geschichte als Wissenschaft und Kunst“, vorge-

vorausgesetzt jedoch, sie bleibt fest in der Gegenwart aller verankert. Eine Forderung, die die napoleonische Macht eigens zu Protokoll nimmt: so hielt es Bon-Joseph Dacier, der ständige Sekretär der Académie des inscriptions[152], in dem *Rapport sur les progrès de l'histoire et de la littérature ancienne depuis 1789*, den er 1808 dem Kaiser vorstellte, für nötig, die alten Texte und das historisch-philologische Wissen „allen zugänglich zu machen". Niemand hat besser als Lévesque, der bei dieser Gelegenheit an der Seite von Dacier ebenfalls anwesend war, dieses Programm einzulösen versucht: mit seiner 1795 erschienenen Thukydidesübersetzung, die für ein breites Publikum gedacht war, mit seiner *Histoire critique de la République romaine*, erschienen 1807, mit seinen *Études d'histoire ancienne* von 1811, die für „einen großen Leserkreis" bestimmt waren[153].

Mit diesen *Études* wollen wir uns jetzt beschäftigen, und unserer Ansicht nach ist es nicht unwichtig, daß sie im wesentlichen, wenn auch unter weitgehender Streichung des gelehrten Apparats, auf den „Mémoires" beruhen, die Lévesque in der Abteilung für Sciences morales et politique des Instituts zwischen 1796 und 1801 vorgestellt hatte[154]. Wichtig für uns ist es auch, daran zu erinnern,

---

legt vom Bürger Lévesque. [Mémoire: „Schrift, Aufsatz, verfaßt und publiziert, um die Diskussion eines Gegenstandes anzuregen", Meyer, 4. Aufl. 1890, A. d. Ü.]

152 Zu Bon-Joseph Dacier, dem ständigen Sekretär der Académie des inscriptions, „mit der er sich gleichsam identifizierte", vgl. die Notiz in der *Biographie générale Michaud*, Paris 1885. Der *Rapport* wurde 1810 in Paris publiziert; wir verweisen auf seine gerade erschienene Neuausgabe unter dem Titel *Histoire et littérature ancienne*, Vorwort von D. Wonoroff, Einführung und Anmerkungen von Fr. Hartog, Paris 1989.

153 Vgl. seine diesbezüglichen Ausführungen in den Vorworten zur *Histoire de Thucydide, fils d'Olorus*, Paris 1795, Bd. I, S. III, zur *Histoire critique de la République romaine*, Paris 1807, S. 1, sowie zu den *Études d'histoire ancienne et de celle de la Grèce*, Paris 1811, Bd. I, S. X, XV.

154 „Considérations sur les trois poètes tragiques de la Grèce", „Mémoire sur Aristophane", *Mémoires de l'Institut national des sciences et arts, Classe des sciences morales et politiques*, Bd. I, Paris 1798, S. 305–344, 345–373 (= *Études*, Bd. V, S. 48–80); Mémoires „sur Hésiode", „sur Homère", „sur les mœurs et usages des Grecs du temps d'Homère", vorgestellt 1796 und 1797, *Mémoires*, Bd. II, S. 1–21, 22–37, 38–67 (= *Études*, Bd. IV, S. 454–485, 486–507; II, S. 131–175); und vor allem Mémoires

daß Lévesque nicht immer nur ein Professor für griechische Geschichte war – das war er erst ab 1791, am Collège de France[155]; aber als Lévesque 1789 Mitglied der Académie des inscriptions et belles-lettres wurde, galt diese Ehre mindestens ebensosehr dem Historiker Rußlands und des französischen Mittelalters wie dem Übersetzer von Thukydides. Im Leben von Lévesque, geboren 1736, gab es also zunächst Rußland, wo er von 1773 bis 1780 an der Kadettenschule von Sankt Petersburg unterrichtete[156]; er nutzt diesen Aufenthalt und publiziert bereits 1781 eine *Histoire de Russie,* auf die 1783 eine *Histoire des différents peuples soumis à la domination des Russes* folgt – nach der „bürgerlichen und politischen Geschichte" die „Naturgeschichte des Menschen", wie er selber schreibt[157]. Doch von Sankt Petersburg aus hatte er schon 1775 und 1779 in Amsterdam einen *Homme moral* und einen *Homme pensant* erscheinen lassen, Essays, in denen er über die Fortschritte der Menschheit nachdenkt und bei dieser Gelegenheit die Grundzüge

---

„sur la Constitution de la république de Sparte" und über die „de la république d'Athènes", vorgetragen zwischen 1799 und 1801, erschienen in *Mémoires,* Bd. III, Paris 1801, S. 347–381, und Bd. IV, Paris 1803, S. 113–277, aufgenommen in die *Études,* Bd. II, S. 282–330 (Sparta), und Bd. IV, S. 257–387 (Athen). Der systematische Vergleich der „Mémoires" mit den *Études* zeigt, daß Lévesque an seinen Ausführungen über Sparta und Athen nur wenig geändert hat: ein paar Stellen wurden stilistisch überarbeitet, einige allzu deutliche Anspielungen auf die Revolution wurden gestrichen und kritische Auseinandersetzungen fallengelassen (so verschwindet in den *Études* vor allem die Polemik mit De Pauw, dem vorgeworfen wurde, er sei ein zu großer Freund der athenischen Demokratie gewesen, *Mémoires,* Bd. IV, S. 181, 203–211, 264 ff.).

155 Zum Leben von P.-Ch. Lévesque vgl. die „Notice historique sur la vie et les ouvrages de M. Lévesque", von B.-J. Dacier, *Histoire et Mémoires de l'Institut royal de France,* Paris 1821, Bd. V, S. 162–178. Unseres Wissens wurde P.-Ch. Lévesque als ein Historiker Griechenlands bislang noch nicht zum Gegenstand einer Untersuchung gemacht. Zum Leben von Lévesque und zu seiner Arbeit als Historiker Rußlands vgl. A. Mazon, „P.-Ch. Lévesque, humaniste, historien et moraliste", *Revue des études slaves,* 42, 1963, S. 7–66.

156 Lévesque war von Diderot für Katharina II. „angeworben" worden: vgl. die Untersuchung dieses Vertrags in Mazon, „P.-Ch. Lévesque", S. 18–23.

157 Vorwort zur *Histoire des différents peuples,* S. III.

seines gemäßigt liberalen Denkens formuliert[158]. 1788 versucht er sich an der Geschichte Frankreichs mit einer Arbeit über *La France sous les cinq premiers Valois* und legt dann, nachdem er sich unter der Schreckensherrschaft vorsichtig zurückgehalten hat, 1795 seine Thukydidesübersetzung vor. Danach kommen die zahlreichen „Mémoires", die am Institut vorgestellt wurden, sowie schließlich zwei Arbeiten zur Geschichte des Altertums: 1807 die *Histoire critique de la République romaine,* 1811, ein Jahr vor seinem Tod, die *Études.*

All diese Untersuchungen gehen bruchlos ineinander über. Wenn der Autor der *Études d'histoire ancienne* für sich das Recht in Anspruch nimmt, „als ein Franzose [zu sprechen], der stolz ist auf sein Vaterland, als ein Europäer, der sich der Fortschritte des modernen Europas bewußt und daher nicht gewillt ist, demütig das antike Griechenland zu bewundern"[159], erkennt man dieselben Leitideen wieder, die Lévesque dreißig Jahre früher dazu veranlaßt hatten, seinen Landsleuten zu erklären, daß Rußland ein Teil von Europa ist. Indem er gegen den Mythos kämpfte, für den dieses riesige Reich „nur eine Wüste war, in dem ein paar wilde Tiere gelebt hatten, aus denen erst [Peter der Große] richtige Menschen gemacht haben soll"[160], eröffnete Lévesque eine neue Ära in der Geschichtsschreibung Rußlands[161]; ein glanzvolles Beispiel für seinen leidenschaftlichen Eifer, Trugbilder zu zerstören, ein Eifer, der für sein ganzes Œuvre charakteristisch ist: das Trugbild Peter der Große, das Trugbild „fränkische Demokratie" oder „rö-

---

158 *L'Homme moral ou l'Homme considéré tant dans l'état de pure nature que dans la société,* Amsterdam 1755; *L'Homme pensant ou Essai sur l'histoire de l'esprit humain,* Amsterdam 1779. Den zahlreichen Raubdrucken nach zu urteilen, die von ihnen gemacht wurden, hatten diese beiden Werke einen gewissen Erfolg. Lévesque selber wird diese beiden Essays zu Mémoires umarbeiten: „Considérations sur l'homme obverservé dans la vie sauvage, dans la vie pastorale et dans la vie policée", „Considérations sur les obstacles que les Anciens ont apportés aux progrès de la saine philosophie", 1796, *Mémoires,* Bd. 1.

159 *Études,* Bd. I, Vorwort, S. XII.

160 *Histoire de Russie,* Bd. I, S. 73.

161 Zur Qualität seiner *Histoire de Russie,* die lange Zeit „der einzige Versuch dieser Art in Frankreich" bleiben sollte, vgl. M. Cadot, *L'Histoire de la Russie dans la vie intellectuelle française (1839–1856),* Paris 1967, S. 382 (Zitat), 542, sowie Mazon, „P.-Ch. Lévesque", S. 41–43.

mische Republik", das Trugbild Sparta, keines wurde von seinen Attacken verschont[162].

Eine „moralische Geschichte", um die römische Republik und ihren „Fanatismus der Freiheit"[163] zu kritisieren, eine Geschichte „als Wissenschaft und Kunst" hingegen, soweit es um Rußland, das alte Griechenland und das einstige Frankreich geht, eine Triade, die für das Œuvre von Lévesque bestimmend ist. Zwischen dem Rußland des 16. Jahrhunderts und dem antiken Griechenland soll es, will man ihm Glauben schenken, viele Ähnlichkeiten geben[164], doch den Historiker erstaunt dies nicht, sondern er behauptet – indem er von der Verwandtschaft der slawischen Sprachen mit der

---

162 Zum Trugbild Peter der Große vgl. die Bemerkungen von A. Lortholary, *Le Mirage russe en France au XVIIIe siècle*, Paris 1951, Anm. 155, S. 303, und Anm. 222, S. 306; Lévesque kritisiert damit indirekt den Mythos, den Voltaire aufgebracht hat: vgl. erneut Mazon, „P.-Ch. Lévesque", S. 38–40, 43. Zum Trugbild „fränkische Demokratie", das dem Abbé de Mably teuer war, vgl. die Einleitung zu *La France sous les cinq premiers Valois*, S. 45 f., und das „Mémoire sur le gouvernement de la France sous les deux premières dynasties", *Mémoires*, Bd. V, 1804, S. 244, 279; zitiert sei hier die S. 315: „Verzichten wir auf die Illusion, man könne bei unwissenden und barbarischen Völkern eine gute Regierungsform finden". Zum Trugbild „römische Republik" oder genauer zu der Selbsttäuschung der Franzosen, die Rom imitiert haben und „durch den irrsinnigen Wunsch, römische Bürger zu sein, schlechte Bürger geworden sind", vgl. *Histoire critique*, Vorwort, S. XXXVII. Zum Trugbild Sparta vgl. Pierre Vidal-Naquet, „La place de la Grèce dans l'imaginaire des hommes de la Révolution", a. a. O., S. 229 f. Hinzuzufügen ist, daß Lévesque bereits in *L'Homme pensant* (S. 3) sein Mißtrauen gegenüber solchen Phantasiekonstruktionen bekundete.

163 Das ist der Hauptaspekt dieser Schrift (vgl. Vorwort, S. XXXIV), doch es gibt andere: zu Lévesque als einem Vorläufer von Niebuhr vgl. Rytkönen, *Niebuhr*, S. 57.

164 Zum Vergleich Rußlands mit Griechenland vgl. *Histoire de Russie*, Bd. III, S. 81–83, 88, 93 usw.; zum „Klassizismus" der *Histoire* vgl. C. Wilberger, „French Scholarship on Russian Literature", *Eighteenth Century*, 5, 1971–1972, S. 503–526, besonders S. 515–518. Zum Vergleich Griechenlands mit Rußland vgl. „Mémoire sur les mœurs et usages des Grecs du temps d'Homère", *Mémoires*, Bd. II, S. 46, 52 f., 56, 65, sowie „Mémoire sur Hésiode" (wo Lévesque die Mythen von Pandora und den fünf Zeitaltern mit einem heiligen Buch der Kalmücken vergleicht, das er in einer russischen Übersetzung gelesen hat).

griechischen auf die der Völker schließt –, daß die Griechen aus dem Norden gekommen seien[165]. Umgekehrt ist Frankreich über seinen Süden, wo die französische Sprache ihre griechischen Ursprünge offenbart, mit Griechenland verbunden: Lévesque erinnert an „die antike Kolonie, die die Phokäer bei Marseille gegründet haben"[166].

Rußland, Griechenland, Frankreich: wer wird den wissenschaftlichen Weg eines Historikers je von seinen theoretisch-affektiven Besetzungen trennen können?

Das Griechenland P.-Ch. Lévesques ist eine Konstruktion, in der sich das Erbe von Isokrates und Plutarch, d. h. das des Abbé Barthélemy[167], nicht ohne einige eklatante Widersprüche mit der Lektüre von Thukydides mischt: so wird auf derselben Seite der *Études* Perikles einmal als ein Demagoge dargestellt, der die Demokratie von Theseus und Solon in ein „tumultuarisches Regime" verwandelt habe, und gleich darauf als der unersetzliche Staatsmann, dessen Tod die Athener „frechen und elenden Scharlatanen wie Kleon" ausgeliefert habe[168]. Dennoch traf Lévesque im allgemeinen seine Wahl, und diese fiel auf Thukydides, auf „den, der von allen Historikern der Antike das meiste Vertrauen verdient"[169],

---

165 Vgl. den Exkurs „zur ursprünglichen Identität der griechischen Sprache mit einer der ältesten Sprachen des Nordens" und den „zum nordischen Ursprung [. . .], bewiesen durch [. . .] die religiösen Riten", in den Bänden II und III der Thukydidesübersetzung, S. 315–363, 278–322, sowie ferner *Études*, Bd. II, S. 77–89.

166 Vorwort zu den *Études*, S. III; denselben Gedanken findet man zwei Jahre später wieder im *Essai sur les révolutions*, Bd. I, Kap. XXXVIII, S. 170–172. Dasselbe Geschichtsbild verbreitet auch das Werk von Egger, *L'Hellénisme en France:* Nachdem zuerst die Ähnlichkeit von gallischem und griechischem Geist beschworen wurde (Vergleich der athenischen Leichenrede mit den Kriegsgesängen der Gallier: Bd. I, S. 11–14), wird hernach in aller Breite die „Einführung des Griechentums in Frankreich auf dem Weg über Marseille" dargelegt (Bd. I, S. 24–39).

167 Vgl. *Études*, Bd. II, S. 238–267 (die mythischen Könige Athens und die „Demokratie des Theseus"), 280 (die Athener, die immer schon „Freunde der reinen Demokratie" waren). Zu Lévesque als Kritiker von Barthélemy vgl. jedoch die Bemerkungen von Malte-Brun, „Éloge de feu M. Lévesque", *Histoire de Russie*, 4. Aufl., Paris 1812, S. XXII.

168 *Études*, III, S. 25.

169 *Études*, Vorwort, S. XX.

und der darüber hinaus, im Blick auf den sich abzeichnenden liberalen Staat, „gerade in den Ländern besonders gründlich studiert werden sollte, in denen eines Tages alle Bürger irgendwie an der Regierung beteiligt sein könnten". Und unser Historiker fügt hinzu: „Ein sehr kluges Mitglied des englischen Parlaments sagte einmal, daß man zu allem, was in den Kammern erörtert würde, etwas Aufschlußreiches bei Thukydides fände"[170]. Was Lévesque hier preist, ist also ein Thukydides zum Gebrauch des aufstrebenden Bürgertums, ein Thukydides, dessen Rückkehr mitten in der Zeit der Thermidorianer den definitiven Bruch mit dem imaginären Griechenland der Gesetzgeber markiert, das den Revolutionären so teuer war[171]. Doch auf diesen Thukydides, bei dem jetzt jedermann nachlesen kann, „wie die Völker politisch miteinander umgegangen sind"[172], wirft die Französische Revolution ein neues Licht. Erwähnt der Historiker des *Peloponnesischen Krieges* nicht, daß sich im Bürgerkrieg auf Korkyra die Mehrzahl der Sklaven auf die Seite der Volkspartei gestellt hat und daß auch die Frauen des *dêmos* aktiv gegen die *oligoi* gekämpft haben? Lévesque greift das auf, um auf dem natürlichen Bündnis zwischen Volk und Sklaven zu insistieren und um das Verhalten der Frauen zu erklären, „die sich bei Aufständen immer sehr viel heftiger gebärden als die Männer"[173]; Thukydides sagte zwar genau das Gegenteil, nämlich daß „die Frauen gegen ihre Natur im Kampfgetümmel ausharrten" (III, 74), doch ganz offensichtlich steht die Wirkung für Lévesque über der Treue zum Text, und seine Leser verstehen ihn, denn sie erinnern sich daran, daß die Gesellschaft der „Revolutionären Frauen" eine schlagkräftige Hilfstruppe der Enragés war[174].

---

170 *Histoire de Thucydide,* Bd. I, Vorwort, S. XXVII.

171 Zum Verschwinden des Gesetzgebers vgl. *Études,* Bd. II, S. 102, 366 f. Einer von uns hat bereits auf die Bedeutung der Thukydidesübersetzung von 1795 hingewiesen (vgl. P. Vidal-Naquet, „Tradition de la démocratie grecque", a. a. O., S. 34).

172 *Histoire de Thucydide,* Vorwort, S. XXVII.

173 *Études,* Bd. III, S. 54 f. (Kommentar zu Thukydides, III, 73 f.).

174 Vgl. G. Lefebvre, *La Révolution française,* 6. Aufl., Paris 1968, S. 361, und Paule-Marie Duhet, *Les Femmes et la Révolution, 1789–1794,* Paris 1977, S. 129–131, 135–160; vgl. auch a. a. O. P. Vidal-Naquet, „La place de la Grèce dans l'imaginaire des hommes de la Révolution".

Zwischen Griechenland und den Historiker hat sich also die Revolution geschoben, und wenn Lévesque erzählt, diesmal im Rückgriff auf Herodot, wie der verbannte Peisistratos die Dienste einer falschen Athene in Anspruch nahm, um nach Athen zurückzukehren, wundert man sich nicht, daß der moderne Historiker aus diesem als „Weisheit" verkleideten „Blumenmädchen" eine Gestalt macht, die bereits für die Athener allegorisch gewesen sein soll, gleichsam eine griechische Präfiguration aller „Göttinnen Vernunft" der Revolutionsfeste[175]. So hilft die jüngste Geschichte Frankreichs, diejenige Griechenlands zu verstehen. Oder genauer diejenige Athens. Denn um die Geschichte Spartas verständlich zu machen, greift Lévesque auf eine sehr viel frühere Epoche der französischen Geschichte zurück, zu der ihm durch seine Studien wohlbekannten Zeit jener „verhaßten Aristokratie, die Frankreich unter dem ersten und zweiten Herrscherhaus arg zusetzte, als eine wenig zahlreiche und privilegierte Kaste den Namen Französisches Volk für sich allein beanspruchte"[176].

Feinde der Arbeit, des Handels und der Industrie, die allesamt unter Waffen stehen, „rohe Ignoranten und wilde Tiere", das sind die Spartaner, „jene Menschen, die man mit Recht die Adligen nennen kann" – und diesmal muß man nicht bis zu den Merowingern zurückgehen, um die Anspielung zu verstehen[177]. Muß man sich da noch wundern, daß Lévesque Athen und die „Wahrheit der Tatsachen" wählt – und eben nicht Sparta und „die geheiligten Ideen von der Vortrefflichkeit der lakedämonischen Verfassung"[178]? „Man bewundert das kriegerische Sparta,

---

[175] *Études*, Bd. II, S. 375 f. Wobei nicht zu vergessen ist, daß Peisistratos der Führer der „Montagnards" ist: die Präfiguration ist komplett.

[176] Études, Bd. II, S. 306 f. Umgekehrt bezieht sich Lévesque dort, wo er „Frankreich unter den beiden ersten Dynastien" untersucht, auf Sparta *(La France sous les cinq premiers Valois*, S. 46, 86; *Mémoires*, Bd. IV, S. 254, 258): die Existenz der „Knechtschaft der Plebs" erlaubt es, die Franken mit den *homoioi*, die Leibeigenen mit den Heloten zu vergleichen.

[177] Zu Sparta vgl. *Études*, Bd. II, S. 286, 295, 303–308, 322–324, 328, und die Erläuterungen von Lévesque zum *epitaphios* des Perikles (*ad Thucydide*, II, 37, 2; 29, 1; 40, 2).

[178] *Études*, Bd. II, S. 291 f.; vgl. ferner S. 293 f. (die Spartaner sind die Wilden Griechenlands, und das Goldene Zeitalter Spartas ist eine einzige Finsternis).

aber man liebt seinen Rivalen“[179], schreibt er ganz offen. Doch auch die Bewunderung ist nicht vorbehaltlos: denn kann Lévesque als Autor eines *Essai sur l'histoire de l'esprit humain,* der bereits 1779 „die ausschließliche Wertschätzung des Kriegers“ kritisierte[180], einen „Kriegerkonvent“ bewundern, der durch die Reformen Lykurgs in einem Stadium „der Ignoranz und Barbarei“ erstarrt ist[181]? Kann er die Erziehung der Spartaner bewundern, die er 1775 im *Homme moral* verurteilt hatte und die die Jakobiner zum Modell erheben wollten? Wenn das Gesetz der bürgerlichen Gesellschaft die Erhaltung des Eigentums ist – und für unseren Autor sind Kinder ein Eigentum –, wie soll man sich dann mit der „Tyrannei“ eines republikanischen Staates abfinden, der der Familie die Erziehung der Kinder aus den Händen nimmt[182]? Überall und selbst im formalen Aufbau der Erzählung machen sich die athenischen Sympathien des Historikers bemerkbar: so ist es sicher nicht gleichgültig, daß an die dunklen Jahrhunderte Griechenlands in dem Kapitel über Lakonien erinnert wird oder daß die Geschichte Spartas ausdrücklich dazu dient, die Lücken der athenischen Geschichte auszufüllen[183]. Die Geschichte Athens hingegen wirft Licht auf die ganze Geschichte Griechenlands bis hin zu Alexander dem Großen; ja mehr noch: sie geht die ganze Menschheit etwas an, die Lévesque beschwört, ehe er sich an den Bericht des für Athen so unheilvollen Peloponnesischen Krieges macht[184].

---

179 *Études,* Bd. II, S. 237 f.; vgl. auch S. 461.

180 *L'Homme pensant,* Kap. XVII, S. 74–76: „Man muß die Völker bedauern, in denen der Krieger mehr gilt als die übrigen Bürger, nur weil er Krieger ist.“

181 *Études,* Bd. II, S. 318, 324.

182 *L'Homme moral,* S. 163. Eine Auffassung, die im Gegensatz steht zu der Erklärung Dantons, die dieser in der Debatte über Le Peletiers Entwurf zum Erziehungswesen abgab: „Ich bin Vater; aber mein Sohn gehört nicht mir: er gehört der Republik“ (zitiert nach Ponteil, *Histoire de l'enseignement en France,* S. 68).

183 *Études,* Bd. II, S. 283, 281.

184 *Études,* Bd. I, Vorwort, S. IX; Bd. II, S. 237 f.; Bd. III, S. 2 („Die ganze Menschheit müßte ein Interesse an diesem Volk haben, das der Menschheit so viel Ehre macht“).

Die Achtung des Eigentums und des Privatlebens, die freie Entfaltung des Handels, der Arbeit und der Industrie[185], das sind die Hauptmerkmale des Athens von Lévesque. Halten wir hier nun endlich das Paradigma des bürgerlichen Athens in Händen, jene Konstruktion der liberalen Imagination, auf der alle weiteren historiographischen Entwicklungen aufbauen werden? Das zu behaupten wäre übereilt und hieße vergessen, daß die Demokratie in diesem Modell bürgerlicher Freiheit bloß ein Versatzstück, ja ein unvermeidliches Übel ist: denn ganz ohne Zweifel schätzt Lévesque an Athen die betriebsame Stadt sehr viel mehr als die demokratische *polis*. . . Was nicht heißt, daß unser Historiker etwas übrig hätte für die Gegner der athenischen Regierungsform: „die blutdürstige Oligarchie" der Dreißig Tyrannen erinnert ihn allzusehr an die Schreckensherrschaft, um bei ihm irgendwelche Sympathien zu wecken[186]. Doch unter den demokratischen Führern der klassischen Epoche verdient nur Thrasybulos den Titel eines „Freundes der Freiheit", da er „ebenso ein Freund der Menschheit, der Gerechtigkeit und der Ordnung" war: Lévesque hat Xenophon gelesen und weiß dem siegreichen Thrasybulos Dank dafür, daß er sich in der wiederhergestellten Demokratie deutlich gegen alle reaktionären Umtriebe ausgesprochen hat[187]. Die große Epoche der Demokratie indes bleibt die von Solon, und im Blick auf Solon beginnt Lévesque von der bürgerlichen Freiheit und der Achtung des Eigentums zu schwärmen. Man müßte die ganze Seite zitieren, auf der der Historiker die ablehnende Haltung des Gesetzgebers kommentiert, der sich allen Forderungen nach einer Landverteilung widersetzt hat; greifen wir nur soviel

---

185 Zum Eigentum vgl. *Études*, Bd. II, S. 363 (und mit Blick auf Solon: *L'homme moral*, S. 70, sowie die *Observations et discussions sur quelques parties des ouvrages de l'abbé de Mably*, Paris 1787, S. 77 f.). Zum Privatleben vgl. *Études*, Bd. II, S. 360 f. (mit Blick auf Solon). Zum Handel vgl. ebd., Bd. II, S. 320 („Wie die von Natur aus armen Nationen trieben sie Handel"); das Gegenteil trifft zu bei den Spartanern, vgl. die *Éloge historique de l'abbé de Mably*, Paris 1787, S. 59. Zur Arbeit und Industrie vgl. *Études*, Bd. II, S. 364 f. (wieder im Blick auf Solon).

186 *Histoire de Thucydide*, Bd. I, Vorwort, S. VI; *Études*, Bd. III, S. 180. Dieselben Akzente übrigens in der 3. Auflage (1804) des Werks von Young (vgl. oben Anm. 37).

187 *Études*, Bd. III, S. 186; man vergleiche dies mit Xenophon, *Hellenika*, II, 4, 42.

heraus: „ein Angriff auf das Eigentum wäre ein Angriff auf das Prinzip des Zusammenlebens selber" und aus einer „erzwungenen Gleichheit" kann nichts Gutes erwachsen, ja „um sie aufrechtzuerhalten, müßte man auf die gewaltsamsten Mittel zurückgreifen, auf Mittel, die im Widerspruch stünden zu den sozialen Zwecken, denn eines der Ziele, die die Bildung von Gesellschaften veranlaßt haben, war der berechtigte Wunsch ihrer Mitglieder, der größten Ruhe zu genießen, indem man sich gegenseitig hilft"[188].

Doch was geschieht nun mit der athenischen Demokratie? Was geschieht mit dem, was wir, die Historiker des 20. Jahrhunderts, die „athenische Demokratie" nennen, und die seit Grote und einigen anderen mit Kleisthenes beginnt? Ihr Fall ist klar: Sie ist nur eine Verfallsform der Solonischen Demokratie, gekennzeichnet durch Maßlosigkeit und zu jenem Niedergang verurteilt, der „allzu populäre Regime"[189] stets ereilt. Perikles ist das Symbol dafür, und die Nachwelt ist aufgefordert, ihn ewig dafür zu tadeln, „daß er die Kraft der Regierung zerstört hat"[190]. Fassen wir also zusammen: zwischen Solon und Thrasybulos ein tumultuarisches Regime; zwischen 1789 und dem Thermidor – die Revolution . . . Die Parallele spricht für sich, und ganz offensichtlich hat die athenische Demokratie darunter zu leiden, daß sie durch die Brille der jüngsten „Unruhen Frankreichs" betrachtet wird. Gewiß, nie bekennt sich der Historiker offen zu dieser Identifikation; aber man täusche sich nicht, wenn er sich umgekehrt dazu herbeiläßt, die Dreißig Tyrannen mit den Montagnards zu vergleichen: Die Oligarchie der Dreißig ist für ihn nur die gewalttätige, aber unvermeidliche Kehrseite der Demokratie. Einmal mehr erlaubt es so die Geschichte Frankreichs, diejenige Athens zu lesen.

Und doch hat die Distanz das letzte Wort. Am Schluß der langen Studie, die die „Verfassung der athenischen Republik" erörtert, stellt Lévesque fest, daß Athen zeitlich in weiter Ferne liegt:

---

[188] *Études,* Bd. III, S. 363.

[189] *Études,* Bd. III, S. 143 (die Demokratie ist verantwortlich für die Niederlage in Sizilien); Bd. IV, S. 258–262 (Kleisthenes); man beachte, daß die *Études* in bezug auf Kleisthenes dürftiger sind als das erste Mémoire: vgl. *Mémoires,* Bd. IV, S. 121, mit der angegebenen Stelle aus den *Études* sowie mit Bd. IV, S. 375 (zur Volksjustiz).

[190] *Études,* Bd. III, S. 25.

Weil Athen in der Literatur und den Künsten in so vollem Glanz erstrahlt ist, schreibt er, ist man geneigt zu glauben, daß es in dieser Republik mit allem zum Besten stand: mit Verfassung, Gesetzgebung und Rechtsprechung. Ich gebe zu, daß Athen uns hier ein paar schöne und nacheifernswerte Modelle hinterlassen hat; ich denke aber auch, daß wir auf all diesen Gebieten Athen und den übrigen Republiken Griechenlands überlegen sind [. . .]. Wir haben ihre Erfahrung, aber auch die der Römer und die der langen Jahrhunderte unserer eigenen Geschichte[191].

„Unserer eigenen Geschichte . . ." Die Revolution ist vorbei, und Athen ist weit weg. Die Zeit der Historie beginnt.

Benjamin Constant (1767–1830), der ein Zeitgenosse von Saint-Just und Napoleon war, hatte nicht vor, einen historischen Diskurs zu begründen, in dem die Griechen als die Vorfahren der liberalen Franzosen dastünden; er wollte vielmehr den ideologischen Ort des modernen Liberalismus finden, und zu diesem Zweck mußte er für die nötige Distanz sorgen zwischen einem Modell, das imstande war, sowohl Saint-Just wie auch Joseph de Maistre zu inspirieren, und jener Regierungsform, die er für möglich und wünschenswert hielt. Es ging also nicht darum, wie Condorcet festzustellen, daß die Griechen ihrer Zeit voraus waren, noch darum, wie Volney provokant den Bruch zu proklamieren, sondern darum, die Distanz richtig zu bestimmen. Und hierzu genügte es nicht, Athen gegen Sparta auszuspielen, obwohl Constant sehr oft auf diesen schon alten Brauch zurückgreifen sollte[192].

---

191 *Études,* Bd. IV, S. 387. Dieses Schlußwort, in dem die Themen der „Querelle des Anciens et des Modernes" wiederauftauchen, übernimmt ohne nennenswerte Änderungen dasjenige der Mémoires, die am Institut vorgestellt wurden.

192 Uns ist keine Arbeit bekannt, die thematisch von Benjamin Constant und der antiken Welt handelte. Ein paar Seiten hierzu findet man aber in Canat, *L'Hellénisme des romantiques,* Bd. I, S. 44–59; vgl. auch vom selben Autor seine auf lateinisch abgefaßte Arbeit: *Quae de Graecis Mme de Staël scripserit,* Paris 1904. Das letzte umfassende Werk über Constant, von Paul Bastid, *Benjamin Constant et sa doctrine,* 2 Bde., Paris 1966, ist unter diesem Gesichtspunkt sehr enttäuschend. Zu Constants allgemeinen Ansichten haben wir mit Gewinn gelesen: B. C. Fink, „Benjamin Constant and the Enlightenment", *Studies in Eighteenth Century Culture,* H. S. Pagliaro (Hrsg.), Bd. III, London 1973, S. 67–

Constant zeichnet sich unter den Ideologen des liberalen Bürgertums dadurch aus, daß er nicht nur die griechisch-lateinische Erziehung am Collège genossen hat, sondern auch die Universitäten Erlangen und Edinburgh besucht hat. Er hat Gibbon persönlich kennengelernt und 1787 einen Teil der griechischen Geschichte des Schotten John Gillies übersetzt. Ein gleichsam symbolisches Detail, denn Gillies war zwar alles andere als ein Demokrat, aber andererseits doch nicht ein so leidenschaftlicher Reaktionär wie Mitford, der Joseph de Maistre beeinflußt hat[193]. Diese Kenntnisse vertieft er 1803 und noch mehrmals danach in Göttingen, und er ist einer der wenigen Franzosen, die eine unmittelbare Kenntnis von der jungen deutschen Wissenschaft haben, sowohl durch die Lektüre von Wolf und Creuzer wie auch durch die Gespräche mit W. von Schlegel, dem er im Kreise von Mme. de Staël begegnet war. Unter dem 14. September 1804 notiert er in seinem Tagebuch: „Niemals werde ich in den Altertümern so gelehrt sein wie die Gelehrten. Um es zu werden, müßte man die Zeit opfern, die man fürs Denken braucht“[194]. Vielleicht war es Constants Glück, trotz umfangreicher Lektüre kein Gelehrter geworden zu sein[195]. Wahr ist jedenfalls, daß er dort dachte, wo andere nur wiederholten.

Constant ist wie Volney ein typischer Thermidorianer, doch anders als Volney wird er nie ein Senator oder Graf des Kaiserreichs und auch kein Pair de France der Restauration sein. In ei-

---

81; R. Mortier, „Constant et les Lumières“, *Europe*, 467, März 1968, S. 5–18; P. Thompson, „Constant et les vertus révolutionnaires“, ebd., S. 49–62; die an sich recht nützliche Aufsatzsammlung, die D. Verrey und A.-L. Delacrétaz herausgegeben haben, *Benjamin Constant et la Révolution française, 1789–1799,* bringt leider nichts über Constants Verhältnis zur Antike.

193 Vgl. Momigliano, *Studies in Historiography,* S. 49.

194 *Journal,* in *Œuvres,* A. Roulin (Hrsg.), Paris 1964, S. 359.

195 Zum Bildungsgang Constants und zu seinen Beziehungen zur deutschen Wissenschaft vgl. das alte Buch von G. Rudler, *La Jeunesse de Benjamin Constant,* Paris 1909, und, neueren Datums, P. Deguise, *Benjamin Constant méconnu,* Genf 1966 (behandelt vor allem *De la religion).* Wir interessieren uns hier nur für die politischen Beziehungen Constants zu Griechenland und lassen seine Arbeiten über die antiken Religionen, die ihn freilich bis an sein Lebensende beschäftigt haben, völlig beiseite.

nem Brief vom 25. Mai 1795 schreibt er: „Das Eigentum und die Begabungen, diese beiden vernünftigen Gründe für die Ungleichheit unter den Menschen, werden wieder in ihre Rechte treten."[196] Und so ist es denn auch die *Ungleichheit,* in eins mit der Freiheit, um die sich sein ganzes Œuvre drehen wird. Im Gegensatz jedoch zu Volney teilt er zu Beginn seiner schriftstellerischen Laufbahn die traditionelle und rhetorische Ansicht von der Antike. Die Manifeste und Reden, die er zwischen Januar 1796 und Sommer 1797 publiziert[197], zeigen dies deutlich. Denen, die von einer Restauration träumen, prophezeit er eine republikanische Vendée und heldenmütige Aufständische: „Die Wahrheit wäre ihre Religion, die Geschichte ihre Legende, die großen Männer der Antike ihre Heiligen, die Freiheit ihr Leben nach dem Tod. Sie würden nicht darauf hoffen, nach drei Tagen wiederaufzuerstehen, sie würden als Freie kämpfen und sterben."[198] Gegen die, für die die Tugend und die Monarchie dasselbe sind, erklärt er: „Die römische *Monarchie* wurde von Räubern gegründet und beherrschte nicht einmal ein Viertel Italiens. Die römische *Republik* wurde von den sittenstrengsten und tugendhaftesten Männern gegründet."[199] Und hier taucht auch schon ein Thema auf, das ihn sein Leben lang nicht mehr loslassen wird: „Die alten Republiken hatten Männer, die auf allen Gebieten gleichzeitig berühmt waren. Miltiades, Aristeides und Xenophon pflegten die Literatur, befehlten in den Feldlagern und fesselten ihre Zuhörer, wenn sie von der Tribüne sprachen; diese rühmlichen Beispiele sind auch unter uns schon

---

196 Brief zitiert nach P. Bastid, *Benjamin Constant,* Bd. 1, S. 109.

197 *De la force du gouvernement actuel de la France et de la nécessité de s'y rallier* (1796); *Des réactions politiques* gefolgt von *Des effets de la Terreur* (1797); *Discours prononcés au cercle constitutionnel pour la plantation de l'arbre de la liberté* (20. Fructidor des Jahres V); alles Texte, die man gesammelt findet in *Gli Scritti politici giovanili di Benjamin Constant,* C. Cordié (Hrsg.), Como 1944, wie auch, mit einer Ausnahme, in der Ausgabe, die Ph. Raynaud besorgt hat, Paris 1988; die umfassendste Untersuchung dieses Lebensabschnitts von Constant bietet: B. Jasinski, *L'Engagement de Benjamin Constant. Amour et politique (1794–1796),* Paris 1971. Vgl. auch P. Vidal-Naquet, „La place de la Grèce dans l'imaginaire des hommes de la Révolution", a. a. O., S. 232, Anm. 114, 115.

198 *De la force,* in *Gli Scritti politici,* S. 45, bei Raynaud S. 55.

199 *Des effets de la Terreur,* ebd., S. 114, bei Raynaud S. 175.

wieder zu finden."[200] Eine neue – und ihm eigene – Problematik taucht in Constants veröffentlichtem Werk erst 1814 auf, als das berühmte Pamphlet *De l'esprit de conquête et de l'usurpation* in Deutschland die Druckerpresse verläßt. In der Zwischenzeit, 1802, war Benjamin Constant aus dem Tribunat entfernt worden.

Doch die von der Bibliothèque nationale unlängst erworbenen sieben Manuskripte von Werken Constants, die zwischen 1806 und 1810 verfaßt und dann beiseite gelegt wurden[201], haben gezeigt, daß Constants Auffassung von den Beziehungen zwischen dem Griechentum und der modernen Welt bereits damals definitiv feststand. Die beiden wichtigsten Texte unter diesen Manuskripten, die *Principes de politique applicables à tous les gouvernements* und die *Fragments d'un ouvrage abandonné sur la possibilité d'une constitution républicaine dans un grand pays* – Joseph de Maistre hielt eben dies für unmöglich[202] – waren die Quelle, aus der wörtlich, oder doch fast wörtlich, alles stammte, was Constant später zu diesem Problem veröffentlicht hat, ob es sich um den *Esprit de conquête* handelt, der ganze Kapitel aus den Manuskripten der Bibliothèque nationale übernommen hat, oder um den berühmten Vortrag von 1819, *De la liberté des Anciens comparée à celle des Modernes*[203].

Ganz wie sein Zeitgenosse Hegel behandelt auch Constant die griechische Polis als ein harmonisches Ganzes[204]. Noch 1829, kurz vor seinem Tod, hat er in den *Mélanges de littérature et de politique*

---

200 *Discours*, ebd., S. 229.

201 Nouvelles Acquisitions françaises (NAF), 14358–14364; zur Bedeutung der Manuskripte vgl. zum Beispiel Fink, „Benjamin Constant and the Enlightenment", sowie das Vorwort und die Anmerkungen von O. Pozzo di Borgo zu seiner Ausgabe der *Écrits et Discours politiques de Benjamin Constant.* Man kann jetzt die von E. Hofmann besorgte Ausgabe benutzen, *Les principes de politique,* Genf, Paris 1980. Da wir unsere Zitate in der Hofmannausgabe nicht immer gefunden haben, haben wir weiter auf die Manuskripte verwiesen. Vgl. auch „La place de la Grèce dans l'imaginaire des hommes de la Révolution", a. a. O., S. 232–234.

202 *Considérations,* S. 42.

203 Wir verfügen jetzt über die von M. Gauchet besorgte und mit einem Vorwort versehene Ausgabe, *De la liberté chez les modernes,* Paris 1989.

204 Vgl. D. Janicaud, *Hegel et le destin de la Grèce,* Paris 1975, „La constitution de l'idéal de la belle totalité", S. 27–48.

einen Text wiederveröffentlicht, in dem er geschrieben hatte: „Es gibt Zeiten der Harmonie, in denen der Mensch der Fülle seiner Fähigkeiten zu genießen scheint", was er damit illustriert, daß Sokrates bei Poteidaia und Aischylos bei Salamis gekämpft haben, aber auch damit, daß Sophokles Archont gewesen sei, was dieser nie gewesen ist; und er macht daraus ein Argument, daß die soziale Mobilität rechtfertigen soll, die sich im Gefolge der Französischen Revolution ergeben hatte und von ihr gefördert wurde. Aus Reitburschen wurden Generäle. „Trotz der düsteren Prophezeiungen, zu denen die Tatsache Anlaß gab, daß nicht jeder bei seiner angestammten Aufgabe blieb, wurden gerade deshalb alle Aufgaben erfüllt."[205]

Letzten Endes bestreitet Benjamin Constant nicht, daß die Freiheit eines athenischen Bürgers immer noch größer war, als sie es in neuerer Zeit selbst bei Engländern und Schweizern ist. In einem unedierten Text drückt er dies so aus: „Wir dürfen also nicht sagen: die Athener waren freier als wir – also hat das Menschengeschlecht an Freiheit verloren. Die Athener waren ein kleiner Teil der Einwohner Griechenlands, Griechenland war ein kleiner Teil Europas, und der Rest der Welt war barbarisch; überdies waren die Einwohner Griechenlands zum ganz überwiegenden Teil Sklaven."[206] Von Griechenland trennen uns drei Revolutionen, die einen unleugbaren Fortschritt bilden: eine, die die Sklaverei abgeschafft hat, eine, die das Lehnswesen zerstört hat, und eine, die dem Adel die Privilegien geraubt hat[207]. All das geht offensichtlich in gerader Linie auf Condorcet zurück, so auch die Anerkennung der Bedeutung der Sklaverei, zu der Constant 1819 lapidar anmerken wird: „Ohne

---

205 *Mélanges de littérature et de politique,* Paris 1829, S. 469–472; ähnliche Formulierungen finden sich etwa in einem Artikel aus der *Minerve française,* 51, 1818, wiederabgedruckt in B. Constant, *Recueil d'articles. Le Mercure, la Minerve et la Renommée,* E. Harpaz (Hrsg.), Genf 1972, S. 494.

206 *De la perfectibilité de l'espèce humaine,* NAF, 14362, fol. 76 r; dem kann man entgegensetzen, was er 1819 sagt: „Das Individuum war in Athen noch sehr viel stärker ein untergeordnetes Glied der Gesellschaft, als es das heute in irgendeinem freien Staat Europas ist" (*De la liberté des Anciens comparée à la liberté des Modernes,* M. Gauchet, Hrsg., S. 501).

207 Ebd., fol. 76 r. Was die Griechen des Altertums erlebt haben, war der Sturz der Theokratie.

die Sklavenbevölkerung Athens hätten nicht täglich zwanzigtausend Athener auf dem öffentlichen Platz debattieren können."[208]

Wo liegt dann aber für uns die Originalität Constants? Sie drückt sich, denken wir, in dem dreifachen Gegensatz aus, den er aufstellt zwischen dem Krieg und dem Handel, zwischen der direkten Beteiligung und der Repräsentation, zwischen der Lust am Handeln und der Lust am Denken. Diesen Komplex gilt es nun zu betrachten.

Zu beachten ist jedoch, daß die Bedeutung dieser συστοιχία eine doppelte ist, ja es ist sogar noch etwas komplizierter. Denn der Komplex: Krieg, Beteiligung, Lust am Handeln charakterisiert recht gut die griechische Welt im ganzen, und der Komplex: Handel, Repräsentation, Lust am Denken leistet Entsprechendes für die moderne Welt, aber unter die erste Gruppe fällt auch jene Periode der Geschichte, die 1789 beginnt und mit dem Sturz Napoleons enden wird und deren hervorstechendes Merkmal die moderne Nachahmung der antiken Republiken gewesen ist[209].

Und auch in der antiken Welt gab es diesen Gegensatz; er ist charakteristisch für das Paar Athen – Sparta. Da haben wir die ganze Ambiguität Constants, denn er hat, vor allem von C. De Pauw, die Beschreibung eines modernen und handeltreibenden Athens einfach übernommen: „In Athen erfreute man sich einer sehr viel größeren individuellen Freiheit als in Sparta, denn Athen führte nicht nur Kriege, es trieb auch Handel."[210] Die Athener kannten bereits den Wechsel, und alles in allem war ihre Polis in gewissen Grenzen ein moderner Staat: „Es ist sonderbar, daß unsere modernen Reformatoren sich gerade Athen nicht zum Vorbild nehmen wollten: wohl weil Athen uns zu ähnlich war"; worauf dann noch, um den Leser „vom so gänzlich modernen Charakter der Athener" zu überzeugen, in einem Atemzug Xenophon und Isokrates beschworen werden[211]. Den Gegensatz zu dieser Modernität bildete der

---

[208] *De la liberté des Anciens . . .*, S. 499.

[209] Die Kap. VI–VIII des Pamphlets *De l'usurpation (Œuvres,* S. 1010–1023) übernehmen und resümieren mehrere Kapitel aus den *Principes de politique,* XVI, NAF, 14360, fol. 2–27, bei Hofmann S. 419–455.

[210] *Principes de politique,* fol. 10, bei Hofmann S. 427; De Pauw wird in dieser Frage mehrmals als Gewährsmann zitiert.

[211] *De l'usurpation,* in *Œuvre,* S. 1011, eine Übernahme aus NAF, 14360, fol. 10 f., bei Hofmann S. 42, bei M. Gauchet S. 183.

egalitäre Kriegerkonvent Sparta, der den alten und modernen Philosophen (Platon und Mably) so teuer war. Aber auch in Athen hatte der Handel nicht die Alleinherrschaft, denn wie vor ihm Hume stellt Constant fest: „In Athen, [. . .] der antiken Republik mit dem regsten Handel, brachten Schiffahrtsunternehmen ca. 60 % Zinsen ein, während die Zinsen sonst bei 12 % lagen, so sehr war der Gedanke an eine ferne Seefahrt mit dem der Gefahr verknüpft."[212] In der Antike gab es demnach zwar handeltreibende Völker und somit erste Ansätze zu einem Kampf zwischen dem Geist der Eroberung und dem des Handels – denn Constant macht sich diesen Gegensatz, der uns erstmals bei Jean-François Melon begegnet ist[213], zu eigen –, aber normalerweise wurde der Reichtum im Krieg erworben: „Wir sind in der Epoche des Handels angelangt, eine Epoche, die notwendigerweise die des Krieges ersetzen muß, so wie die des Krieges ihr notwendigerweise vorhergehen mußte." Der Übergang von der einen zur anderen ist ein Fortschritt: „Die eine ist der wilde Trieb, die andere der zivilisierte Kalkül." Und die eine beeinflußt die andere: „Der Handel hat den Krieg bis in sein Wesen verändert."[214] Karthago wurde zwar besiegt, aber das moderne Karthago, England, gewinnt: „Käme es heute zum Krieg zwischen Rom und Karthago, stünde die Welt auf seiten Karthagos. Die heutigen Sitten und der Weltgeist wären seine Verbündeten."[215] Das ist der Triumph dessen, was Auguste Comte das positivistische Stadium des Geistes nennen wird.

---

[212] *Principes de politique,* fol. 7, wie auch *De la liberté des Anciens . . .,* M. Gauchet (Hrsg.), S. 498.

[213] Wir haben keinen Beweis dafür gefunden, daß Constant Melon gelesen hat. Er stützt sich vor allem auf das Werk seines alten Kollegen aus dem Tribunat, Charles Ganilh, *Essai politique sur le revenu public des peuples de l'Antiquité, du Moyen Age, des siècles modernes* (2 Bde., Paris 1806), der ebenfalls diese Begriffe benutzt (vgl. Bd. I, S. 47–49); darüber hinaus zitiert er (NAF, 14360, fol. 9 f., bei Hofmann S. 445) den *Essai sur l'histoire de l'espèce humaine* von C. A. Walkenaer (Paris 1798), der einen ganzen Abschnitt seines Werks (S. 251–368) den Folgen widmet, die sich aus der „Einführung der Manufakturen und des Handels" ergeben haben, ohne daß deutlich würde, wann genau es zu dieser Einführung gekommen ist.

[214] *Esprit de conquête,* in *Œuvres,* S. 959 f., Übernahme aus NAF, 14360, fol. 9, bei Hofmann S. 425, bei Gauchet S. 118.

[215] *Esprit de conquête,* ebd., S. 960, und NAF, 14360, fol. 10, bei Hofmann

Der Handel ist das Universum des Aufschubs, und deshalb ist er mit der Repräsentation und nicht der Partizipation verknüpft. So evident für uns – sozusagen seit Rousseau – der Gegensatz zwischen direkten Demokratien und repräsentativen Regierungsformen, zwischen der Antike und der modernen Welt auch sein mag, und so zahlreich die Vorgänger Constants, außer denen, die er selbst zitiert[216], gewesen sein mögen, die Debatte war damals noch lange nicht abgeschlossen. Wir werden sehen, was für Probleme ein Historiker vom Fach wie Victor Duruy damit hatte[217]. Constants Überlegungen gehen von Rousseau aus, aber seine unmittelbaren Lehrmeister waren vor allem Condorcet und Sismondi. Letzterer schreibt in seiner *Histoire des républiques italiennes du Moyen Age:*

> In den Republiken der Antike gab es keinerlei bürgerliche Freiheit; der Bürger wurde als Sklave der Nation betrachtet, zu der er gehörte; er überließ sich rückhaltlos den Entscheidungen des Souveräns, und nie machte er dem Gesetzgeber das Recht streitig, alle seine Handlungen zu kontrollieren und gänzlich über seinen Willen zu verfügen; dafür war er andererseits im Wechsel selber dieser Souverän und Gesetzgeber[218].

Das Nichtvorhandensein der bürgerlichen Gesellschaft wird ausgeglichen durch den hohen Grad an politischer Beteiligung. Was aber ist heute die Freiheit, wenn nicht zunächst „der ungestörte Genuß der individuellen Unabhängigkeit“[219]? Ziel des modernen repräsentativen Systems ist es, diesen ungestörten Genuß zu erleichtern, wozu aber gehört, daß die politische Lust, die bei den Alten eine Lust des Handelns war, nur noch eine Lust durch

---

S. 427, bei Gauchet S. 119; daß gerade England siegt, ist hier also nicht weiter von Bedeutung.

216 Wir denken vor allem, da es um Apologeten des repräsentativen Systems geht, an den Marquis de Chastellux, *De la félicité publique;* wir denken auch an einen Bürger Genfs, J. de Lolme, auf den uns H. Pappé aufmerksam gemacht hat; vgl. seine *Constitution de l'Angleterre,* Bd. II, S. 14 f.

217 Vgl. unten S. 160 ff.

218 Sismondi, *Histoire . . .*, Bd. IV, Zürich 1808, S. 369; der Text wird zitiert in NAF, 14364, fol. 79, und in *De l'usurpation,* in *Œuvres,* S. 1011 (mit einer nicht ganz richtigen Seitenangabe); ebenso in M. Gauchet (Hrsg.) auf S. 183.

219 Ebd., S. 1010, bei M. Gauchet S. 182.

Stellvertretung ist. „Die große Masse, die von der Macht immer ausgeschlossen bleibt, ist an ihrer öffentlichen Existenz notwendigerweise immer nur für sehr kurze Zeit interessiert."[220] Benjamin Constant läßt einen die Pille so bitter schlucken wie sie ist:

> Da die politische Freiheit weniger Genuß bietet als ehedem und mehr denn je zu einem unerträglichen Chaos führen könnte, darf man von ihr nur soviel zurückbehalten, wie absolut nötig ist. Heute zu versuchen, die Menschen durch die politische Freiheit über den Verlust der bürgerlichen Freiheit hinwegzutrösten, ist der Richtung, die der Geist des Menschengeschlechts eingeschlagen hat, genau entgegengesetzt.[221]

An anderer Stelle heißt es: Die Modernen „sollen die Souveränität höchstens noch auf dem Weg der Repräsentation ausüben, d. h. fiktiv"[222], und das ist eine so herbe Wahrheit, daß es bei Constant, wie bei Hegel, eine Sehnsucht nach der schönen Totalität gibt[223], die sich so äußert:

> Die Alten hatten in allem eine klare und ganze Überzeugung; wir haben in ganz wenigem eine nur schwammige und veränderliche Überzeugung, über deren Lückenhaftigkeit wir vergebens versuchen uns zu täuschen. Das Wort Illusion findet man in keiner alten Sprache, denn dieses Wort ist nur der Ersatz für die fehlende Sache.[224]

Der Genuß fehlt nicht in der modernen Welt, aber es ist nicht mehr die unmittelbare Lust der Partizipation. Bei uns

> ist die unmittelbare Lust weniger lebendig: sie muß ohne die Genüsse der Macht auskommen; es ist eine Lust des Denkens: bei den Alten war sie eine Lust des Handelns. Es ist klar, daß diese letztlich weniger attraktiv war, denn man kann von den Menschen nicht so viele Opfer fordern, um sie zu erlangen und zu bewahren.[225]

Verzichten wir also auf jeden Umsturz, denn die Revolution ist beendet. Verzichten wir auch darauf, Gesetzgeber sein zu wollen:

---

220 Ebd., S. 1013, bei M. Gauchet S. 184.

221 NAF, 14360, fol. 18, bei Hofmann S. 435.

222 *De l'usurpation,* in *Œuvres,* S. 1012.

223 Thompson, in „Constant et les vertus révolutionnaires", S. 55, sieht hierin ein Beispiel für Constants „Unaufrichtigkeit eines modernen Menschen".

224 *Œuvres,* S. 1013; vgl. NAF, 14360, fol. 12, bei Hofmann S. 430: „Das Wort Illusion ist ein Wort, für das es in keiner der alten Sprachen ein *Äquivalent* gibt."

225 Ebd., S. 1012.

„Keine Lykurgs, keine Numas mehr.“[226] Aber diesen Weg des bürgerlichen Frankreichs schlägt Constant nicht ein, ohne heimlich zurückzublicken – auf die griechische Polis und ihre „modernen Nachahmer“ aus dem Jahre II. Es gibt „die Sicherheit der privaten Genüsse“[227], gewiß, aber es gibt auch den Traum:

> Ich will nichts zu tun haben mit den Verleumdern der Republiken. Diejenigen des Altertums, wo der Mensch seine Fähigkeiten so selbstbewußt auf einem so weiten Feld erprobte, überzeugt von der eigenen Kraft und Würde, erwecken in allen feineren Seelen eine tiefe und einzigartige Ergriffenheit. Bei solchen Erinnerungen werden gleichsam wieder die alten Elemente eines früheren Charakters in uns wach.[228]

Auch wenn man noch so bürgerlich ist, die Sehnsucht bleibt.

Kommen wir nun am Ende unserer Zusammenschau zu Victor Duruy und seiner *Histoire grecque*, die 1851[229] erschienen ist und danach unzählige Male wiederaufgelegt wurde.

Mit anderen Worten, wir überspringen ein halbes Jahrhundert der Geschichte Frankreichs sowie der Geschichtsschreibung des antiken Griechenlands und beenden unseren Durchgang durch die thermidorianische Ideologie recht weit vom Thermidor entfernt. Doch dieser abschließende Sprung ist durchaus beabsichtigt, zum einen weil die Historie von der Dezentrierung lebt, dann aber vor allem deshalb, weil die imaginären Gebilde sich nicht auf einen Schlag durchsetzen: und das heißt in unserem Fall, daß das bürgerliche Athen der Thermidorianer seine wirksam gewordene Modellgestalt erst in der Mitte des 19. Jahrhunderts im historischen Werk von Duruy findet. Damit ist seine historische Enstehung abgeschlossen; sein universitäres Schicksal beginnt[230] – und nichts er-

---

226 Ebd., S. 1014; in NAF, 14360, fol. 12, bei Hofmann S. 434 liest man: „Kein Lykurg mehr, kein Numa, *kein Mohammed.*“

227 *De la liberté des Anciens . . .*, S. 502.

228 *De l'usurpation,* in *Œuvres,* S. 993 f., zum Teil (der letzte Satz) übernommen aus NAF, 14360, fol. 2, bei Hofmann S. 419.

229 Die zweite Auflage erscheint 1862, und sie weist wichtige Zusätze und Korrekturen auf: zwischen 1851 und 1862 hat Duruy Grote gelesen, und das Zweite Kaiserreich ist zu einer festen Größe geworden.

230 Erinnern wir daran, daß die *Histoire grecque* in der Bibliothèque nationale noch bis vor kurzem zu den „Nachschlagewerken“ gehörte!

innert stärker an eine Seite von Duruy als eine Seite von Glotz[231]. Wahr ist, daß unterdessen das „reale" Griechenland mit seiner Erhebung von 1821 zum Teil an die Stelle des imaginären Griechenlands getreten war, von dem wir gehandelt haben. Für Männer wie Chateaubriand und Constant war diese neue Form des Philhellenismus nicht ohne Bedeutung. Aber uns geht es hier um die Universität.

Andere haben schon vor uns auf den bestimmenden Einfluß hingewiesen, den Duruy auf den Geschichtsunterricht in Frankreich ausgeübt hat[232], ein ebenso unmittelbarer wie spektakulärer Einfluß, der den Verlag Hachette veranlassen sollte, ihn zum Herausgeber einer *Histoire universelle* zu machen. Wichtig in unserem Zusammenhang: Lange bevor der Minister Victor Duruy „die Wissenschaft [in Dienst nimmt], um sie möglichst vielen zugänglich zu machen"[233], glaubte der Gymnasiallehrer Victor Duruy an die Kraft der Popularisierung[234]. Die Universität wird ihm folgen, aber

---

231 Man vergleiche beispielsweise die Seiten von Glotz über Perikles' „soziales Hilfswerk und seine sozialen Vorkehrungen" in *La cité greque,* 2. Aufl. Paris 1968, S. 142 f., mit denen, die Duruy den „Maßnahmen von Perikles zur Volksfürsorge" widmet, *Histoire grecque,* Paris 1851, S. 284 f.; wir zitieren hier, wenn nicht anders vermerkt, immer nur nach dieser ersten Auflage.

232 Vgl. G. Monod, „Victor Duruy", *Revue internationale de l'enseignement,* 28, 1894, S. 481–489, und E. Lavisse, *Un ministre, Victor Duruy,* Paris 1895, S. 164 f.; vgl. auch, sehr viel jüngeren Datums, die Bemerkungen von P. Gerbod, *La Condition universitaire en France au XIXe siècle,* Paris 1965, S. 442, zu der „pädagogischen Revolution", die das Erscheinen des ersten Bandes der *Histoire des Romains* im Jahre 1843 ausgelöst hat.

233 Rundschreiben vom 1. Oktober 1864, zitiert nach D. Rohr, *Victor Duruy, ministre de Napoléon III. Essai sur la politique de l'Instruction publique au temps de l'empire libéral,* Paris 1967, S. 112. Erinnern wir daran, daß Duruy als Minister des Unterrichts zwischen 1863 und 1869, auch wenn er eine deutliche Trennung zwischen Lehre und Forschung (mit der Gründung der École des hautes études) einführte, doch vor allem darum bemüht war, die Lehre lebensnaher zu machen: vgl. Ponteil, *Histoire de l'enseignement,* S. 248, 263, und Gerbod, *La Condition universitaire,* S. 443, 451–462.

234 Was ihn von anderen Schülern Michelets wie etwa Wallon unterscheidet, der sich in erster Linie der Forschung widmet, oder Ravaisson, der schon sehr früh den Weg in die höhere Universitätsverwaltung findet.

mit Verspätung (und am Ende unserer Darlegungen werden wir uns darüber nicht mehr allzusehr wundern).

Duruy, bereits ein Autor erfolgreicher Lehrbücher, unterrichtet 1851 als Lehrer am Lycée Saint-Louis; er gehört zu jener „liberal gesonnenen“ Generation, die von Michelet geprägt worden ist und die „mit Sympathie die Schicksale der Völker untersucht [. . .], ohne deshalb ständig die Fahne der Demokratie zu schwenken“[235]. Da aber dieser Spezialist für die Antike (und vor allem für Rom, die große Liebe seines Lebens) glaubt, daß die Alte Geschichte ihr Wörtchen mitzureden hat in den politischen Tagesfragen[236], ist es für uns nicht unwichtig, daß die pro-athenische Ausrichtung seiner *Histoire* noch in der Mitte des 19. Jahrhunderts Entrüstung hervorrufen konnte.

Charles Nisard war es, der im Namen der universitären Orthodoxie[237] im hochoffiziellen *Journal de l'Instruction publique*[238] zum Angriff überging. Als bedingungsloser Anhänger Spartas, „dieser starken Regierung aus einem Guß, die der dorischen Aristokratie

---

[235] Gerbod, *La condition universitaire,* S. 400 (der einen Aufsatz aus der *Revue de l'Instruction publique* zitiert).

[236] Der dritte und der vierte Band der *Histoire des Romains* waren 1850 fertig, „aber Duruy verteidigte darin die Sache des Kaiserreichs und mochte sie vor 1872 nicht veröffentlichen“ (Lavisse, *Un ministre, Victor Duruy,* S. 22).

[237] „Im Jahre 1851 gab es eine offizielle und orthodoxe Geschichte [. . .]. Es war nicht erlaubt [. . .], die Spartaner nicht absolut und uneingeschränkt zu bewundern [. . .]. Die moralische Größe Lakoniens war eine der Verzierungen jenes Talmipalastes, den die Universität ihren Zöglingen zur Bewunderung darbot“ (Lavisse, ebd.).

[238] „Besprechung der *Histoire grecque* von M. Victor Duruy, Geschichtslehrer am Lycée Saint-Louis“, *Journal général de l'Instruction publique et des cultes,* 1851, S. 557–560; Antwort von Duruy auf S. 606 f. Charles Nisard, ein Bruder des berühmten Universitätsprofessors Désiré Nisard – den Victor Hugo in *Toute la lyre* (VIII, 25) als einen „echten Bourgeois“ charakterisiert, der „ein literarischer Esel und ein politischer Hase“ war *(„bourgeois authentique / âne en littérature et lièvre en politique“)* –, war Spezialist für volkstümliche französische Literatur und Verfasser von zahlreichen Artikeln in Regierungsblättern: vgl. die Notiz in der *Biographie Firmin-Didot,* wie auch Gerbod, *La Condition universitaire,* S. 390, 397, und die Arbeit von J. Malavie, *Un bourgeois de Louis-Philippe: Désiré Nisard dans la crise de 1848,* Lille 1972, S. 18.

ihre moralische Überlegenheit gesichert hat"[239], wirft Nisard Duruy vor, Athen gegenüber eine „jugendliche Bewunderung" an den Tag zu legen, und herablassend zählt er die vielen Mängel auf, die die reaktionäre Gelehrsamkeit 1851 so gerne in der athenischen Demokratie fand, aber auch heute noch gerne dort findet[240]. Das entscheidende Wort dieses Streits fiel gleich zu Anfang: bar aller „höheren Gesichtspunkte" ist Duruy nur ein Gymnasiallehrer, dessen Sprache und Vorstellungen er denn auch hat. Will sagen, die Universität bleibt unverdrossen spartanisch. Heißt das aber, wie Nisard nahelegt, daß der Gymnasialunterricht nunmehr seinen Stoff in Athen sucht? Nachdem wir die offiziellen Lehrbücher konsultiert haben, in denen das Lob auf Kimon und Phokion neben der Kritik an dem „unersättlichen Ehrgeiz" der Athener steht[241], sind wir uns dessen nicht mehr ganz so sicher; wahr ist, daß sich unter der Julimonarchie eine Neigung abzeichnete, Sparta und

---

[239] Der Beweis fällt, soweit es Sparta betrifft, etwas schwer: Nisard beruft sich denn auch auf zwei „Oligarchien", die von Dauer waren: auf Rom und Venedig; die Schlußfolgerung ist dann simpel: im Unterschied zu ihnen ging die athenische Demokratie „nach achtzig glanzvollen Jahren erschöpft zugrunde".

[240] Beklagt wird vor allem die Herrschaft der Ehrgeizigen (Alkibiades) oder, schlimmer noch, der „Untätigen und Bedürftigen" – will sagen: des Volkes –, „der Wirrköpfe und Demagogen". Sympathie zeigt Nisard nur für die „Demokratie" Solons, Nachsicht nur für die nach 403 wiederhergestellte Demokratie.

[241] In dem sehr offiziellen ***Précis de l'histoire ancienne*** von Poirson und Cayx (Paris 1827) erfährt man, daß das Volk „mit seinen impulsiven Entscheidungen dem Wohl des Staates zuwiderhandelt" (S. 76) und daß die Verfassung Solons der Grund für die „kurzlebige [. . .] Größe" Athens ist (S. 77). Vgl. auch S. 148 (Kimon als der Größte der Athener), 149 (der athenische Ehrgeiz), 154 (Perikles verdirbt unwiderruflich die Solonische Verfassung), 178 (Sokrates als Parteigänger einer „gemäßigten Aristokratie"), 238 (Phokion). In der ***Histoire ancienne*** von T. Burette, Paris 1835, erschienen als ***Cahiers d'histoire universelle à l'usage des collèges*** . . ., unter der Leitung von Dumont, Gaillardin, Wallon und – bereits – Duruy, findet man ein Lob auf Lykurg, der „diese Grundsätze unter dem Einfluß des hohen dorischen Geistes formulierte" (4. Cahier, S. 13), ein Lob auf Kimon (5. Cahier, S. 79) und die üblichen Bemerkungen über die Demagogen und das launenhafte Temperament der Athener (5. Cahier, S. 69, 80).

seine „furchtbare Politik" zu verurteilen[242]. Aber der Prozeß zwischen Athen und Sparta ist noch nicht entschieden, wie Duruy in seiner Antwort an Nisard feststellt. Eine in vielerlei Hinsicht interessante Antwort. Zum einen deshalb, weil Duruy, der den Titel eines „einfachen Lehrers" stolz entgegennimmt, darin für sich das Recht beansprucht, „ein Buch für die zu schreiben, die es lesen müssen". Vor allem aber deshalb, weil die Unterscheidung, die er darin zwischen Athen und seiner Regierungsform trifft („Nicht die Demokratie fasziniert mich, sondern die großen Dinge, die sie bewirkt hat"), mehr ist als bloßes Taktieren. Lassen wir ihm das Wort: „Meine Vorlieben hinsichtlich der Vergangenheit sind keine politischen, sondern philosophische [. . .]. In Griechenland [bin ich] *für Athen, das etwas produziert hat,* und gegen Sparta, das steril geblieben ist." Damit steckt diese Polemik klar die antagonistischen Positionen ab, die künftig aufeinandertreffen werden: Sparta und die Reaktion[243] auf der einen, Athen und die Produktion auf der anderen Seite.

Die Geschichte im Sinne Duruys will erbaulich sein, aus Tatsachen will sie Lehren ziehen[244], und da sie gute und schlechte Noten verteilt, läuft sie Gefahr, die wesentlichen Phänomene zu verfehlen: Eine Pflichtübung sind etwa die Klagen über „den unüberwindlichen Instinkt zur isolierten Polis, die eine Folge des zerklüfteten Bodens ist und der Bildung eines großen hellenischen Staats im Wege steht"[245], doch in einem solchen Schema steht der Stadtstaat höchstens als ein bedauerlicher Zufall da. Mit anderen Worten, die Antike wird hier mehr denn je im Lichte der Gegenwart gesehen. Als Historiker Roms liest Duruy das römische Recht durch die Brille der Erklärung der Menschenrechte[246], und hinter

---

[242] Burette, *Histoire ancienne,* 6. Cahier, S. 76. Auch der Poirson und Cayx ist in seiner 10. Auflage von 1864 viel maßvoller in seiner Kritik an Athen.

[243] Duruy schreibt: „Und deshalb, mein Herr, bin ich in dem Jahrhundert, das auf die Perserkriege folgt, ganz offen für die athenische Demokratie, deren Zeit gekommen war, und gegen die Oligarchie, deren Zeit vorbei war" *(Histoire grecque,* S. 607).

[244] Ebd., Vorwort, S. IV.

[245] Ebd.

[246] Die „Irrtümer" Duruys wurden gesammelt von C. Lescœur, „Le droit privé des Romains dans l',Histoire' de M. Duruy", *Bulletin de l'Institut catholique de Paris,* 1895, S. 3–30. Duruy will den Graben verkleinern,

dem Historiker Griechenlands, der mit Begeisterung die „Sozialpolitik" von Perikles beschreibt, spürt man den Minister, der, nachdem er 1863 die Zeitgeschichte zum Schulfach an den Gymnasien gemacht hat, dort was unterrichten läßt? – Die Niederlage des Sozialismus, „der durch die ständigen Bemühungen der Regierung besiegt wurde [. . .], die Bedürfnisse des Volks [. . .] zu befriedigen"[247].

Gewiß, jede Gesellschaftsform hat ihre Zeit und ihre Stunde[248], und die Zeit Griechenlands ist für immer vorbei. Aber diese Distanz schließt nicht aus, daß sich ein bürgerlicher Liberaler in der griechischen Antike wie zu Hause fühlt. Denn Griechenland ist auf der Seite des Guten. Auf der Seite des Handels, der Kolonisation, mit einem Wort der Zivilisation, denn ein glückliches geographisches Schicksal machte „das Meer zu seinem Reich"[249]. Es ist auf der Seite des Okzidents und nicht auf der des „unbeweglichen Orients", denn gerade es hat die Individualethik und die bürgerliche Freiheit erfunden und so zum ersten Mal „jene Fakkel [getragen], die noch heute Europa erleuchtet und die Europa jetzt in die Neue Welt trägt, die vor eben erst drei Jahrhunderten entdeckt worden ist, aber auch in jenen alten Orient, der gerade wiederentdeckt wird".[250]. Und es ist schließlich auf der Seite der politischen Freiheit, denn eine notwendige Entwicklung hat die Griechen vom Königtum zur „selbstverwalteten Polis"[251] geführt. Ein zähes Schema, von dem die Historiker Griechenlands auch heute noch nicht richtig losgekommen sind . . . Einen Schritt weiter, und Griechenland hätte, will man Duruy glauben, das repräsentative System erfunden. Lesen wir die Seite XVII des Vorworts,

---

der den Sklaven vom Freien trennt (*Histoire grecque,* S. 6, 10, 13, 22) und die Frau vom Mann (ebd., S. 19 f.), und interpretiert das *jus commercii* als das Recht, Handel zu treiben (ebd., S. 11).

[247] Der Lehrplan für Zeitgeschichte im Rahmen des Philosophieunterrichts (24. September 1863) wurde von Duruy aufgestellt; Auszüge daraus bei Rohr, *Victor Duruy,* S. 181–184.

[248] Antwort an C. Nisard, *Histoire grecque,* S. 607.

[249] *Histoire grecque,* S. 5–7, 46, 67, 83; vgl auch die *Histoire de la Grèce ancienne,* 1862, S. 2–4, 9.

[250] *Histoire grecque,* Vorwort, S. XVI; zum Gegensatz von Orient und Okzident vgl. ebd., S. 28, 37, 236, 302 usw.

[251] Ebd., Vorwort, S. VIII.

sie lohnt die Mühe: „In Griechenland ist alles einmal dagewesen, alles wurde ausprobiert. Griechenland endete schließlich mit dem einzigen System, das es hätte retten können: mit einer gemäßigten Demokratie, die seinen tief verwurzelten Freiheitsinstinkten Genüge tat, und mit *einer fast schon repräsentativen Regierungsform,* die die Vereinigung in den Bereich des Möglichen rückte." Denn „die Bildung eines großen hellenischen Staates hätte Griechenland gerettet", indem sie die Einheit und „gleiche Bedingungen für alle"[252] geschaffen hätte. Sollte demnach die Historie an ihrer äußersten Spitze in Fiktion übergehen? Denn dort, wo Duruy darauf verzichtet, von Griechenland zu träumen, beginnt er im Gegenteil bitter zu klagen: über die griechische Unterordnung des Individuums unter den Staat, über die Gefahren, die auf dem Eigentum lasteten, über die Bürgerkriege und über die Sklaverei, die die Bildung eines „Mittelstands [verhindert hat], der stark genug gewesen wäre, die Parteien zum Frieden zu zwingen"[253].

Wenn aber trotz allem das antike Griechenland die „Schule der Welt" ist, so verdankt es dies Athen; und die *Histoire grecque,* eifrig Lob und Tadel spendend, orientiert sich denn auch an der Opposition zwischen Sparta und Athen. Sparta ist der zuhöchst negative Pol, ein Symbol für die Entfremdung vom Staat, eine „unproduktive Kriegsmaschine", die unfähig ist, am „gemeinsamen Werk" der Menschheit mitzuarbeiten[254]. Athen hingegen, der fast völlig positive Pol, ist freundlich zum Sklaven, offen zum Fremden, mütterlich zu den Kriegswaisen[255]. Dank seiner so „menschlichen Einrichtungen, die wahrhaft liberalsten, die die Antike je besessen hat", verdient dieses Athen es, daß der Historiker bekennt, welche „Sym-

---

252 Duruy spielt an auf die Geschichte des achäischen Bundes zwischen 272 und 221; vgl. *Histoire grecque,* S. 609–631, und die Ausführungen in der *Histoire des Romains,* Bd. I, Paris 1843, S. 478.

253 *Histoire grecque,* Vorwort, S. XVII f.; in der *Histoire des Romains,* Bd. II, Paris 1870, S. 40, behauptet Duruy, daß der Mittelstand die Stärke Roms ausgemacht hätte.

254 *Histoire grecque,* Vorwort, S. XII und S. 58 f., 63, 65–67.

255 Ebd., Vorwort, S. X. In der Ausgabe von 1862 verweist Duruy auf den *Menexenos* (249 a–b), ohne sich um den Unterschied zu kümmern zwischen seinem „mütterlichen" Athen und demjenigen von Platon, das für die Waisen die Rolle des *Vaters* übernimmt. Ein bedeutsamer Unterschied: die Stellung der Frauen in Athen muß um jeden Preis verbessert werden!

pathien" er für es hegt[256]. Der Staat – die Verantwortung für diese anachronistische Bezeichnung überlassen wir natürlich Duruy –, nutzt seine Reichtümer hier, um den Bürgern zu helfen, gleichsam eine Sozialfürsorge im großen Stil; das Eigentum, die Familie und die Arbeit stehen unter dem Schutz der Athene, jener „werktätigen Gottheit, die den Olivenbaum erschuf, die nützlichen Künste erfand und der Gemahlin die häuslichen Tugenden lehrte"[257]. Handel und Imperialismus unterstützen sich hier gegenseitig, zum Besten der Zivilisation, des Wohlstands und des sozialen Gleichgewichts[258], und Duruy ist des Lobes voll über die athenische *archê,* die „die befriedeten Meere in den Dienst des Handels und der Künste stellte"[259]. Mehr noch: Handel und politische Freiheit gehen von jetzt an Hand in Hand[260], und Themistokles verlegte die Rednertribüne deshalb auf die Pnyx, damit „die Redner dem Volke von da aus ständig das Meer zeigen konnten, daß sich als sein Reich zu seinen Füßen erstreckte"[261]. Man muß die Demokratie also nicht mehr kritisieren, und Duruy ergreift Partei für Perikles, dann aber auch, vielleicht zum ersten Mal in der französischen Geschichtsschreibung Griechenlands, für Ephialtes, den „tugendhaften Ephialtes", dessen einziges Verbrechen es gewesen ist, daß „er die Athener in zu großen Zügen aus dem Becher der Freiheit hat trinken lassen"[262], sowie für die bei Samos liegende demokratische Flotte, die im Krieg mit den Oligarchen der Polis lag, „denn Athen war damals nicht mehr in Athen, sondern auf den Schiffen"[263].

---

256 Ebd., Vorwort, S. X.

257 *Histoire grecque,* Vorwort der Ausgabe von 1862, S. X; vgl. *Histoire grecque,* S. 437, 474 (Duruy gegen Platon) und in der Ausgabe von 1862 den merkwürdigen Zusatz (Bd. II, S. 138) über Sokrates als Verteidiger der „Heiligkeit der Familie und der Arbeit" (?).

258 Ebd., S. 204, 242 f., 246 f., 272, 284, 293, 400.

259 Ebd., S. 281; Vorwort, S. IX („Diese Herrschaft, die die Sicherheit der Meere garantiert, Handel und Industrie belebt, den Wohlstand begründet und den Verstand herausfordert, ist der glücklichste Moment Griechenlands und der glänzendste im Leben der Menschheit").

260 Ebd., S. 394, „von jetzt an": nach der Herrschaft der Dreißig Tyrannen.

261 Ebd., S. 246; derselbe Gedanke S. 293.

262 Ebd., S. 258.

263 Ebd., S. 379. Stellungnahmen zugunsten Athens auch auf S. 271 f., 285, 296.

Wir beenden hier unsere Reise durch die imaginäre Welt des Bürgertums, denn ohnehin steht das Paradigma „Athen" jetzt endgültig fest. Was nicht heißen soll, daß wir dieses Athen als einen Gewinn betrachten, als einen wirklichen Fortschritt oder den Endpunkt einer unausweichlichen Entwicklung: Die Leerstellen und Widersprüche einer Geschichte à la Duruy lasten schwer auf den Fragen, die die Historiker künftig an die Antike werden stellen müssen. So wird der Grundbesitz, dieses griechische Modell des Reichtums, der den Bürger zum Bürger macht, von Duruy systematisch in den Hintergrund gedrängt zugunsten „des Handels, der Industrie und der Banken"[264], und die Agrarkrise des 7. Jahrhunderts kennt er nicht oder will er nicht kennen, sie ist es jedenfalls nicht wert, unter den Ursachen für die Kolonienbildung erwähnt zu werden[265]. Solon wird nur für eine Münzreform gelobt, und das Vermögen der Pentakosiomedimnen wird erst in Drachmen geschätzt, bevor es in französische Francs umgerechnet wird[266]. Mit der Demokratie kann Duruy sich nur anfreunden, soweit er repräsentative Formen oder solche eines Klassensystems in ihr zu entdecken vermag. Das aber gelingt ihm nicht ohne Widersprüche. So lobt er einerseits Athen dafür, daß es aus seinen Bürgern eine Aristokratie gemacht hat, für die die Sklaven, Metöken und Fremden das Volk darstellen[267], bedauert jedoch nur wenige Seiten später, daß Perikles die Bürgerschaft begrenzt habe auf „eine verschwindende Minderheit von vierzehntausend Bürgern", völlig außerstande, die Massen „im Griff zu behalten", die das Reich bilden[268]. Oder, wie er auch schreibt: „Die Volksversammlung

---

[264] Ebd., S. 280, wo Duruy den Agrarreichtum schnell unter dem beweglichen Vermögen verschwinden läßt. Duruy erkennt die Wichtigkeit des Bodens jedoch an, wenn es um Rom geht: „Im Mittelalter bedeutete Grundbesitz, daß man zum Adel gehörte; in Rom bedeutete er, wirklich Bürger zu werden und wahren Reichtum zu haben; [. . .] der einzige Reichtum übrigens, den Rom, wo Industrie und Handel fehlten, kannte und respektierte" *(Histoire des Romains,* Bd. I, S. 170). Man muß daraus wohl schließen, daß für Duruy der Agrarreichtum mit der Industrie und dem Handel verschwand!

[265] *Histoire grecque,* S. 141; vgl. auch den Zusatz von 1862 (I, S. 255).

[266] Ebd., S. 181–183.

[267] Ebd., S. 265.

[268] Ebd., S. 275.

(assemblée générale) an der Spitze des Reichs *(empire),* war eigentlich nur ein *Repräsentantenhaus* mit mehr Mitgliedern als bei uns“[269] – wobei das *empire* dasjenige Athens ist und die *assemblée générale* die *ekklêsia:* muß man das ganze Ausmaß des Widersinns betonen? – und dann ein paar Seiten später: „Der Bürger, selbst der unbekannteste, fühlt sich als wichtige Person, weil er eine Stimme in einer Volksversammlung hat, an der selten mehr als fünftausend Personen teilnehmen.“[270]

Athen also – oder die Geschichte des Bürgertums. Athen – oder das Bürgertum im Spiegel seiner eigenen Zögerlichkeit: Republik oder Kaiserreich? Autoritäres Kaiserreich oder liberales Kaiserreich? Athen nimmt alle diese Gestalten gleichzeitig an . . .

Wir haben nachzuzeichnen versucht, wie sich in Frankreich ein spezifisch bürgerliches Athen herausgebildet hat. Es gibt deren viele andere, in anderen Ländern Europas und der Welt. Überhaupt wird unser Versuch erst dann seine volle Bedeutung gewinnen, wenn es eines Tages möglich sein wird, diese vielfältigen Gestalten Athens miteinander zu vergleichen.

---

[269] Ebd., S. 285.
[270] Ebd., S. 293.

Nachweise

1. *Die Platonische Gesellschaft der Dialoge:* zuerst erschienen in: *Aux origines de l'hellénisme, la Crète et la Grèce. Hommage à Henri Van Effenterre,* Paris 1984.

2. *Platon, die Historie und die Historiker:* zuerst erschienen in: Jacques Brunschwig, Claude Imbert und Alain Roger (Hrsg.), *Histoire et Structure, à la mémoire de Victor Goldschmidt,* Paris 1985.

3. *Atlantis und die Nationen:* zuerst erschienen in: *Représentations de l'origine. Littérature, histoire, civilisation,* Cahiers CRLH-CIRAOI, 4, 1987; Jacques und Lise Body gewidmet.

4. *Die Entstehung des bürgerlichen Athens:* zuerst erschienen in: R.R. Bolgar (Hrsg.), *Cassical Influences on Western Thought, A.D. 1650–1870,* Cambridge 1979, Geoffrey Lloyd gewidmet. Autoren dieser Studie: Nicole Loraux und P. Vidal-Naquet.

Register

Soweit es sich um – reale oder fiktive – Personen handelt, die in Platons Dialogen vorkommen, wird dies durch Kursivierung kenntlich gemacht. Nicht berücksichtigt wurden in diesem Namenregister die Fußnoten.

Abraham 89, 92
Acosta, J. de 74
Adeimantos 23 f., 30 f.
Agathon 21, 29
Aischylos 58, 155
Akoumenos 21
Albion 89
Alfons von Portugal 72
Alkibiades 21, 27
Anaxagoras 23
Annius von Viterbo 70 f.
Antiphon 23, 44
Anytos 12, 28 f.
Apemantos 26
Apollodor 86
Apollodoros der Kyzikener 25
Arafat, J. 91
Archelaos von Makedonien 40, 47
Archinos 18
Ariphron 17
Aristeides 12, 48, 113, 153
Aristophanes 17, 28, 50
Aristoteles *passim*
Arkesilaos von Pintane 36
Aspasia 11, 15 f., 17 ff., 28, 47
Athenaios 51, 113
Athene 24, 147
Atlas 70, 83
Atlas-Tartessos 78
Audigier, A. 71, 86
Axiochos 27

Bacon, F. 76, 82
Bailly, J.-S. 80, 105
Balzac, H. de 11, 21
Barthélemy, Abbé J.-J. 110, 128, 145
Bartoli, G. 87
Bayle, P. 82, 86 f.
Bendis 23
Benedetto, V. di 9
Berosos 70
Blake, W. 89 f.
Bloch, M. 53
Bonald, L. de 118, 135 f.
Boreas 83
Bossuet, J.-B. 80
Bougainville, J.-P. de 102 f., 105
Boulanger, N. 80
Brandanus 72
Braudel, F. 53
Bruns, I. 10
Burke, E. 135
Burnet, J. 8 f.

Calcidius 72
Carli, G. R. 88
Cäsar 68
Cassirer, E. 102
Cato 70
Ceres 113
Charbrias 52
Charmantides 24

Charmides 13, 31
Chastellux, Marquis de 109 f.
Chateaubriand, F. R. de 100, 118, 120, 126 ff., 161
Châtelet, F. 57
Chénier, M.-J. 116 f.
Chlodwig 68
Chronos 86
Cicero 13
Clavier 99
Clemens von Alexandrien 66
Cloots, A. 111
Comte, A. 157
Condorcet, A. C., Marquis de 100, 116, 118 ff., 136, 139, 151, 155, 158
Conor, W. R. 51
Constant, B. 100 f., 120, 126, 138, 151 ff., 161
Courier, P.-L. 99
Court de Gébelin 105
Cousin, V. 64
Creuzer, F. 106, 152
Croiset (Brüder) 41
Cromwell, O. 89

D'Ansse de Villoison 98 f.
Dacier, B.-J. 141
Dante 71
Daunou 118
David 68
Davies, J. K. 9
De Pauw, C. 100, 111 ff., 124, 138, 156
De Witt (Brüder) 111
Demetrios von Phaleron 113
Demokrit 120
Demophon 17
Descartes, R. 82, 120
Diderot, D. 96 f.
Diès, A. 41
Diodoros Siculus 41 f.
Dion 18
Dionysios von Halikarnassos 51
Dionysodoros 12, 14, 27
Diotima 11, 16, 19 f., 29
Drakon 129
Dschingis-Khan 125
Dumézil, G. 87
Dupuis 106
Duruy, V. 97 f., 158, 160 ff.

Echekrates 15, 22, 30
Ephialtes 167
Epimenides 20
Erasinides 49
Eratosthenes 66
Erinna 41
Eryximachos 21
Eudikos 26
Eudoxos von Knidos 36
Eukleides 15, 23, 31
Euphronios 31
Euripides 9 ff.
Eusebios von Cäsarea 66
Euthydemos 12, 14, 24, 27
Euthyphron 22

Fabre d'Olivet, A. 89
Febvre, L. 53
Fernandez de Oviedo, G. 77
Ficino, M. 72, 75
Finley, M. I. 10
Flavius Josephus 50
Fortia d'Urban 88
Fourcroy 116
Fra Mauro 72
Fremder aus Elea 12, 14, 23, 32
Fréret, N. 100
Friedrich d. Gr. 115

Gallus 70 f.
Gauthier, Ph. 37
Gelli, G. B. 71
Gernet, L. 41
Gibbon, E. 126, 137, 152
Gillies, J. 152
Glaukon 23 f., 30 f.
Glotz, G. 57, 97, 161
Gneisenau 95

Goldmann, L. 56
Goldschmidt, V. 15, 59
Gomer 70
Gorgias 14, 25, 28 f.
Goropius Becanus 78
Gouldner, A. W. 57
Gregor von Tours 68
Grote, G. 8 f., 11, 58, 98, 150
Guignes, J. de 112
Gustav Adolf 83
Gustav III. 87

Ham 69 f., 83
Hardenberg 95
Harrington, J. 89
Hazard, P. 79
Heeren, A. H. L. 96
Hegel, G. W. F. 52, 56, 63, 120, 154, 159
Herakleides 25
Herder, J. G. 102
Hermogenes 12
Hermokrates 12, 14, 33
Herodot 42, 51, 58, 78, 86, 121, 147
Herrmann, A. 91
Hesiod 86
Himmler, H. 92
Hippias 12, 15, 21, 24 ff., 27
Hippokrates 17, 26, 28
Hirzel, R. 10
Hitler, A. 91
Homer 11, 80, 86, 92, 124
Huet, P. D. 106
Hume, D. 108, 157
Hyperbolos 48

Ion 15, 24 f.
Isidor von Sevilla 68
Isokrates 13, 40, 53, 55, 145, 156

Janus 70 f., 88
Japetos 70
Japheth 69 ff., 78, 83
Julian von Toledo 68

Kallias 26
Kallikles 12, 29
Kallixenos 42 f.
Karl d. Gr. 136
Karl V. 78
Karl XII. 87
Karystios von Pergamon 40
Kebes 15, 30
Kephalos 23 f., 30
Kimon 48, 163
Kleinias 15, 27, 34
Kleisthenes 24, 45, 47, 150
Kleitophon 24, 30
Kleon 63, 145
Kolumbus, Ch. 72, 76
Konon 45
Konstantin d. Gr. 66
Kosmas Indikopleustes 67
Krantor von Soloi 36
Krates 36
Kratylos 12
Kritias 12 f., 33, 62
Kritobulos 27
Kriton 27, 30
Ktesippos 27

La Peyrère, I. de 77
Lafitau, R. P. 105
Lakanal 117
Larborderie, J. 10
Las Casas, B. de 76
Lavelle, L. 39
Law, J. 106
Le Peletier 116
Lefèvre de La Boderie, G. 71
Leonidas 120
Letronne, A. J. 98
Lévesque, P.-Ch. 99, 101, 123, 126, 139 ff.
Lévi-Strauss, Cl. 74 f., 87
Ligne, Prince de 115
Livius 125
Loraux, N. 41
Ludwig XIV. 121
Ludwig XV. 121

Lykurg 125, 136, 148, 160
Lysias 23 f., 30
Lysis 12

Mably, G. B. de 110, 137, 157
Maistre, J. de 100 f., 118, 120, 134 ff., 151, 154
Manasse ben Israel 76
Mandeville, B. de 106
Marinatos, S. 91
Marrou, H.-I. 55
Martin, Th.-H. 64 f.
Marx, K. 53, 55 f.
Mazzoldi, A. 89
Megakles 129
Megillos 15, 34
Melon, J.-F. 106 f., 157
Menexenos 12, 16 ff.
Menon 15, 28
Mercier, L.-S. 140
Méridier, L. 41
Miltiades 12, 47 f., 153
Mirabeau 116
Mitford 137, 152
Momigliano, A. 39 ff., 53, 59
Montaigne, M. de 74
Montesquieu, Ch.-L. de Secondat de 108
Montlosier 130
Moses 136
Mossé, Cl. 53 f.
Munk, E. 7 ff., 32

Napoleon 117, 123, 151, 156
Newton, I. 120
Niebuhr, B. G. 95 f.
Nikeratos *24*
Nikias 24
Nisard, Ch. 162 f., 164
Noah 69 ff., 75, 82 f., 89
Numa 136, 160

Odysseus 86
Odysseus-Hesperos 78
Orpheus 26, 86
Orwell, G. 69

Panosthenes 25
Parmenides 11 f., 14, 23, 32
Pascal 56
Peisandros 44
Peisistratos 129, 147
Perdikkas von Makedonien 40
Perikles 12, 17 f., 20, 26, 29, 47 ff., 63, 124, 145, 150, 165, 167
Peter d. Gr. 143
Phaidon 15, 22, 30
Philebos 12
Philipp II. 78
Philipp von Makedonien 40, 42
Philipp von Opus 7
Philochoros 52
Phokion 163
Platon *passim*
Plutarch 28, 86, 145
Polemarchos 23 f., 30
Polemon 36
Polos 14, 29, 45 f.
Polybios 41 f., 52, 99, 125
Popper, K. R. 57
Postel, G. 71
Prodikos 15, 25
Proklos 66
Prometheus 70
Protagoras 11, 15, 25 f., 28 f., 31
Protarchos 12
Proteus 27
Pseudo-Aristoteles 114
Pseudo-Dikaiarchos 113
Ptolemäus 86
Pythagoras 120, 129
Pythodoros 23

Racine, J. B. 56
Ragvaldi, N. 83
Randall, J. H. 9
Raynal, Abbé 123
Rembrandt 76
Robert, M. L. 98
Robin, L. 41
Rollin 110
Romme, G. 116

Rosenberg, A. 91
Rousseau, J.-J. 110, 114, 137, 158
Rudbeck, O. 79, 81 ff., 89, 91
Sade, D.-A.-F. Marquis de 138

Saint-Just, L. de 151
Saint-Pierre, B. de 129
Sainte-Croix, G. E. M. de 54 f.
Salmanassar 75
Samothes 70
Sarmiento de Gamboa, P. 78 f.
Saturn 89
Scharnhorst 95
Schlegel, W. v. 152
Schweighäuser, J. 98 f.
Sem 69, 71, 83
Serres, J. de 75
Shakespeare, W. 7 ff., 74, 138
Simmias 15, 30
Sismondi, J. Ch. L. S. de 158
Sokrates passim
Solon 12, 33, 61 f., 67, 77, 113, 125, 132, 137, 145, 149
Sophokles 155
Sophroniskos 43
Spanuth, J. 92
Speusippos 36, 40, 52
Spinoza 111
Staël, Mme de 152
Stein, Frh. vom 95
Strauss, L. 20

Tacitus 70, 86
Tallien 129
Taylor, A. E. 9
Teillet, S. 68
Terpsion 15, 23, 31
Thales 46
Theaitetos 11, 31 f.
Themistokles 12, 47 f., 167
Theodoros 15, 31 ff.
Theodosius 66
Theopompos 51
Theseus 113, 145
Thimotheos 52
Thrasybulos 134, 149 f.
Thrasyllos 49
Thrasymachos 24, 30 f.
Thukydides 41, 44, 47, 50 f., 58, 99, 108, 123 ff., 142, 145 f.
Timaios 14, 23, 33
Toland, J. 89
Triomphe, R. 135
Tuisto 70
Turgot, A.-R.-J. de 98, 118
Tuyscon 70
Tyrtaios 129, 131

Vico, G. 52, 86, 102, 105
Vilar 53
Volney, F. de Chassebouef, Comte de 96, 100, 121 ff., 139, 151 ff.
Voltaire 104

Wamba 68
Wilford, F. 90
Winkelmann, E. 104
Wolf, F. A. 152

Xanthippe 16
Xenokrates von Chalkedon 36
Xenophon 16, 36 f., 42 ff., 45, 47, 49, 51, 58, 70, 106, 108, 149, 153, 156
Xerxes 125

Yavetz, Z. 95
Young, W. 108 f., 137

Zenon 14, 23
Zenon von Kaunos 42